好的教育

鲍鹏山 著

东方出版中心

图书在版编目（CIP）数据

好的教育 / 鲍鹏山著. － 上海：东方出版中心，
2021.11（2025.6重印）
　　ISBN 978-7-5473-1925-3

Ⅰ.①好… Ⅱ.①鲍… Ⅲ.①教育工作 Ⅳ.①G4

中国版本图书馆CIP数据核字（2021）第225031号

好的教育

著　　者　鲍鹏山
筹　　划　刘佩英
责任编辑　肖春茂　周心怡
装帧设计　钟　颖

出版发行　东方出版中心
地　　址　上海市仙霞路345号
邮政编码　200336
电　　话　021- 62417400
印 刷 者　山东韵杰文化科技有限公司

开　　本　890mm×1240mm　1/32
印　　张　11.25
字　　数　214千字
版　　次　2022年1月第1版
印　　次　2025年6月第17次印刷
定　　价　68.00元

自　序

在复旦大学出版社 2015 年版《教育六问》的序里，我曾这样写：

本书是回望之作。

教育，曾经有过优美的形式。庄子笔下的杏坛，一泓碧水，一树杏花，弟子读书，孔子弦歌鼓琴，让后人多少向往，以至于孟子把"得天下英才而教育之"当作人生三乐之一。教育，曾经是何等有魅力的事业；教育，曾经是多么富有人性的人类生活！

教育，曾经拥有高尚的内容。在孔子、苏格拉底那里，教育是智慧的操练和德性的修炼。是为天地立心，为生民立命，为往圣继绝学，为万世开太平。曾经，教育唤醒人的生命，变化人的气质，开廓人的心胸，提升人的境界。曾经，教育使人高尚，使人优雅，使人体面，使人纯粹，使人森严而活泼，伟岸而温暖。

本书是失望之作。

今日的教育，有其不可否认之价值，其适应现代人类生产、生活，促进科学、技术与学术、思想的进步，培养能操持现代科技的现代劳动者，都远远超越古人。但是，中国现阶段的教育，在功利主义和工具崇拜的双重推动下，教育所不可缺失的那些固有的价值正在流失，以至于被人遗忘。在很大程度上，教育变成了训练与培训——基础教育阶段的应试训练和大学阶段的就业培训。

教育，似乎已变得不再美好，不再诗意，甚至缺乏人性。

本书是眺望之作。

身处今日之教育，回望曾经的美好与高尚，不免浩叹。但是，我仍然相信，由孔子、释迦牟尼、苏格拉底等圣贤开创的人类美好之教育，其血脉之中高贵的遗传密码，依然会护佑教育的纯粹，引导教育的上升。而今日杏坛之上的中国数百万教育工作者，其智慧，其愿力，也必将托起教育的未来。

这本以《教育六问》为基底的几乎全新的书，叫作《好的教育》。它根据我在浦东图书馆的关于教育的六场系列讲座的录音整理而成。

教育会好吗？这得看我们能否回到教育的本质。在人类最初的教育里，在孔子、苏格拉底、柏拉图甚至佛陀、摩西的教育实践里，深藏着教育的本质，这些古圣先贤对教育功能的认识，对教育与人类道德生命关系的认识，仍然是今天我们认知教育、理解教育的出发点。

我在一篇文章里说过这样的话："历史学的困境其实不在我们是否了解历史，而在我们是否了解现实，了解现实的需求——历史学其实是当代学：我们首先得知道当代世界需要什么，然后，才能确定历史学的意义以及进入历史的目的。如同我们进入库房，你得知道你要找什么，然后你才能找到什么。"

那么，当我们回望历史的时候，我们的真实诉求是什么呢？是希望通过历史，看清现实。

本书就是不断在历史与现实之间逡巡，寻寻觅觅，希望找到一个答案，让教育变好，让我们的孩子能拥有一个好的教育。

鲍鹏山

2021 年 8 月 13 日　浦东偏安斋

目　录

二问　教师能做什么？　为师之道

四问　何为经典？　经典的力量

五问　什么是好教材？　好教材三要素

第 2 编　说来话长 · 六论

后　记

第 **1** 编

长话短说·五问

一问

教育是做什么？

教育的两大使命

跳出惯性思维

谈中小学教育，整体问题不少，以至于全社会提起教育都不大满意。

我虽然在大学教书，可是对中小学教育还是比较熟悉的。最初我在青海师范大学中文系当老师，就是培养中小学语文老师，一直对中小学基础教育非常关心。为了了解高中阶段的语文教育到底是怎么回事，我给高考复读辅导班上过一整年的课，把高中的六册语文书从头到尾过了一遍。也给初中生上过课，还给小学二、三年级以上的小学生上过传统文化经典课程，给学生讲《论语》，一本《论语》从头讲到尾，一轮下来一年半时间，讲了三轮，四年半。

作为从事中国传统文化和古典文学研究三十多年的学者，我为什么要花这么多时间、精力去做教育？因为，我自我感觉还是有责任的，感觉我们中小学的语文教育，确实存在很多问题。我有时跟中小学老师们谈教育怎么做的问题，谈了以后，觉得如果不去亲自做一做，再谈也是隔靴搔痒。所以我也去做了一些事情，在这里跟大家分享我的切身感受。

至于这些问题，是不是确实存在，大家是不是有共同的感受，我觉得很重要。如果没有共同感受，不妨作为一家之言，各位能想一想也好。

从心理学上讲，有时候我们长期在一个封闭的环境里工作，执行一个封闭的、不可改变的任务，时间长了，会倾向于认可它。比如，一开始很多刚毕业的大学生去中小学当老师，他会试图去改变些什么，但是，时间长了，觉得很难改变，不可打破，就会倾向于认可它。时间再长点，就会变成主动去维护它。到这时就有点可怕了。

庄子《逍遥游》的主题是什么？别人都说是自由。我说，也对。但是再细想，《逍遥游》其实不是在讲自由，而是在讲是什么使我们不自由。是什么使我们不自由呢？是封闭的体系。当看不到改变这种封闭的可能，逐渐变得认可并最终维护它的时候，我们，就成了我们自己的奴隶。

这些年，我每年做几十场讲座。我在微博上发过一条感慨，说在听讲座的人中，有两个群体是比较消极的：一是领导干部群体；二是中小学老师群体。什么原因呢？这两个群体实际上是工作压力特别大的，又是高度体制化的。说到中小学老师压力特别大，可以说他们是全社会最辛苦的一群人。所以他们在听我的讲座时，总是抱着这样的心理：你讲这些有用吗？我们有办法改变吗？这就是我刚才讲的"是什么使我们不自由"。

我想，我们能不能在某些时刻跳开一下？比如现在，能不能听一听我的不同的声音？跳出惯性思维，换一种思路，来看一看我们每天从事的工作。如果能做到这一点，我的目的就达到了。

重要的，不重要；必要的，才重要

教育有很多种形式。针对全体国民的教育是最基础的一种教育，也是不可或缺的一种教育。在理论上，不是所有人最终都能接受高等教育，高等教育也不是每个人必须接受的，国家也没有能力让所有人接受高等教育。从人的个体之间存在客观差异的角度看，也不是所有人都有必要接受高等教育。

但是基础教育不同，基础教育是基本国策，国家有义务向全体国民提供基础教育，所有国民也有义务接受基础教育。基础教育是义务教育，更是必要教育，"必要"的意思是必须要——既是全体国民必须要接受的一种教育，更涉及对教育核心价值的一种选择：在宝贵的全民义务教育阶段，什么教育才是必须要有的？

我经常谈到"必要"和"重要"两个词。分清其中的差别，其实并不容易。举个例子，很多家长把孩子送去各种特长班，周末都排满了，认为这很重要。比如学体操，女孩子学学形体，难道不重要吗？重要。比如学乐器，女孩子懂点乐器不重要吗？也重要。又去学书法，书法是人的脸面难道不重要？那也重要。但是，依此逻辑，重要的东西太多了，还有更多更重要的怎么办？基础教育的篮子只有这么大，能把所有的菜都捡到一个篮子里吗？

所以，重要的，不重要；必要的，才重要。

所以，必须要从重要的里面选必要的。基础教育，应该是必要的教育，而不是重要的教育；高等教育才是重要的教育，现在以传授专业技能为主。

以上，我先定义一下"必要"。

　　针对全体国民的基础教育，必要的教育是什么呢？中国有全人类最悠久的教育历史，拥有孔子这样的人物，拥有孔子创立的全人类最早的教育体系和理念，它完整体现了人类教育最本质的价值。所以，我们今天谈教育，离不开孔子。不是他需要我们，是我们需要他。我们需要不断回到孔子那里，来看看，什么是教育？他为什么做教育？他怎样做教育？我们今天的教育出了什么问题？我们的教育丢失了什么？我们如何做好教育？

　　从这个角度来说，我所谈的其实都在指向一个方向——孔子的教育。

人类为什么需要教育

首先，我们来搞清楚，人类为什么需要教育？或者说，我们想通过教育给人类带来什么？如果没有教育，人类会变成什么样子？这是我们在讨论教育所有细枝末节的问题之前，先要考虑的。我认为，几十年甚至百年以来，我们对这个问题的思考有缺失。

我上小学的时候经常背《毛主席语录》，其中有关教育的内容记得有这么一句：“我们的教育方针，应该使受教育者在德育、智育、体育几方面都得到发展，成为有社会主义觉悟的有文化的劳动者。”劳动者是什么？是劳动力，是生产工具。人可以也应该成为一个劳动者，人首先必须养活自己，但又不能仅仅是劳动者。毛主席说，劳动者也得发展“德育、智育、体育”，要有“文化”。如果教育的目标仅仅将人作为单纯的劳动者培养，那么这种教育的使命是非常狭隘的。实际上，教育应该是培养人的，是对人的教育，而不是仅仅培养单纯的劳动者。

先来谈教育的两大基本功能，或者说是两大使命：

第一，传承并发展人类的文明；

第二，传授并创新人类的技术。

这个先后排序，是有轻重之别的。我的排法是将“传承并发展人类的文明”放在第一，将“传授并创新人类的技术”放在第二。为什么？因为这“第二”，恰恰是我们现在最看重的东西，不是吗？学一门专业，学一门手艺，学一门技术，能找到好工作，这个简直太重要了。

自从新文化运动以来，或者说自1840年中国被西方屡次挫败以后，我们就总认为中国之所以被打败，是因为我们的技术不行，是因为人家“船坚炮利”。为此清帝国派了很多学生到欧洲去留学。这些留学生主要去学什么？学技术。学造大炮、造枪、造轮船、修铁路，被誉为"中国铁路之父"的詹天佑就是这样学出来的。好不好？很好。但是，我们来看，几乎同时，在欧洲也有很多日本留学生。当时德国人发现，日本学生对欧洲的历史、人文制度更感兴趣，而中国学生感兴趣的是实用技术，怎么造轮船、枪炮弹药，怎么修铁路。在那个时候，西方人就预料到，在亚洲，日本最终会超过中国。其实不用西方人说，在1894年的甲午战争中就有定论了。当时中国拥有亚洲最强大的海军舰队，比日本要强大得多，但是在甲午海战中，北洋舰队几乎全军覆没。这证明，中国之败，绝不仅仅是技术问题，证明从那个时候，我们就有了这样一个观念上的误区，认为一个民族只要有尖端的科学技术就能解决所有问题。实际上，尽管我们中华民族如此迫切需要掌握尖端科学技术，但前提也必须是人自身要有活力。

所以，我将教育的基本功能——"传承并发展人类的文明"放在第一位。因为这才是教育最本质的东西，也最能够体现人类教育的特征，是人类与动物最基本的区别。动物也有"技术"的传承。小狮子生下来以后，老狮子会带着它在草原上学习捕食。有的传承就是遗传，蜘蛛生下来就会织网，不用教就会。如果人类的教育只是为了生存技能的传承，那跟动物有多大区别呢？如果我们把教育完全理解为是技能、技术的学习，理解为是科学和知识的学习，那等于把人类降低到了动物的层面。

新"读书无用"论

传承并发展人类的文明，是人的精神世界的进步。

传授并创新人类的技术，是人的物质世界的进步。

这两条都需要、都重要。特别是第一条尤其重要。比如，计算机是人类物质世界的一大进步，但在没有计算机以前，在人类生活的无数年代，如果没有诗歌、没有艺术，人类能延续多久？中华民族有五千年历史，中国最古老的诗歌总集距今也已三千多年了。诗歌陪伴着人类，艺术陪伴着人类，在半坡文化遗址，我们就能看到即使在史前原始人的地穴里，也依然有人在陶器上画彩色的人面、动物、植物。没有艺术，几乎无法想象人类的历史。没有计算机，人类已经活了几千年。唐代诗人李白写了那么多表达痛苦的诗，但即使他穿越到今天，也不会为"今天没有网络啊"而感到痛苦，因为这种痛苦不是人类本质的痛苦，不体现人类本质的特征。我不是在贬低现代科学技术的重要性，我只是想说，对人类而言什么才是最本质的东西，什么才是决定人之所以为人、区别人与动物的东西。没有计算机，人还是人，但是没有诗歌、没有艺术、没有伦理、没有价值观，人就不是人。春天来了，看到鲜花盛开，不觉得美；夜晚来临，看到月亮升起，不觉得美；听一首音乐也从来不觉得美。生而为人，毫不动情，毫无审美，对大自然的一切，对美与丑、善与恶毫无感知，还能叫"人"吗？是人，即使没读过书，文盲也懂得美。不识字也会在家里贴年画、唱民歌，生活中也有音乐也有舞蹈。这是艺术，不是技术。

而传授并创新人类的技术，对受教育者而言，是通过教育机构进行专业培训，比如通过一所大学，或者一所职业学校，使之掌握一定的手艺、技能来养活自己、发展自己、服务社会、支持社会。而其中的佼佼者可以在此基础上，通过精深的研究，通过新技术的发现和发明，使人类的生产力迈上新的台阶，造福人类。所以科学家很伟大，技术发明很重要。人类需要发明电灯的爱迪生，需要制造飞机的莱特兄弟。但为什么我把这一点放在"传承并发展人类的文明"后面呢？因为技术教育已经深入人心，不需要我再强调了；因为对中国来说，这一点的重要性强调足够了。我不是在说这不重要。我是在说我们今天缺少什么，忽略了什么。犹如人渴了，要喝水，我应该递给你一杯水而不是一碗饭。

每年的 4 月 23 日是"世界读书日"，全国各地都在做读书活动，我也受邀去各地谈"读书的重要性"，我经常表达自己的一个观点："读书"的重要性是需要反复提倡的，但是，"学习"的重要性根本不需要去提倡。为什么？

因为"读书无用"，而"学习有用"。比方说，当一个人想去做会计的时候，用得着去告诉他：要去参加初级会计职称考试吗？他自己早就知道要学习。不学习就通不过考试，就拿不到相应的证书，就无法从事会计工作。同样，做律师必须先学习法律知识，考法律职业资格证书。所以学习的重要性，学技能的重要性，学手艺的重要性，不需要去特别强调，大家明白。我要强调的不是"学习"而是"读书"，那些看起来"没有用"的读书。

很久以来，"传承并发展人类的文明"的重要性在功利主义及技术至上观念的影响下一再被遮蔽。我们总觉得技术是最重要的，因为在生活中证明技术的重要太容易了。比如电脑出了问题自己修半天修不好，来了个学计算机专业的技工三下两下就修好了，你看，这时谁更重要啊？所以这个结论不需要更多地证明。但是，"传承并发展人类的文明"的重要性呢，看不见摸不着。因为看不见摸不着，就常常被人忽视。人类历史上曾经有过很多不同的"拜物教"，在今天的世界，也存在一个非常明显的"科学拜物教"或者说是"技术拜物教"，似乎只要拥有科学技术就可以解决人类所有问题。这种"技术拜物教观"在全社会的大流行，使"传承并发展人类文明"这一教育的基本功能以及与此相关的教育必须承载的历史使命，都被有意无意地忽略了、遮蔽了。

确实，技术是我们赖以谋生的手段，科学让我们的物质生活更上台阶，但是我们还需要高贵的心灵，需要高雅的风范，需要高尚的德行，需要高蹈的精神。没有这些，人还能有体面吗？网速再快，电脑打开后全是些乱七八糟的低俗东西，网络技术再发达，又怎么样呢？《毛主席语录》里有一段话讲得非常好，我们要让自己成为"一个高尚的人，一个纯粹的人，一个脱离了低级趣味的人"。让人成为这样的人，促进人的精神世界的进步——传承并发展人类的文明，才是教育的第一个基本功能、第一位使命，才是以人为本的教育，一种更健全的教育。

专业的教育，是手的教育。苏格拉底的教育、孔子的教育、耶稣的教育、释迦牟尼的教育，是头脑的教育。在今天，头与手，两者都需要。但人们往往只重视手的教育，而忽视头脑的教育。而后者，恰恰才是教育最本质的功能——文化的传承，让人有文化，让人文明化，让人成其为人。古人的知识并没有我们今天这么多，但恰恰是那些知识不很完备的时代，出现了一批伟大的、具有完美人格的人。

你有没有被文化

以人为本的教育是什么？人怎样才叫人？

我们常常说到一个名词，"文化"。文化，其实不是外在于我们的东西。认为我们人是主体，文化是客体，人进入图书馆，那里摆着的书才是文化——这种理解是错误的。文化是流淌在人的血液里的，文化与人不是它与我之间的外在关系，而是一种自我关系——"我"有没有被"文化"？这时的"文化"，不再是名词，而是动词。

一个人被文化的最高的境界，不是一个人"有文化"，而是人本身即文化。对孔子这样的人，我们能说他是有文化吗？不能。孔子本身就是文化，他的教养、他的一举一动、他的一言一行，就是文化。他说出来的话就是人生的格言，他做出来的事就是人生的榜样，行为世范，世上楷模。所以文化这个词是不能与人分开的。人如果跟文化分开，或者说一个人完全没文化，这个人是不能称其为人的。因为人跟动物之间的基本区别就是人是被"文化"过的，而动物没有，也不会有。

什么叫人是被"文化"过的？因为人有善恶观，有美丑观，即使在最低的层次上也能分辨是非。即便不能分辨是非，也知道这个世界上有是非。一个人伤害了人，人可以说这个人很坏；一条蛇咬了人，人不能说这条蛇很坏，因为动物没有是非观。当一个人有是非观的时候，当他知道自己的行为必须放在"是非"下来判断，放到"美丑"下来审视，他就被"文化"了。

所以没有一个人是绝对没文化的，只有文化的高低层次不同而已，只有被"文化"的程度不同而已。所以"文化"作为一个动词，就是指一个人在精神上被文明化。这个"化"本来就是动词。电脑格式化、管理网格化都是被"化"。离开了文化，人就不能称其为人，而人的文化境界有高有低，文化境界最高的如孔子，便是圣人；文化境界很低的就是小人。所以教育最重要的功能就是传承文化，让更多的受教育者"被文化"。

文化不在图书馆

孔子30岁时，不做官，开创私学做教育。为什么？就是要让更多的人"被文化"。因为他知道从尧舜禹到商汤，一直到周文王、周武王，一个悠久的、伟大的文化传统既已继承下来，还将通过他传承下去。他就是要通过教育让更多的人"被文化"，继承这个伟大的文化传统。

来看看孔子说的：

子曰："周监于二代，郁郁乎文哉，吾从周。"（《论语·八佾》）

"郁郁乎"，郁郁葱葱，文化繁荣昌盛。孔子视周朝为文明的榜样。周朝也的确是中国历史上最成功的朝代，后世对周朝几乎没有什么批评的声音。即使后来周朝衰落了，最后灭亡了，人们给予的也多是同情。我专门写过一篇文章谈周朝的伟大。伟大在哪里呢？在于周朝的统治者明白，一个有责任感的政府，不是加强政府的权力，而是发挥社会功能，培育社会。培育社会最好的办法在于"制礼作乐"，让社会按制度、规矩运行。孔子讲过一句话：

夷狄之有君，不如诸夏之亡也。（同上）

孔夫子说："夷狄虽然有君主，还不如中原各国没有君主呢。"孔子感叹的是：社会文明比政府权力职能更有效。夷狄有君而无文明，诸夏无君而有礼乐。周朝衰落了，但几百年来周朝积淀的文明已经渗入了一个民族的血液，社会强大，强大到可以没有君主而自行其道。因为华夏文明化后，人与社会之间，人与人之间，人与组织之间，他们的交往、他们的关系都有一整套的礼乐规范约束，大家做事都有规矩。所以，即使没有君主，这个社会仍然是文明的。孔子这句话"不如诸夏之亡也"，是对周朝伟大之处的最好的概括。周朝在那时便能培育社会，让社会健全起来，让社会能够自我管理，这真是特别了不起。

孔子说"吾十有五而志于学"（《论语·为政》），我们再来看孔子本人是如何学的？

有一个卫国人叫公孙朝，问孔子学生子贡：

仲尼焉学？（《论语·子张》）

你的老师孔仲尼，境界那么高，他到底从哪里学来的？子贡的回答太好了：

文武之道未坠于地，在人。（同上）

周文王、周武王继承与开创的伟大的文化传统，他们的"文武之道"并没有坠落于地，而在今天我老师这样的人的身上代代传下来——所以子贡说"在人"。子贡接着说：

贤者识其大者，不贤者识其小者，莫不有文武之道焉。夫子焉不学？而亦何常师之有？（同上）

贤能的人认识到大的方面，不贤的人记住小的方面，没有什么地方没有文武之道。我的老师哪里不能学呢？他又何尝非得有固定的老师呢？

文化载体不仅是书籍与制度，还在风俗习惯，以及人的思维方式、行为模式。圣人知之而承绪，而发扬，百姓日用而不知，便成彬彬之盛。所以我说，人与文化是不能一分为二的。周文王、周武王、孔孟的文化跟"人"不能分开，文化不能变成固态的资料堆放在档案馆、图书馆里任岁月蒙尘。

为什么我们今天的档案馆、图书馆珍藏着历代传下来的无数文献资料，今天的中国人仍然让人感觉缺少"文化"？因为文化没有"在人"。如果每个中国人都把"文化"变成"我们自己"了，变成我们内在的生命，中国文化一定绵延不绝。

孔子的时代，君子很多，高人很多。孔子自己也曾夸他一个学生子贱："君子哉若人！"君子啊这个人！然后孔子感叹："鲁无君子者，斯焉取斯。"（《论语·公冶长》）假如鲁国没有君子，他从哪里得到这种品德的呢？鲁国是君子之乡。其先祖，有周公；在当代，有孔子。孔子弟子子贱生长于斯，受其熏陶，而有君子之德，不是很自然的事吗！我们今天读《论语》会发现，鲁国是这样，后来孔子到卫国去，也说"卫多君子"。正是在这些君子身上承载着一个民族伟大的文化，从尧舜禹，到商汤，然后周文王、周武王，然后孔子、孟子……

所以子贡说"贤者识其大者，不贤者识其小者"，贤者看到问题的本质，不贤之人学一点皮毛，至少洒扫应对也有规矩。所以无论大小者，"莫不有文武之道焉"，人人都是文化的载体，区别在于高低层次、境界以及格局大小不同。

孔子的文化自觉

后来孟子说：

> 由尧舜至于汤，五百有余岁，若禹、皋陶，则见而知之；若汤，则闻而知之。由汤至于文王，五百有余岁，若伊尹、莱朱，则见而知之；若文王，则闻而知之。由文王至于孔子，五百有余岁，若太公望、散宜生，则见而知之；若孔子，则闻而知之。由孔子而来至于今，百有余岁，去圣人之世，若此其未远也；近圣人之居，若此其甚也，然而无有乎尔，则亦无有乎尔。（《孟子·尽心下》）

从尧舜到商汤，从商汤到周文王，从周文王到周武王，再到周公，到孔子"仲尼祖述尧舜，宪章文武"（《礼记·中庸》），再到孔子之后百年的孟子，这就是后来唐代韩愈、宋代朱熹，所谓的儒家之"道"的传授谱系，即"道统"。

再来看看这段记载：

> 子畏于匡。曰："文王既没，文不在兹乎？天之将丧斯文也，后死者不得与于斯文也；天之未丧斯文也，匡人其如予何？"（《论语·子罕》）

公元前496年，孔子从卫国去陈国，经过匡地。匡地曾遭鲁国阳货的侵扰。孔子的相貌很像阳货，匡人以为是仇人阳货来了，便将他围困拘禁了五天，还想杀他。弟子们都很紧张，孔子很坦荡，说：

文王既没，文不在兹乎？（同上）

周文王已经死了，周代的文化遗产难道不都在这里吗？"兹"，这里。这是孔子很含蓄地说，周文化的火炬，从尧舜传到商汤，从商汤传到文王，从文王传到这里，自己是接棒人。然后，孔子有个推导：

天之将丧斯文也，后死者不得与于斯文也。（同上）

孔子的意思是：上天若要熄灭这文明的火炬，就不可能将它传给我；既然上天已经将这文明的火炬递到我的手中，就是希望我传下去。既然希望我传下去，天就不会让我死掉，所以，上天若无意熄灭这文明的火炬，匡人能把我怎么样呢——

天之未丧斯文也，匡人其如予何！（同上）

匡人能杀掉我吗？杀不了。为什么？因为天佑文明。

所以中国人喜欢讲"吉人自有天相"，这个"相"就是保佑、襄助的意思。

孔子的话表现出他强烈的文化传承的自觉意识。孔子一生经历了那么多挫折，那么多坎坷，周游列国14年，碰到多少战乱、野兽、饥荒，艰难困苦，最后活到七十古来稀，得善终。那个时代，不得善终的人多的是啊！这就是"吉人自有天相"。孔子内心有非常明确、非常自觉的意识：传承周的文化，就是上天赋予我的使命。既然天赋予了我使命，那我就要履行天命，艰难困苦、生杀予夺又能怎么样？所以孔子"五十岁而知天命",这个"知"不仅仅是知道的意思,也包括"行","知天命"即"行天命"。明代哲学家王阳明讲"知行合一",就是从这里出发的。

"道"在行为举止里

刚才我提到"道统",提到"道"。与"道"有关的关键词很多：学道、弘道、谋道、忧道……"道"的内涵很丰富。中国古代儒、道两家都在讲道。道家讲的道，更多侧重在客观规律，讲物理。儒家讲的道，更多在人文伦理，指的是价值观。一个人，无论才能是否卓越、处境是否通达，你是选择做君子还是做小人、做坏人？这种用作判断的价值观，就叫道。孔子说：

人能弘道，非道弘人。(《论语·卫灵公》)

人能够弘扬道，而非道能弘扬人。道就在我们人的行为举止里。如果我们的行为举止合乎道，道就在；如果我们的行为举止不合乎道，道就消失了。夫子还说：

君子谋道不谋食。耕也，馁在其中矣；学也，禄在其中矣。君子忧道不忧贫。(同上)

君子谋求道义，不谋求衣食。耕田，未必不挨饿；学习知识谋求大道，反而可能获得俸禄。君子只担忧道义不行，不担忧自家贫穷。前一句"君子谋道不谋食"，后一句"君子忧道不忧贫"，谋道、忧道，陈义极高。中间两句，讲耕、馁、学、禄，讲得平实，一如慈父劝子，立足家常，却有智慧：忧贫者，何如不忧？一则，忧贫未必就能脱贫，人生在世，何处没有一份口粮。二则，君子坦荡，知命达义，若贫不可免、达不可求，何如放下？三则，为人不可太直接功利，汲汲于谋食，未必得食；谋道而学，或有俸禄。人生何必数数然？

反观我们今天的教育，很多家长在孩子一生下后就很焦虑，整天想的就是孩子能不能"谋食"，整天替孩子"忧贫"：为什么要上好幼儿园？为了上好小学，上好小学是为了上好初中，上好初中是为了上好高中，上好高中是为了上好大学，上好大学是为了找好工作，找好工作是为了挣高工资。我们的教育从幼儿园起，就把人搞成"小人"了——"君子谋道不谋食"，这话的反面，就是"小人谋食不谋道"啊。人生哪里有什么事情是你在填志愿时能预测的？

我曾经去一位企业家那里做客。他的企业做得很大。他跟我说了一番话，我认为讲得非常好。他对我说："我觉得我们的孩子将来饿死的可能性是不大的，冻死的可能性也几乎没有。"我说："你家庭条件很好。"他说："不是我家庭条件好。现在就是普通人家也没问题。人类文明发展到今天，不会轻易地让一个人饿死、冻死，至少有一个最低保障吧。但是假如做人做不好，可能会因为各种各样的原因作死。所以要担心的不是孩子将来有没有饭吃，有没有衣服穿，要担心的是他将来走不走正道。"

我觉得这位企业家这番话，已经近乎知"道"了。我们不是动不动就说"你知道吗"？"我知道"。实际上，我们大家都不知"道"，只知"术"、只知"器"而不知"道"。

何为"道"？

《论语》中，"道"字出现了 88 次。当然有些"道"字的含义是不同的，我排除了以下七处：

"道千乘之国"（《论语·学而》）和"道之以政"（《论语·为

政》），是引导的意思；

"予死于道路乎"（《论语·子罕》），指普通意义上的道路；

"忠告而善道之"（《论语·颜渊》），是引导的意思；

"夫子自道也"（《论语·宪问》），说话、评价的意思；

"乐道人之善"（《论语·季氏》），也是引导的意思；

"道听而涂说"（《论语·阳货》），也是道路的意思。

除上述七处之外，剩下的 81 个"道"字，都包含"人间正道""道义""文化""传统"这样的含义。从这个统计可以看出来，孔子对"道"的尊崇，也可以看出孔子做教育主要在传授学生什么？在传授"道"。

所以唐代文学家韩愈说：

师者，所以传道受业解惑也。（《师说》）

为人师者，传道第一。那授业呢？在韩愈的观点里，授业也不是传授职业技能，在《师说》中，有职业技能的叫"百工之人"，巫医、乐师、各种工匠。韩愈这里说的授"业"也是指学业，而"解惑"是解人生的大迷惑。如此才可称为"师者"。

韩愈讲"道统"：

尧以是传之舜，舜以是传之禹，禹以是传之汤，汤以是传之文、武、周公，文、武、周公传之孔子，孔子传之孟轲。（《原道》）

这就是"道"的传承，宽泛一点理解就是"文化""文明"的传承。

　　文化：动词，以文化人。文明：也是动词，以文明德。

　　以文来变化人，以文来增进人的德行，不断革新，迈向人的最高境界，所以《大学》开篇第一句是：

　　大学之道，在明明德，在亲民，在止于至善。（《大学》）

人生有三个境界

中国传统文化中，对人的道德分类有"君子"和"小人"。"君子"在《论语》中，有时候表述为"大人"。其实，在孔子之前，"君子"和"小人"更多时候是指身份。上层社会的叫"君子"，下层社会的叫"小人"。但后来它们的内涵发生了变化，"君子"更多时候指德行高尚的人，"小人"指境界低下的人。孔子之前，君子小人更多是身份的标志；孔子之后，变成了境界、德行的标志。《论语》里"道"字出现最多，88 次，其次就是"君子""小人"。"君子"出现 17 次，另外"大人"2 次，一共 19 次。与君子相对的"小人"出现 24 次，将"君子"和"小人"对比说的，有 19 次。

当然，《论语》中，"君子""小人"的含义，不能一概而论，比如孔子说：

君子之德风，小人之德草。（《论语·颜渊》）

这里的"君子"指的就是上层社会的人，"小人"则指下层社会的人。

那么，作这样的说明和统计是想表达什么呢？是想指出：孔子的教育乃是"大人"之学，是将"小人"教成"大人"。

孔子为什么办学？因为孔子发现，这个世界里，很多坏事不是由坏人做的，而是由小人做的。决定这个世界整体道德水准和文明程度的，不是君子，也不是坏人，而是小人。这个世界里，君子不多，坏人也不多，最多的是小人。

这里说的小人并非指品行不好，而是指境界未必很高，判断力不一定很强。孔子希望通过教育能让更多这样的普通人（小人）变成君子（大人）。所以孔子的教育是"大人之学"——"大学"。"大学"这个词就是大人之学的简称。在孔子时代，大学不是我们今天理解的小学、中学和大学，而是指一种从普通人（小人）变成君子（大人）的学问。如果从幼儿园就开始教"人之初，性本善。性相近，习相远"，教人为善，就是"大学"；如果在大学里只教技术，学好技术只为将来找份工作，那就还是"小学"，小人之学。现在中国是以年龄、学制、专业来区分小学、中学、大学的，但是，说句不客气的话，如果只以未来就业作为大学教育的目标，不做"大人之学"，它的"大"比中小学、幼儿园大在哪里呢？

人生有三个境界。第一：谋生，首先要养活自己。为了养活自己必须学一门技术，过去叫手艺。比如唐朝韩愈讲的"百工之人"，民间有很多木匠、铁匠、泥瓦匠、裁缝等，他们很小就拜一个师父跟着学手艺，学三年出师。这就是为谋生去学手艺。今天我们的大学里分专业教技术，看起来更专业、更高级了，其实本质上还是一样的，目的是为了找工作，不仅仅为了养活自己，更为了有体面的收入。这是人生的第一个境界，很重要。不能养活自己就饿死了；没有体面的收入，也就无法让自己和家人过得更好。

但如果人生的目标只在谋生"养活自己"，人生境界不是太低了吗？我们进入大学学专业、学技术，必定有谋生的动机在，这本是无可回避、无可厚非的。但是动物也学技术，动物也是不同专业的毕业生，没有技能它们怎么养活自己、繁衍下去？蜘蛛就是"纺织专业"毕业生，螃蟹就是"隧道专业"毕业生。所以人如果只是想着有一门技术要养活自己，那几乎跟动物没有多少差距。人之所以是人而非动物的本质区别在哪里呢？人生目标只为养活自己，人文素质没有提升，那么我们跟动物有什么分别？如果教育只想着让学生将来找一份好工作，这样的教育是不是把人不当人啊!?

人生的第二个境界是谋智，认知世界。到谋智阶段，人跟动物开始拉开距离。因为只有人的头脑里才装有抽象的、知识的世界，动物没有。何为"人"？人和动物有何区别？人类哲学史上，很多思想家一直都在讨论这些问题。

我读过一本德国哲学家卡西尔写的《人论》，很受启发。这本书是20世纪80年代翻译出版的，他提出："人是符号的动物。"我觉得非常好。这实际上是说人是有知识的，知识以符号的形式存在于人的头脑中，人的头脑中包含着一个庞大的符号世界。假如今天报告厅里有个小动物在，它的世界就是它此时此刻看到的，没有看到的世界对它来说不存在。但是，人不一样。人坐在报告厅里，可是头脑里装着全上海，装着全中国，装着全世界，装着太阳系，装着银河系……假如用一把手术刀把脑袋打开，这些装在哪里？看不见，找不到。它们都是以抽象形式存在的，以符号形式存在的。我们跟动物相比，动物只有物理的世界，而人除了有物理的世界外，还有精神的世界。这是人和动物间的第一个区别。

所以，人一定要有知识。所以，教育要教人知识。教物理、教历史、教地理、教化学、教数学，都是教知识。大学是更细分了专业技术知识的领域。

但是，谋智，仍然不是教育的最高境界。教育的最高境界应该是——谋道，即《论语》反复提到的那88个"道"。

人间有正道。有个词叫"人道"，人无道，便不是人。"谋道"为了什么？就是认同价值，就是学会判断。判断什么？判断价值，能分辨人间是非、善恶、美丑。判断价值和判断事实是不一样的。对知识作判断，叫判断事实。比如一份考卷全部出知识题，就会有一整套的标准答案。为什么今天的考试有那么多的标准答案？因为主要考的是知识，考的是学生的记忆力。为什么要有标准答案呢？因为对知识作判断，答案往往只能是唯一的。今天的考试有标准答案，不是标准答案自身的问题，也不是考卷的问题，是今天对教育的定位有偏差，考试只需记忆、填标准答案。甚至，会把价值判断的问题也变成只有标准答案，这就在混淆事实判断与价值判断。

价值判断与判断事实有很大区别。什么叫价值判断？比如以孔子为例出题：孔子是什么样的人？下面选择：A. 伟大的人；B. 渺小的人；C. 高尚的人；D. 卑鄙的人。作选择就是作价值判断，用这样的考题来考诸位，相信有的选 A，有的选 B，有的选 C，有的选 D，有的会选多项，都出自自身判断。没有唯一的标准答案，但考的是每个人的认知能力、判断能力，而这才是人最重要的能力。

那么，在技术、谋智、谋道这三者里，什么是最重要的？

中国民间有一句话，说出了掌握技术的重要性，叫"纵有万贯家财，不如一技在身"。没错。我们一定要有一门手艺能养活自己。但是这句话里用"万"和"一"作比较，也只在说明"一技在身"比"万贯家财"重要。但同时它是说"一技"，而非"多技"，为什么？因为就谋生而言，"一技"就够了，人一辈子能吃多少、用多少？所以古人这句话讲得真有智慧，一技足矣！满足自己物质的需求，满足自己肉体的需求，其实并不需要太多，"一箪食，一瓢饮"：

子曰："贤哉，回也！一箪食，一瓢饮，在陋巷，人不堪其忧，回也不改其乐。贤哉，回也！"（《论语·雍也》）

孔子说："贤德呀颜回，一筒饭，一瓢水，住在陋巷，别人受不了这种困苦忧愁，颜回却很快乐，颜回贤德呀。"

孔子自己怎样？

子曰："饭疏食，饮水，曲肱而枕之，乐亦在其中矣。"（《论语·述而》）

孔子说："吃粗粮，喝冷水，手臂一弯就能当枕头，乐趣就在其中了。"他接着说：

不义而富且贵，于我如浮云。（同上）

人对物质生活的需求降到最低以后，会留下更多的时间和空间来追求高尚的精神生活。今天人们一直在抬高物质生活的标准。没房子想着有房子就好了；有房子想着有大房子就好了；有大房子想着有别墅就好了。没车想着有自行车就好了；有自行车想着有汽车就好了；有汽车想着有名牌车就好了……一辈子都在物质的层面不断追求，一辈子都在满足一己肉体享受，从来不想去滋养一己精神。所以，为什么有的人境界很低？因为他没有给精神生活留下足够的空间。在一生的绝大多数时间里，永远在满足对物质的需求。为什么物质生活永远难以满足呢？因为人在不断抬高物质生活的标准。所以，孔子之所以为孔子，颜回之所以为颜回，之所以能成为圣人，在于他们一开始就将自己的物质生活底线定下来了，"一箪食，一瓢饮""饭疏食，饮水，曲肱而枕之"，留下更多时间从事高尚的事业，去追求精神的最高境界，并乐在其中。

如果你考砸了

什么叫高尚的活动？人为什么高尚？有人曾经问孟子，为什么有的人成为"大人"，有的人成为"小人"呢？孟子说：

从其大体者为大人，从其小体者为小人。（《孟子·告子上》）

追求精神境界的高尚，是为"大人"；被肉体欲望支配一辈子，是为"小人"。谋生固然重要，但如果不止于此，并把肉体的欲望压制在最基本的底线之内，用更多的时间提升自己，这就是"大人"。

教育也是这样。"纵有万贯家财，不如一技在身"这句话，就在于说出了两点：第一，技术专业很重要；第二，技术专业有限度。这是谋生。

谋智怎么样？知识重要吗？非常重要。但知识是无限的，无限的知识里，也有很多是无聊的。

实际上，我们每一个人都是"无知"的，我们每一个人随时随地都可能被别人证明是无知的。我们必须接受自己无知的状态。很正常，无知一点儿都不丢人。孔子也是无知的。

曾有学生对我说："孔子不无知，他什么都知道。"

我问："谁说孔子什么都知道啊？"

他说："司马迁《史记》记载，很多人问孔子稀奇古怪的问题，孔子全部回答出来了。"

我说："谁告诉你很多人问孔子稀奇古怪的问题，孔子都答出来了？孔子答出来的，司马迁就记了。孔子没答出来的，司马迁就没记，明白吗？孔子怎么可能回答所有人的问题？司马迁特别崇拜孔子，他为了说明孔子知识很广博，所以记了几个事例，这很正常。"

就知识而言，请记住两点：第一，我们每一个人都是无知的；第二，我们每一个人都可以在知识考试中一败涂地。

这一点我印象特别深刻。我儿子上小学时，有一次老师让我参加家长开放日活动。班级学生分成五个组，让家长和他们一起参加诗词竞赛，五个家长站台上，五个孩子站台下。孩子背一句古诗，家长要接下一句。我儿子那个组推荐我儿子和我上去，觉得我是大学文学教授，这一组肯定赢。儿子头天晚上告诉我，我觉得没问题啊！难道这能难倒我？明天就给儿子冲锋陷阵去。第二天，五个组，五个学生，五个家长，我是第一个被淘汰下去的。我儿子突然背出一句"十指不沾泥"，我一下傻了。小学课本上确实有这首诗，但我根本没事先准备，他怎么不来个"床前明月光"呢！

我想说的是，在这样的知识考题面前一败涂地，不能证明一个人有无价值。决定一个人价值的不是知识，而是良知。有良知，就能够判断出是非、善恶和美丑。人可以在具体的知识问题面前哑口无言，张口结舌，但是，在大是大非问题面前人不能没有判断。看到马路上有一个小孩被车子轧伤，你开车路过，还能再轧过去吗？你站在路边会不会去抢救孩子？这个时候就需要人的判断，这个时候不是事实判断，是价值判断，是有无良知的判断。学会价值判断，就是"谋道"。在这样的考试面前，你如果没答对，你就是坏人。这才是问题的关键，这才是最重要的。所以在技术谋生、知识谋智、价值谋道里，谁最重要？谋道最重要。所以我们不要总将谋道想得特别高、特别大、特别远、特别玄，道（价值）就是人的日常生活中，每天可以扪心自问的良心。

但是，良心是需要滋养的。如孟子说的，人人都有良心，但是时间长了，良心会丧失。为什么？人间的诱惑太多了。富贵可以"淫"你，威武可以"屈"你，贫贱可以"移"你，到最后，良心没了。没有良心和一道数学题不会做，哪个严重？孰大孰小？孩子一道知识题不会做，真的没有一点儿关系。如果孩子在大是大非上出问题，那才是大问题。所以，我说，教育的最高层次是什么？是谋道之学，是"大人之学"的大学。

"大学"有两种不同的英文翻译。一种是英国汉学家理雅各（James Legge，1815—1897）翻译的"The Great Learning"，一种伟大的学习；一种是近代学者辜鸿铭（1857—1928）翻译的"The Higher Education"，一种高级教育或者高等教育。我觉得理雅各的翻译，更接近于中国传统对大学最初命名时的含义。中国经典解释的"大学"就是"学大"，语法倒装，这是汉语文言文里的一种语法现象。比如什么叫自由？试试倒过来读就明白了——由自，由自己。那么，大学即学大。大学，是大人之学，大成之学，成人之学。

> 大学之道，在明明德，在亲民，在止于至善。知止而后有定，定而后能静，静而后能安，安而后能虑，虑而后能得。（《大学》）

教育的最后，是让我们的孩子，让一国的国民都能够"知止"。这个"止"字不是停止不动的意思，而是停留、安于。庄子说："人莫鉴于流水而鉴于止水，唯止能止众止。"人无法在流动的水中照见自己，只有水静止下来才能让众人来做观照。人也一样，只有安详的人才能凝聚起周围的力量。一个浮躁的人，一个整天像八脚猫一样连自己都安顿不了的人，怎么能凝聚周边的能量来完成一件事？安顿就能安定，安定就能安静，安静就能安心，安心就能思虑，思虑就能有所得。"得"是什么？"得"就是"德"，不是得到什么地位，不是得到什么金钱，不是得到什么名誉，而是"德"。古汉语里的另外一个现象，就是同音字往往代表它们有相同的意义。"得"即"德"，"虑而后能得"即获得一种品德。

孔孟怎么考试

我们来看看古代教育怎么做。将那时作为一面镜子，来观照一下今天。

比年入学，中年考校。一年视离经辨志，三年视敬业乐群，五年视博习亲师，七年视论学取友，谓之小成；九年知类通达，强立而不反，谓之大成。夫然后足以化民易俗，近者说服，而远者怀之，此大学之道也。（《学记》）

《学记》是《礼记》中的一篇，郭沫若考证说，是孟子的学生乐正克写的，是中国古代最早的，也是世界上最早的一篇专门论教育和教学问题的论文。

你看他们是"比年入学，中年考校"——每年可入学，隔年考一次。现在学校一年考多少次啊？期中、期末，一年至少四次。到中考、高考时，月有月考，周有周考，考到最后把人"烤焦"了，能不焦虑吗？怎么"止"？哪有"定"、哪有"静"、哪有"安"？能虑吗？能得吗？所以这种学习让人焦虑啊！整个过程学生、家长都是焦虑的。学习的过程本该是让人的心灵获得安顿的过程，可是今天却是让人不断焦虑的过程。焦虑明天的作业，焦虑这周的考试，焦虑期中的考试，焦虑期末的考试。期末考完了，焦虑寒暑假的补习。上幼儿园焦虑上个好小学，上小学焦虑上个好初中，中考结束焦虑高考，整个人长期处在焦虑中，一直焦虑下去，一个人基本就被废掉了。古代隔年考一次真好，不焦虑，今天我们能不能鼓吹一下，以后也两年考一次？

古代学生怎么考试呢？

首先，他们考什么？"一年视离经辨志"，第一次考断句。"离经"就是断句。古代的经书没有标点符号，《论语·学而》第一篇："学而时习之，不亦说乎？有朋自远方来，不亦乐乎？人不知而不愠，不亦君子乎？"在古代，这些句子是一口气连下来的，没有标点。不会断句怎么办？念成"学而时习之不，亦说乎"就不对了，所以新生入学，首先要学会断句。先生带新生练习一段时间，诵读时间一长，语感就出来了，自然就会断句了。古代教语言根本不是今天的教法，也没有什么语法的概念，没有实词、虚词的概念。就是读经典，读着读着，语感有了，断句自然就会了。"辨志"就是理解、辨析经典里这一段讲的是什么意思，表达的是什么观点。新生入学，首先学会这两点，能断句，能读懂字面意思，这是第一年。

"三年视敬业乐群"，进入第三年，第二次考学习态度、同学关系。这个"视"可以理解为考试，也可以理解为考查。考查什么？"敬业"这个业是学业。敬业，就是严肃认真地对待学业，爱上学习，将学习看成自己生命中最重要的事。"乐群"，学会与同学们友好地相处。

"五年视博习亲师"，进入第五年，第三次考"博习亲师"，知识是否广博，是否敬爱师长。

"七年视论学取友"，第七年，第四次考"论学取友"，是不是能讨论学问了，有没有自己的见解了；是不是懂得怎么选择朋友了。孔子讲"取友"：

益者三友，损者三友。友直、友谅、友多闻，益矣。友便辟、友善柔、友便佞，损矣。（《论语·季氏》）

　　"论学"是让学生在讨论学问中学会作价值判断，考的是价值判断能力；"取友"是让学生交直率的朋友、知识广博的朋友，而不是那些整天谄媚的、花言巧语的、孤陋寡闻的人，考的还是价值判断能力。有基本的价值判断能力了，这便是"小成"。

　　大成呢？"九年知类通达，强立而不反，谓之大成。"第九年，最后一次考对世界的整体把握。"知类通达"，知类，学会知识的分类和类推，也可以理解为科学法或逻辑学；这是掌握知识、学问的科学方法；通达，掌握规律，是哲学。知识通达了，便不再是一小块一小块零碎的、狭隘的知识了，而是能在整体上把握世界了，能从整体上认知人生，然后还能举一反三，融会贯通。并且"强立而不反"——变成内在的生命力量，不会再有反复了，就像荀子说的那样：

　　木直中绳，輮以为轮，其曲中规，虽有槁暴，不复挺者，輮使之然也。(《荀子·劝学》)

　　一根笔直的木头，像匠人手中的墨线这么直，用火熏弯曲成车轮后如同圆规一般，以后再风吹日晒也不再变直了，这都是火熏的结果。教育使人不再回到原来的愚昧状态。"知类通达，强立而不反"就是以"九年"之功完成"大成之学"而成"大人"，如此，才是"大学"。

拼知识还是比心智

古人九年可以通往"知类通达"，今天九年义务教育呢？大家可以作一个比较。

古人做到"九年知类通达"后，怎么样呢？

夫然后足以化民易俗，近者说服而远者怀之，此大学之道也。（《学记》）

通过九年的学习后，学习者以自己的一言一行、一举一动"化民易俗"，教化人民，移风易俗；使"近者说服"，跟他打交道的人都佩服他、敬重他、听从他；"远者怀之"，远方的人听说他的德行，也向往着他；"此大学之道也"，这才是大学应有的方向啊。

观照现在，今天的九年级初中毕业生，如果考知识一定比古代的人广博，又会讲英语，又会弹钢琴，又会下围棋，什么都会，什么都懂一点，但是能"化民易俗，近者说服而远者怀之"吗？知识总量比古人多得多，可是心智像古人那么成熟吗？今天九年学习结束，能算成人吗？所以我一直在讲，今天的教育，孩子学了那么多知识，把专业学得那么好，博士毕业了，没找到好工作，又上了几年博士后，专业技术程度非常高了，但是跟他一对话就会发现他的心智还那么幼稚。让他判断一个专业技术问题，没问题；让他判断一种社会现象，傻得不得了。简单的是非问题他都不懂怎么去判断。今天有多少高学历的人是这样的"巨婴"？心智不成熟，那么容易被人忽悠，什么人都可以忽悠他。

心智成熟的人，需要做到三个方面：

一、正确认识自己；

二、正确认识他人和世界；

三、正确处理自己与他人、世界之间的关系。

书越读越傻，不是书的问题，是读什么书的问题。到社会上去混，混得油嘴滑舌，这不叫心智成熟。一个心智成熟的人可能外语考零分，很多知识考零分，但是他进入社会，家长不用操心，因为最重要的是非他懂，能分辨善恶，他是这个社会里正面的力量了，能给这个社会带来价值了。所以还要重复孔子这句话：

君子不器。(《论语·为政》)

孔子说得真是太好了！这句话是划时代的，对人类的教育史来说也是划时代的，应该成为所有教育工作者心中永远铭记的闪闪发光、永恒不变的箴言。教育永远要将人当人来培养，不能将人当工具来培养。将人当工具来培养是对人的藐视、对人的侮辱。君子不器，君子首先是人，是将他培养成人，而不是仅仅将他培养成一个"劳动者"、谋生工具。

所以"樊迟请学稼"，被孔子骂了一顿：

樊迟请学稼，子曰："吾不如老农。"请学为圃，曰："吾不如老圃。"樊迟出。子曰："小人哉，樊须也！"(《论语·子路》)

樊迟向老师请教怎么种庄稼，孔子说："我不如老农。"樊迟又问怎么种菜。孔子说："我不如老菜农。"樊迟出去后，孔子骂："小人啊，樊须！"

很多人读到这里，会指责孔子轻视农民、轻视老菜农、轻视体力劳动者。我住在郊区，我就看到菜农很不容易啊。菜农不种菜，城里人哪有吃的？但是，孔子是这个意思吗？根本不是。因为孔子做的是教育。孔子倡导"君子不器"，他的教育目标就不是专业技术教育，而是"大人之学"。对他培养的弟子来说，你会不会种庄稼不重要，重要的是你有没有价值判断力？我们当中有几个人会种菜、种庄稼的？不会种庄稼、不会种菜有没有问题啊？没有问题，但是，不会做人就有问题，无论你从事什么工作。所以孔子骂完樊迟后又讲了四句话，涉及三个概念：礼、义、信。

上好礼，则民莫敢不敬；上好义，则民莫敢不服；上好信，则民莫敢不用情。夫如是，则四方之民襁负其子而至矣，焉用稼？（同上）

政府重视礼，百姓就不敢不尊敬；政府重视义，百姓就不敢不服从；政府重视信，百姓就不敢不说出真情实况。假如做到这样，四方的百姓就会背着他们的小孩前来投奔，哪里用得上自己去种庄稼呢？孔子这里说的礼、义、信——不是知识，更不是技术，而是价值。

这就又回到人之一生有三种境界的问题：谋生、谋智与谋道。谋生为养活自我；谋智为认知世界；谋道为认同价值。与之相应的学习或教育，则分别对应三个层次：技术（专业）层次、知识层次、价值层次。

谋生、谋智，固是为人之必须，而无价值约束之谋生，无价值操守之谋智，其灾难性后果，今日之中国人，人人当感受更为痛切。

"一"与"多"

孔子与他的学生子贡之间，有一次对话：

子曰："赐也，汝以予为多学而识之者欤？"对曰："然。非与？"曰："非也，予一以贯之。"（《论语·卫灵公》）

孔子说："端木赐呀，你以为我是学了很多而又一一记住的吗？""多学而识之"指的就是前面讲的三个层次里的第二个层次，知识。子贡回答说："是啊，难道不是吗？"孔子说："不是。"说得很明确，一点犹豫都没有，然后孔子说："我是一以贯之。"这里孔子实际上在表达什么意思呢？孔子是想表达，自己能做老师，是因为自己一以贯之。这段记载里有两个关键词：一个是"多"，一个是"一"。多，指知识；一，指一种良知、判断力。

孔子之所以伟大，之所以是影响中国乃至世界的人物，不是靠知识的总量比今天的人多。孔子怎么跟我们今天的人比知识多少呢？他不是跟我们比"多"，他是跟我们比"一"。

今天的教育，为什么孩子被搞得那么累？因为我们老觉得"重要的东西"太多了。会一种乐器不是很重要吗？很重要，能懂音乐。会跳舞不是很重要吗？很重要，能练形体。跆拳道增强体质，围棋开发智力，掌握英语不更重要？不用问，都很重要。不重要的肯定不会有人去开班招生的。

但是，重要的都必须要学吗？这个世界上重要的东西太多了！拿到篮子里都是菜，可是你的篮子装不下所有的菜。教育和学习就如同一个篮子，或者说人的一生就如同一个篮子。一生能活多"大"一篮呢？能学会世上所有重要的东西吗？学英语重要，德语就不重要吗？讲哲学，德国人最厉害啊！康德、黑格尔，都是德国人。法语不重要吗？意大利语不重要吗？讲艺术时尚，他们最厉害。那日语不重要吗？俄语不重要吗？他们都是我们非常重要的邻国，国际关系很重要……这样重要下去，光学语言就把人的一辈子耗光了。我们的教育能不能承受这么多的重要？生命有不能承受之轻，教育有不能承受之重。

很多家长就困在这一点上了，总在分重要和不重要，然后发现都重要，都要学，就把孩子搞得很累。都很重要，都要——这就是"多"，多到最后什么都会，什么都只懂一点，还把人累死了。

所以，不能以"多"来作选择。最重要的可以选一些，但教育首先要以"一"一以贯之——这个"一"，不是"重要"而是"必要"。人生必要的"一以贯之"的是什么？不是知识，不是技能，而是良知，是价值判断。有些技术不懂，没关系，有些技能不掌握，没关系，不会种庄稼种菜没关系，不会弹琴跳舞也没关系，五音不全的人就不活了？没有良知、善恶不分，到处惹是生非，就算棋琴书画再好，作为家长，你睡得着觉吗？

所以教育要分清"多"和"一"的关系。教育，首先要做必要的"一"，然后才是重要的"多"。而教育之本，不是教"多"，而是教"一"。"多"减掉很多没关系，但是"一"万万不能减。"一"才是人生之必要，人一生须"一以贯之"。

所以孔子说"君子不器"，他的教育目标不是让学生学一门手艺、找一份工作，而是：

子谓子夏曰："女为君子儒，毋为小人儒。"（《论语·雍也》）

孔子对子夏说："你要做君子式的儒者！不要做小人式的儒者！"君子儒者，仁以为己任，以推行大道为使命；小人儒者，仕以为己求，以追逐名利为目标。君子儒，担当道义；小人儒，职业儒而已。钱穆对此解释说："可见儒业已先有。惟孔子欲其弟子为道义儒，勿仅为职业儒，其告子夏者即此意。"（钱穆《孔子传》）孔子希望自己的弟子将来都能担当道义，能判断是非，而不仅仅是找一份职业谋生、多学点知识谋智。

孔子期许子夏，孔子责骂樊迟，归于一，都出于这四个字："君子不器"。

尴尬的素质教育

自 20 世纪 90 年代提倡素质教育，二十多年了，素质教育的定义、内涵似乎越来越模糊。以至于有人说，提出素质教育本身就很荒唐。学术层面的争论我们暂且不谈，但有些基本问题有必要搞明白。

当初讲素质教育是为了解决两个问题。第一，解决高分低能的问题；第二，解决学生负担重的问题。但是素质教育搞这么多年，实际收效甚微，甚至相反。这两个问题不但没得到解决，反而越来越严重了。学生的负担比以前更重，高分低能的情况却几乎没有改变。为什么？因为我们对什么是素质没有搞明白。

的确，素质高低不是考卷分数高低，但它是多方面知识的叠加吗？或者是技能越多，素质越高？这是对素质教育的大误解：原来一张考卷，我考 100 分，你考 80 分，我比你高，只有分数高下。搞素质教育以后就是多开几门艺术课、科技课，这是素质教育吗？

到底什么才是素质？为什么我们做了这么久的素质教育，结果却那么令人难堪？

有时，作否定式的回答，比作肯定式的回答更能纠正时弊。我先来说素质教育不是什么：

第一，素质不是技能的相加，也不是技能的比较。不是来第一个人会弹钢琴，来第二个人不但能弹钢琴还会跳舞，来第三个人不但会弹会跳还会书法，第三个人就比第二个人、第一个人的素质高。不是的，不是谁会的技能多，谁就素质高。

第二，素质不是知识的叠加。知识多了，有助于提高素质。但是，知识多不一定素质高。百度知识最多，百度素质高吗？相反，琐碎的知识会让人变得很无聊、很猥琐。

否定之后再作肯定式的回答。那么什么是素质呢？二十多年来我一直在想这个问题，写过文章，做过讲座，提出过不少观点，也觉得很难准确地概括、定义素质教育。到最后，我发现答案其实就在孔子、孟子那里。

素质是什么？

孔子的回答是"兴、观、群、怨"："《诗》可以兴，可以观，可以群，可以怨"。

孟子的回答是"四心"：恻隐之心；羞恶之心；辞让之心；是非之心。

> 无恻隐之心，非人也；无羞恶之心，非人也；无辞让之心，非人也；无是非之心，非人也。恻隐之心，仁之端也；羞恶之心，义之端也；辞让之心，礼之端也；是非之心，智之端也。（《孟子·公子丑章句上》）

什么是恻隐之心？是仁——爱心、同情心、慈悲心。

什么是羞恶之心？是义——羞耻之心。做了坏事能感觉到羞耻。如果不知羞耻，就是无耻。

什么是辞让之心？是礼——人与人之间总要辞让。现在强调竞争，但是这个世界不全是竞争关系，这个世界还要合作，要会适度地让渡利益。

什么是是非之心？是智——判断是非的智慧、能力。

现在，大家来作个判断。有两个孩子，一个吹拉弹唱样样会，一个全不会，但是他做人仁义，有同情心、有是非心、有羞恶心、有辞让心，请问，你觉得哪个孩子素质好？换句话说，有两个这样的人，你更愿意跟谁交朋友？哪一个拥有的是人最本质的东西？哪一个人拥有对人的一生来说最重要的素质？——你有四个技能，吹拉弹唱；我有一颗"四心"。

如果一个学生走出校门，一大把证书，但"四心"皆无，孟子在天上看着都会气得活过来，告诉我们：这样的人，非人也！当年德国纳粹一边优雅地弹着钢琴，一边把犹太人送进了毒气室，但凡希特勒有一点恻隐之心、羞恶之心、辞让之心、是非之心，人类就不会遭受那场灾难。哪怕他钢琴弹得再好，也是人类的恶魔。

今天我们讲素质教育，搞素质教育，为什么那么多年走不出误区？因为我们把增长知识误解为提高素质了，把技能教育误解为素质教育了。会弹钢琴、会写书法、会跳舞表演是素质提高吗？不是。把孩子累死了，素质也提不高。

素质，就是孟子讲的人有"四心"：恻隐之心、羞耻之心、辞让之心、是非之心。一个人，有同情心；一个人，知道羞耻，知道什么该做什么不该做；一个人，知道辞让，人间总有争夺，有争夺总要有辞让，这才文明；一个人，能懂是非、能判断是非——这"四心"合起来就是四个字：仁义礼智。

这四个字，教育都在强调、都在提倡，但是效果不佳。为什么？因为没有落实在基础教育的教材中。教材的碎片化，甚至类似"猴子尾巴长，兔子尾巴短，松鼠尾巴像把伞""西瓜大，芝麻小"这样连知识含量都没有的东西也在其中，阻碍了教材本身深入阐释和延伸的可能，不能帮助被教育者形成完整的知识体系、价值体系，难以帮助他们建立人生的信仰与精神依据。

　　归根结底，文化落到实处，就是文化经典；文化经典落到实处，就是进入基础教育的教材。

安一颗好心

刚才讲什么是恻隐之心？仁。什么是羞恶之心？义。什么是辞让之心？礼。什么是是非之心？智。合起来即仁、义、礼、智。

什么是智？现在很多人以为，考试得 100 分就是有"智"。可是，这只是"记忆力"。其实，用来判断知识的能力不叫智慧，用来判断是非的能力才叫智慧。智慧是什么？我有个定义：能判断是非、善恶、美丑，谓之智慧；有仁心、知羞耻、讲诚信、懂礼让、持忠恕，谓之智慧。所以智慧的慧字下面有个心，慧是人的心灵系统，跟人的智商没有直接关系。有人智商不是很高，但是很朴实、很厚道，有一颗仁爱之心，这也是有智慧。

这个世界上有很多崇高的人。人之所以崇高，不是因为智商高，而是有一颗善良心。文学作品中、现实生活中很多这样的人。《水浒传》里鲁智深多聪明吗？真不一定。他干事情是莽撞的。拳打镇关西，三拳把人打死了才发现不对，把人杀了是要蹲监狱的，蹲监狱又没人给我送饭，怎么办？赶紧跑吧。杀死了人才想起吃饭问题，你说他有多聪明吗？但是这个人最终成佛了。他到了五台山，智真长老手下很多人都劝长老不要收留他，说他两眼露凶光，杀人放火的怎么能当和尚？但是智真长老说这个人正果非凡，将来你们都比不上他。智真长老对鲁智深的判断不是智商测试得来的，而是看到鲁智深天性中的淳朴善良。《水浒传》里聪明的人太多了，林冲聪明吧？到最后家破人亡。最聪明的是宋江吧？最后死得多惨！宋江死后葬在蓼儿洼。吴用也是一个聪明机灵的，去看宋江，见墓旁有一棵树，他就在那树上吊死了，好久都没人收尸。这么多聪明人最后都成了孤魂野鬼，而智商未必很高的鲁智深却最终成佛了，结局最好。鲁智深才叫有智慧。

智慧在心灵。教育就是要给人安一颗心。汉语里有很多词特别好，比如：安心。我们常说，你要安心地工作。安心，这里是副词。但是你把它变成动词的时候，你才会发现这个词有多好。安心——安好一颗心，或者安一颗好心。人一辈子就是在给自己安好一颗心。把心安好了，就叫——居心；心没安好，就叫——居心不良、居心叵测。所以心一定要安好。好的教育，就是给人安装好一套好的心灵系统，而不是只安装一套知识系统、一套技术系统。

子曰："人而不仁，如礼何？人而不仁，如乐何？"（《论语·八佾》）

孔子说："人而不仁，礼又如何？人而不仁，乐又如何？"礼与乐，是外在的形式，如同枝叶与花朵；仁德，是内在的根本，如同树根与躯干。没有仁的根本，礼乐之花附着在哪里呢？礼乐，可以把它看成一门技术，一种能力，懂礼数，懂音乐，但是如果不存一颗仁爱之心，有什么意义呢？"人而不仁，如乐何？"仁爱，才是礼乐的本质。

现在的人饿死冻死的可能性不大，作恶作死的可能性倒是有。哪怕知识不足、技能不多，打一份工，也不会饿死。人类社会的分工越来越细，永远需要一些低端的劳动力。比如小区打扫卫生的清洁工、打理花园的园艺工。我每次见到都会跟他们打招呼。我发现，他们很可爱、很可敬，剪枝割草也工作得很快乐。割草时满院子全是草香，我就想，我去浦东图书馆做讲座未必比他们快乐，心理压力好大，也不知道听的人会不会给我鼓掌？简单的劳动往往带来简单的心灵，简单的心灵给我们简单的生活，简单的生活能获得一种简简单单的幸福。

所以不是技能、技术、知识一定要掌握到什么程度才好，关键是心中有无仁。安心就是在心中安仁。安好一颗仁心，人才是人，人心才是人的心；心中没有仁，那就是非人、不是人。

孔子有一颗好心

子钓而不纲，弋不射宿。（《论语·述而》）

我特别喜欢《论语》中这一则。孔子只用竹竿钓鱼，不用网捕鱼；只射飞着的鸟，不射夜宿的鸟。

在孔子的时代，飞禽走兽都是可以吃的。那时动物多，人口少。孔子路过泰山时，遇一位妇人哭诉她家祖孙三人都被老虎吃了。所以那时如果有自然保护法，要保护的是人，不是老虎。但即便在那时，孔子对动物也以一颗仁心相待。人要吃鱼，但是夫子"钓而不纲"，只钓鱼不用网捕鱼。钓鱼和用网捕鱼有什么区别吗？有。首先，吃一条钓一条就够了，保护更多的鱼不受伤害。其次，给鱼一个选择。鱼在水里游，钓鱼嘛，愿者上钩，且所钓之鱼，总是有限；网鱼，则鱼别无选择，一网打尽，置鱼于死地，赶尽杀绝。钓鱼就可以满足人的一餐，为什么人要对鱼一网打尽呢？

同样，"弋不射宿"，射的是飞着的鸟，而不是晚上睡觉的鸟。孔子时代，人射鸟，有时是为了吃，有时是为了射箭比赛或训练。现代奥运会比赛射飞碟，孔子那时，射箭是贵族教育中六种技能"六艺"（礼、乐、射、御、书、数）中的一种。鸟在天上飞，射飞着的鸟是给鸟以逃生的机会；射归巢夜宿的鸟是出其不意的杀戮，于鸟而言，没有逃生的机会；于人而言，机心尤其歹毒。等夜里鸟落巢了，你半夜三更偷偷摸摸去射，那个动作多猥琐？

有人说，孔子这样是不是虚伪？那我还真告诉大家，文明最初，就来自"伪"。荀子说："人之性恶，其善者伪也。"（《荀子·第二十三·性恶》）"伪"的造字，偏旁是一个人，旁边是一个为，加起来是"人为"。文明是什么？教育是什么？文明和教育，从某种意义上讲，就是人与人的本能作斗争。人不能依靠本能活着，人不能顺从本能，人若是顺从本能活着，那与动物何异？在地球上，只有人类才能克服自己的本能，超越自己的本能，然后看起来才彬彬有礼。

但，是"伪"，也不是伪。这里的用心很重要。例如：大人宰杀动物，割断一只鸡的脖子，用刀捅进一只猪的心脏，满地血污时，你愿不愿意让小孩在旁边看？你不愿意。为什么？是虚伪吗？不是，是不忍心让孩子看，一如孟子说的"君子远庖厨"，对动物"闻其声不忍食其肉"。人类为自己的生存，不可能不杀生。但人的生存与人的文明之间需要一种平衡。人类有灵魂、有爱心，杀生要有其道、要有节制、要有游戏规则。尤其不能在滥杀、虐杀中培育恶的种子。所以，钓鱼与捕鱼，射飞鸟和掏鸟窝，这两个动作，对人心灵的影响是不一样的。

人类性情中的残忍，往往是在被虐杀的动物的鲜血中汲取营养的。因此，反对虐杀既是保护相对于人类显得弱小无助的动物，也是在保护人类自己灵魂中的善。保护动物其实是在保护我们人类自己的心灵，或者反过来说，人类文明的心灵不允许自己有这样野蛮的行为，他无法忍受将鱼一网打尽，他无法忍受半夜三更摸黑掏鸟窝。孔子"钓而不纲，弋不射宿"，正是人类博爱精神的体现。

其实，今天的危机，最严重的还不是自然界物种的灭绝，而是来自伟大传统的某些人类精神、灵魂的消亡。十多年前有很多人捕鱼不钓鱼，不用网，用雷管。晚上背个蛇皮袋，跑到水边扔下一根雷管，"嘭"一声闷响，大大小小的鱼虾鳖蟹全部漂上来，包括成千上万的鱼苗全被炸死，然后他只挑那几只大的，剩下的全部丢在水塘里。转身换一个地方，再扔一根雷管……据说后来雷管也不用了，用电击。圣人以人道推及鸟兽之道，爱人而及物，如孔子"钓而不纲，弋不射宿"，如孟子说"恩及于禽兽"。我有时在想，那种"民吾同胞，物吾与也"的伟大博爱，在今天浮躁功利的社会里还有多少人拥有？一个有几千年文明史的民族，怎么会人性如此贪婪，人心如此卑险，人变得如此野蛮？

这种人最大的问题是"没心肝"。但凡有一点心肝都不忍心这么做。孟子说："人皆有不忍人之心，先王有不忍人之心，斯有不忍人之政矣。"（《孟子·公孙丑章句上》）人有不忍之心，才能有不忍之行为。人若无不忍之心，干什么都忍得下心，那就残忍了。

人不能只追求效率。最可怕的文化是只求效率的文化，最可怕的民族是只讲功利的民族，效率越来越高，仁心却越来越少。

看到有人用雷管、用电炸鱼，老实说我真的受不了。他炸的又不是我，我凭什么受不了？但我就是受不了。人心有脆弱、恐惧、犹豫的一面。我们曾经都把这些看成负面的东西，甚至打上资产阶级的幼稚病的标签。但它们恰恰是人类文明的体现，心地善良，心性敏感，面对弱小有很多的不忍心。恰恰是人类文明的体现。孔子"钓而不纲，弋不射宿"就是他不忍心。

我们常常讲文明，那什么叫文明呢？我的定义是，文明，就是人对很多东西受不了；不文明和野蛮，就是人对什么东西都受得了。我们现在为什么对什么都受得了？因为人心变残忍了。人的内心，一定要保有一份敬畏，保有一份惶恐，保有一份脆弱，保有一份敏感，这样的"心"才叫"人的心"。

孔子怎么这样啰唆

孔子还有一个故事：

孔子之守狗死，谓子贡曰："路马（常所乘马）死，则藏之以帷，狗则藏之以盖，汝往埋之。吾闻弊帷不弃，为埋马也，弊盖不弃，为埋狗也。今吾贫无盖，于其封也与之席，无使其首陷于土焉。"（《孔子家语·曲礼子夏问》）

孔子老了，家里的狗死了。他把子贡叫来。子贡此时已经四十多岁了。孔子让子贡帮他把狗安葬了。安葬就安葬吧，孔子还跟子贡讲一番道理：马死了，应该用窗帘、帷幕来安葬它；狗死了，应该用车盖来安葬它。你去把狗埋了吧。后面接着的"吾闻"，其实是古代说话的一种方式，表示有这么一种传统。在孔子时代，春秋时期，中国人是这样做的：家里的帷幕包括窗帘或者门帘旧了，不扔掉，留下来，将来马死了，就用它把马包起来埋葬。家里的车盖旧了、破了，不扔掉，留下来，将来用它安葬狗。我们中华民族那时真的很文明。现在这种文明好像已经变成了一种遥远的传说。孔子交代子贡把狗埋了，还讲了这一番风俗，然后很遗憾地说：我穷，没车也没车盖了，你就拿一床席子把狗包起来埋了吧。最后，孔子特意叮咛说："无使其首陷于土焉。"一定要用席子把狗包好啊！千万不要让它的头直接埋在土里呀！读到这时，怎么不让人热泪盈眶。这是怎样一种脆弱、敏感的心灵啊！体现了孔子对动物的感情。子贡四十多岁了，他是个大外交家、大政治家、大商人，在国际舞台上叱咤风云，穿梭于各诸侯国，国君们对子贡都是"分庭而抗礼"。子贡是何等潇洒人物？埋一条狗多大的事？孔子竟然如此反复叮咛他，是不相信子贡能做好吗？不是。是孔子此时此刻对一只狗的关心与怜悯。

所以，什么是关心？关心，就是关乎我们自己的心。孔子对子贡反复交代、反复叮咛，不是因为不信任子贡，而是他自己的内心有这一场焦虑。他不是要给狗一个交代，也不是要给子贡一个交代，他是给自己的心一个交代。

今天很多家长在孩子面前很啰唆，孩子很烦，说你啰唆什么啊！家长为什么爱啰唆呢？其实不是因为孩子做不好，而是因为家长有一颗心放不下。孩子很不喜欢家长啰唆，但是他长大有了自己的孩子以后他也变得啰唆了。为什么？还是因为这颗心。所以孔子也啰唆，"无使其首陷于土焉"，子贡，千万别把狗的头直接埋在土里啊！没有车盖，孔子老觉得对不起这条狗。没有车盖，它的头会不会直接埋在土里？它的眼睛、鼻子、嘴巴都直接埋在土里，一想到这点，他心里就受不了。所以我说什么叫文明，文明就是对很多事情受不了。当我们的心灵变得如此多愁善感的时候，实际上我们的心灵系统已是丰富的、健全的。

狗熊与蜻蜓翅膀

有一次我无意中看到一条消息，2014 年 4 月 23 日，网友微博爆料称内蒙古阿左旗北大门垃圾场挖了一个五六米的深坑，坑内有上百只流浪狗。当志愿者于次日晨赶到当地时，发现坑已被填平，而土坑下面仍有声响。为什么会有这样残忍的事情发生？很多年以前，一个清华大学学生跑到动物园用硫酸泼狗熊，说是为了试试狗熊笨不笨，泼了一次，又泼一次，有 5 只熊被烧得满地打滚，嘴被烧坏，四肢被烧坏，不能正常生活，心理上也发生严重问题，无法面对自己的群体。这些悲剧的发生似乎是个别人在做，但问题的本质是我们的教育出了问题。

人类有一套知识系统，人类有一套技术系统，但是如果教育不能给人安好心，安装好一套心灵系统，就会让一个人没有"心肝"，让一个民族没有"心灵"。这是我们今天的教育面临的非常严重的危机。一个民族没有了善、没有了爱、没有了对于暴行的恐惧，只有麻木，这个民族就不会有未来。

我父亲读过两年私塾，读过《论语》。我从小从他那儿感受到对动物的关怀。小时候在乡下，到了春天，田里有很多水蛇。水蛇是无毒的，但是它吃青蛙，咬住青蛙把它吞下去，青蛙一旦被咬住就会发出非常惊恐的叫声。有好几次我跟着父亲在田野上走，父亲每听到这种惊恐的叫声就赶紧拨开草丛，用一根小木棒子敲打蛇，蛇赶紧吐出青蛙跑了。他也不会打死蛇。

还有一件事我印象特别深。小时候没什么好玩的，到了春天，蜻蜓到处飞，很多小孩儿抓蜻蜓来玩，我也抓。但是常常一不小心蜻蜓就飞走了，很多孩子就把蜻蜓的翅膀剪了再玩。我父亲告诉我，可以玩蜻蜓，但绝不能剪了它的翅膀，玩过以后要把它放掉。有一天，我忘了父亲的这句话，抓了五六只蜻蜓，把它们的翅膀全剪了放在一个纸盒里。正玩得高兴，没注意到父亲回来了。他看到那些没了翅膀的蜻蜓在纸盒里东倒西歪，他瞬间从喉咙里发出近乎绝望的喊声。我一点都不夸张，那绝望的声音我一辈子都记得。我回头一看，那一瞬间我被他的愤怒吓昏了，我也一下子感觉到了那种绝望。是啊，我残忍地把蜻蜓的翅膀剪了，它们永远没有希望生还了。我父亲是农民，他只读了几年私塾，读过几本传统文化经典，背完了一本《论语》，他也是从孔子"钓而不纲，弋不射宿"那儿获得心理能量的吧。

　　教育，就是要将过往那些伟大的圣贤的心灵，一代一代传递下去。

二问

教师能做什么？

为师之道

被教育问题刺痛

我曾经在微信上看到一篇文章谈中国移民，说加拿大政府终止了相关投资移民的政策，涉及很多中国人，一下子他们就没了方向。为什么中国有那么多人要移民去西方呢？让他们作出背井离乡的痛苦选择的原因到底是什么呢？一个重要原因就是国外更加优质的教育吸引着他们。这篇文章里提到，有一个人，最终促使他决定移民加拿大的原因是他看到邻居家的孩子，原先在国内各方面都比他的孩子差，可是一家移民到加拿大几年后变得各方面都比他的孩子优秀得多，这对他是一个很大的刺激。

我觉得很痛苦。一提及西方式教育，美国的、欧洲的、日本的，我们总觉得他们是"优质教育"，国内教育是"劣质教育"。那么问题来了：孔子是全世界第一位"老师"，孔子办的学校也是全世界第一所"大学"，中国的教育，从孔子开始，曾创造过非常了不起的奇迹，在没有全民宗教的情况下，凭着这种教育教化出了全世界最优秀的、最文明的国民。为什么到了今天，我们这个有五千年文明史的国家，教育竟然被视作"劣质"了呢？教育上的困境，无论老师还是家长，我们都感同身受。我们的教育到底出了什么问题呢？

在中国现代化转型的过程中，在走向未来的道路上，一方面，中国前途很光明，越来越强大，但是，还有很多问题。在这些问题里，教育问题是不可回避的、涉及每一个家庭的大问题，甚至它关系到一个民族的生死存亡，关系到一个民族到底能不能自立于世界民族之林，能不能在这个世界民族之林里享有足够的尊严、获得足够的尊重。这是我们必须要关心的。

很多年以前，我接受一位央视记者的采访，那位记者问我，看你在很多场合都谈教育，你是从事传统文化研究的学者，怎么突然对教育感兴趣了？我说，在今天的中国，有良知的学者一定会关心教育。为什么呢？因为他会被教育存在的问题所刺痛。我真的是被刺痛了！我大学读的是师范大学，然后在大学教书，教的还是师范大学，我在青海师范大学一教就教了 17 年。我不仅在大学教书，也给小学生、中学生都讲过课，做了大量的调查研究，积累了丰富的案例。因此，我对现在的教育，虽不能说有什么真知灼见，但是看出一些问题，就想提出问题，并试图给出解决思路。

还是回到孔子。其实谈孔子，真正的落脚点还在我们今天的教育，而不是两千五百多年以前"孔子的教育"。为什么要拿孔子来说事？因为孔子是全世界最早的老师，也是全世界第一所"大学"的创办者，回到事物最初出现的场景中，回溯事物的本源才能发现它最核心的价值。

我一直认为，孔子的教育是体现了教育最核心的理念的。这些核心理念，在今天，不仅中国办得最好的学校，包括世界上办得最好的学校，其理念都是与孔子相通的，是一脉相承的。反之，那些失败的教育，包括今天中国的教育出现的一些问题，恰恰是违背了或者是放弃了孔子这些理念。

这一讲的主题是"教师能做什么"，那就先说个题外话吧。

　　一般我做讲座之后，听众与我的交流会有一种"正面"的反应。但是面对学校老师时，我发现下面听众往往很沉默。可能是我把教育上的问题讲得多了，引起了他们的反感。我有这样一种感受：长期在一种体制内，我们会被"体制化"。有一部美国电影叫《肖申克的救赎》，影片里的监狱图书管理员老布在监狱里待时间太久，被放出来后无所适从，非常想再回到监狱中去，可监狱不再接受他，最后他宁愿自己吊死。同样，人长此以往习惯了一种状态，然后被人指出不好的地方，不一定受得了。我想说明的是，我是善意的。很多当老师的可能会说，你在大学教书，我们在中小学教书，我们看得比你清楚。但是，我要说，那可不一定，"不识庐山真面目，只缘身在此山中"。有时候有距离才能看清全貌；看清全貌才能正确评价局部或者细部。北京曾经开过一次关于教育工作的会议，会后记者采访时，有专家说现在中小学教育改革的最大阻力是"中小学老师"。阻力大到什么程度呢？大到哪怕是改变中考或者高考题目中的一两个题型，他们都会非常不适应。为什么呢？因为他们已经习惯于用这样的题型对学生做应试教育了，题型一改，他就不知道怎么教了。

　　这里谈"教师能做什么"，一个好老师应该是什么样的？当然要从中国历史上第一位真正的专职教师孔子谈起，用孔子的理念对照今天来谈。

第一位专职教师——孔子

为什么谈"孔子的教育"？实际上，这是由孔子在人类教育史上的地位所决定的。

非常有意思，在孔子之前，找不到一个人像他那样不做官、不经商、不务农、不做工，专门从事教育工作并以此为生。

在孔子之前，有没有很有学问的人？有。这些有学问的人有没有从事与教育相关的活动？有。他们有没有教导、教育过学生，影响过一些人？也有。比如说孔子之前，在洛邑的老子。老子也是学问很大的人，在孔子之前，可以说他是博学的人、思想最深邃的人。孔子就向他讨教过。唐代韩愈说"圣人无常师"，圣人没有固定的一个老师，圣人有很多老师，孔子的一位老师就是老子。这样的老师其实就是临时地、偶然地对某个人进行某些方面的指导，并不是以教书育人作为自己的职业。关于老子，司马迁的《史记》记得非常清楚，他是"周守藏室之史"，周王朝国家档案馆的馆长，这才是老子的职业。他的生活来源主要靠这一份工资收入。当然老子还是一位礼学专家，有时还会给别人办丧事主持祭祀，我们也可以说老子是做官的。

除了老子，孔子还向其他很多人讨教过。比如说郑国的国相子产。子产很有学问，也比孔子大一辈。但是子产是郑国国相，也是个做官的。还有一位比孔子大一辈、学问也很好的人，孔子跟他有过几次交流，这个人就是齐国的晏子——晏婴，他也是国相。还有苌弘，任大夫一职。《史记》记载，孔子向老子请教礼制时，也特意去拜访过苌弘，向他请教"乐"的知识。

孔子与他们不同。孔子专门从事教育工作，他是全人类第一位专职的、以教育作为自己终身使命和职业的人，并在历史上留下深刻的影响。西方思想的奠基人、古希腊的苏格拉底也教书，但孔子死后十年，苏格拉底才出生。

孔子充满了教育的热情。有一个词不大好听，叫"好为人师"。这是个贬义词，但要看怎么理解。孔子就是一个很"好为人师"的人。如果他不好为人师，为什么要招这么多学生呢？他就是好为人师。我们一般批评一个人"好为人师"是说一个人动不动就教训别人，总是居高临下，总是显得自己比别人高明一点。但孔子不是这样的，他是觉得自己发现了人生的奥秘，洞察了这个世界的本质，体验到了人生的价值，才希望有更多的人能够认知、认同这样的世界奥秘和人生价值。你看他说的话：

子曰："自行束脩以上，吾未尝无诲焉。"（《论语·述而》）

钱穆先生的《论语新解》解释孔子这句话为："从带着十脡干脯为礼来求见的起，吾从没有不与以教诲的。"你看孔子多喜欢做老师，对老师这个职业有着异乎常人的热情。

现在很多人不愿意做老师。我碰到不少年轻大学生，学习好、人品好、很淳朴，我问他们愿不愿意做老师？都说不愿意。这样的情况似乎是不正常的。你说不是也有很多人在做老师吗？实际上，不少人只是因为需要一份工作才去做罢了，他们没有做老师的热情的。孔子是一个特别有做老师的热情的人，"未尝无诲"，总喜欢教别人。《论语》中类似的记载还很多，比如"诲人不倦"，教导别人不知倦怠，不嫌啰唆。比如"有鄙夫问于我，空空如也"，有时乡下人也跑来问孔子一些莫名其妙的事，问的问题让孔子觉得自己"空空如也"，哪里能回答出来，但他总是尽其所能给人以相应的指导，"我叩其两端而竭焉"，我从他们问的那些问题出发，正反两面去思考，终有所得。这些《论语》上都有记载，说明孔子对"为人师"有着异乎常人的热情。有好为人师的热情是做老师的人必须先具备的，如果你讨厌学生，讨厌教学生，这样的人不要做老师了。

孔老师的束脩与赞助

孔子做老师是收费的。不收费学校怎么维持下去呢？孔子办学有自己的商业模式，是什么呢？收"束脩"。束脩是什么意思？捆在一起的一束干肉，每束十条。这是最低的学费标准，往上多少都行。孔老师的这个商业模式好在哪里呢？他不规定人人都交一样的学费。比如大家都收五千元，有的人交不起五千元怎么办？他说你交五百也行。但是办学成本可能平均一个人五千元才够，那怎么办？只能是有的人钱多就出五万，有的人穷就出一束十条干肉。穷人交束脩是表示诚意，富人交五万也不叫学费，叫"赞助"。孔子学生中有很多人很穷，比如颜回、原宪……原宪出了名的穷，穿的是破衣烂衫，常常家里揭不开锅，怎么能交得起学费呢？原宪的生活还靠孔子接济呢！但是孔子学生里也有人很有钱，子贡就是大商人，富可敌国，子贡交的就是赞助费，到最后学校缺经费到子贡那儿开支就行了。

各国政要也有资助。孔子最初办学时，总需要有校舍、有教室。教六艺，其中教人驾车要有操场；教人射箭要有训练场。这些都要花钱，光靠收不高的学费是很难的，根据相关资料记载，孔子得到了鲁国的执政大臣、鲁国的国务总理，季氏家族的支持，首先把场地问题给解决了。《吕氏春秋》记载孔子感慨：我当初办学，如果没有季氏给我提供资助的话，我的办学理想就实现不了。

世界上有很多人有理想，也有很多人愿意做事，但缺少的是帮别人实现理想的人。我常说这个世界上要有三种人，或者说要有三只手，如此，很多事情就好办了。哪三只手呢？第一，动手；第二，援手；第三，拍手。为什么要有人动手？因为做事就是个人自我价值的实现，有一种成就感，所以愿意做事的人很多。为什么总有很多事做不成？因为往往愿意伸出援手的人少，愿意拍手的人少。做成事的时间很漫长，可能会很孤独，他需要有人给予他援手，给予他掌声鼓励。所以我们要记住，我们要做一个"动手"的人，同时，看到别人在做有价值的事，也要做一个"援手"的人；没有能力施以援手，那就做一个"拍手"的人。

孔子办教育，他一个人能做得成吗？做不成。我为中央电视台筹拍的纪录片《孔子》撰稿时，第一集写的是《西周》。写孔子先写西周，为什么？因为孔子的思想源自一种伟大的文化传统。没有西周的文化可以说就没有孔子。第二集写的是《东鲁》，因为没有鲁国的文化环境也没有孔子。鲁国的先祖是周公姬旦，鲁国的开国国君是伯禽，周公旦的长子。周公是周代礼乐文化的制定者与践行者，所以鲁国的文化环境太好了！鲁国有政治斗争、有权力斗争，鲁国政坛也有奸诈、残忍、血腥。但是整体而言，鲁国还有很多正人君子。孔子在鲁国办的学校，办到最后可不仅仅是一所教育机构，更不是学习"小六艺"的一所"技校"，而是当时的一所"青年政治学院"，孔子天天跟学生讨论天下政治，讨论的话题全是针对社会现实的。它相当于一个舆论的发源地，议论朝政，批评鲁国当权者。但鲁国当权者从来没有想到要把它关掉。所以，先有周的伟大的文化传统、有鲁国，才会有孔子的"诞生"，圣人的出现需要土壤。

为什么孔子没有收一笔固定的学费呢？因为孔子的教育有一个理念叫"有教无类"。当规定每个人都收一笔同样的学费时，交不起这笔学费的那些人就不在这个"类"里了，所以孔子用束脩加赞助的办法来解决。这是一种特别好的商业模式。

少 年 谋 生

孔子为什么要做一名老师，为什么能做好一名老师？我们来看看一名老师的成长，看看做老师应该具备怎样的条件。

首先，做老师要有相应的学问，要有相应的道德，要有相应的品格。孔子晚年时曾对自己的一生做过一个总结，可谓是中国历史上最早、最短的一篇自传，只有38个字：

子曰："吾十有五而志于学，三十而立，四十而不惑，五十而知天命，六十而耳顺，七十而从心所欲，不逾矩。"（《论语·为政》）

孔子之前，只有各国诸侯办的官学，没有针对一般人的私学。孔子完全是自学成长的。"圣人无常师"，生活里他只要遇到有学问的人就向他们讨教。"十有五而志于学"这句要注意，这不是说孔子15岁才开始学习，因为这里有"志于学"三个字，立志将自己的一生奉献给追求学问，而在立此志之前，孔子肯定有一个产生兴趣、不断学习并确立志向的过程。

孔子人生的第一个阶段，即15岁之前，他学的是什么呢？那是几乎我们今天所有的人都必须要经历的——谋生。为了谋生，要学手艺，要学技术，要学专业。手艺、技术和专业，是同一个层次的东西。比如一个老裁缝教几个小裁缝，一个老木匠教几个小木匠，一个老泥瓦匠教几个小泥瓦匠，一个老油漆工教几个小油漆工，这叫学手艺。到职业技术学校或者职业技术学院，学的就是技术了。到大学里，包括到复旦大学、北京大学，学的叫专业。但无论学手艺、学技术还是学专业，本质上没有区别，都是为了谋生。即使从再好的大学毕业，拿着博士文凭，学什么专业找什么工作，还是谋生。

孔子"志于学"之前，首先面临的也是要谋生。孔子 3 岁时，父亲叔梁纥就去世了，几乎没有给家人留下多少财产。尽管缺少明确的记载，但我可以负责地说，叔梁纥没有留下债务就算不错了，因为他的负担太重了。生孔子时，他已年近七十，此前有九个女儿，一个儿子残疾，还有三房太太。他的身份只是一名下层的"士"，做的最大的官也就是一个乡长，所以不会留下多少遗产。那么，孔子 3 岁时父亲去世，他母亲当时多大呢？按照《史记》的说法，孔子的母亲 15 岁嫁给孔子的父亲，第二年生孔子，16 岁。孔子 3 岁，她也就 19 岁吧。这么年轻的妈妈带着 3 岁的小孩，真是艰难。所以《论语》上有这么一条记载：

太宰问于子贡曰："夫子圣者与？何其多能也？"子贡曰："固天纵之将圣，又多能也。"子闻之，曰："太宰知我乎？吾少也贱，故多能鄙事，君子多乎哉，不多也。"（《论语·子罕》）

孔子晚年，有一位太宰问孔子的学生子贡："子贡先生，你的老师是不是一个圣人啊，为什么他有那么多的才能啊？"子贡回答："我的老师当然是天纵之才，然而他自己又学了很多的技能啊。"子贡回来后，跟老师一说这事，孔子很感慨："太宰知我乎？"这个太宰啊，他还真了解我啊！"吾少也贱，故多能鄙事"，我年轻的时候，出身低贱，为了养活自己，所以我"多能鄙事"。什么叫鄙？有个词叫"卑鄙"，今天指的是品格低下，在古代是指地位、身份低微。"鄙事"就是身份低微、地位低下的人所从事的那些行业。孔子说：我出身低贱，家里又很困难，为了谋生，所以我会很多下层人的手艺。

现在孩子的动手能力为什么这么差？因为他什么都不需要做，只要学习好，每天作业做完就不错了。家里什么活儿都不让他做，当然动手能力差了。

孔子说："君子多乎哉？不多也。"出身高贵的君子们这类技艺会得多吗？不多啊！放到今天，意思是什么呢？那些孩子为什么动手能力差？因为他们是小皇帝啊！

孔子的动手能力一点儿都不差。他要谋生，所以他"多能鄙事"，还不是会一种，是会很多种手艺。"多能鄙事"是孔子人生的第一个阶段。孔子即使不成圣人，不做老师，也不做官，就在下层混，凭着他的智商、他的手艺，完全饿不死，完全能养活自己。只不过，如此的人生境界低了很多，当然不是孔子所"志"，而且，孔子的身份虽然"贱"而"多能鄙事"，他的父亲也没留下什么遗产，但留给了孔子一个身份——"士"。

由"士"到"仕"

讲到"士"的身份，先解释一下。

周朝整个宗法制度结构层次是这样的：天子下面是诸侯，诸侯下面是大夫，大夫下面是士。士是贵族阶层的最低一级。士以下，便是庶民了。天子有天下，天下名义上都是天子的；诸侯有国，鲁国、齐国、卫国的国，所以叫诸侯国。天下的管理者，所以叫天子；国的管理者，所以叫国君。

国里有大夫，大夫有家。这个"家"有两个含义，一是指封邑，二是指官位。比如，鲁国有三家大夫，季孙氏、孟孙氏、叔孙氏，每家都拥有国君指定给他的一块封地。季孙氏的封地在"费"这个地方，"费"的土地是他的，"费"土地上的税收是他的，"费"土地上的人民也是他的，这是季孙氏家的封邑。同时，季孙氏又有一个官位，他在鲁国的国都曲阜，鲁国的国君手下做执政大臣，相当于做鲁国的国务院总理。所以大夫之"家"同时指官位和封邑，很有权。

大夫下面是"士"。"士"没有封地，只有"位"。士虽然还属于贵族阶层，但身份较低。"士"靠什么生活呢？靠在大夫家谋个"职位"生活，相当于今天做公务员。有了这个"位"，就可以拿一份报酬。没有这个"位"，就什么都没有。所以"士"最担心的就是失去这个职位，就像国君担心失去国君的位置，大夫担心自己丢掉封邑、官位一样。例如在战国后期，屈原的一个学生，叫宋玉，"贫士失职而志不平"（《九辩》），一个贫寒的士把工作给丢了，很痛苦啊！丢工作痛苦，自古以来如此，到今天这个"位"的意义还存在呢。比如诸位，又不是天子，又不是诸侯，又不是大夫，我们今天都可叫"士"，都希望在这个社会里能找到自己的职位、岗位，有一份养家糊口的收入，有些地位。

　　天子的天下是世袭来的，诸侯的国是世袭来的，大夫的家也是世袭来的，士的身份，也是世袭来的。但是士的职位可不是世袭来的。士的职位依靠的是自己的知识和技能。就像今天要做公务员，总得要通过考试，要具有相应的做公务员的知识与能力才可以。这些知识和技能在那时就叫"六艺"。所以在周朝，知识的主要的承载者不是天子、不是诸侯、不是大夫，而是士。所以古代的士就如今天的知识分子；今天的知识分子就如古代的士。为什么士会成为知识的主要承载者呢？因为士如果不掌握知识技能，他就谋不到一个职位啊，这样倒逼着他们学知识、钻研业务。越钻研，业务越精湛，学问越好。所以，做官在古代就叫"仕"，今天我们从字形也可以看出这两者之间的关系，左边是"人"，右边是"士"，合起来便是"仕"——士是身份，一个大夫家的孩子，或者是士族家的孩子，一生下来就有了"士"的身份，长大成人之后，就必须去做官。我形象地将它称为"直通车"。"士"没有人字旁，是还没有成人，成人了就要"仕"。反过来说，如果长大了还没有做官，说明你还不成人呢。所以士是肯定要做官的。有人说，孔子说"学而优则仕"，说明从孔子以后读书就是为了做官。其实他们说错了。读书做官是孔子之前的传统，是周朝建立以来就有的传统，而改变"士"而"仕"的这个传统的，恰恰是孔子，这个问题后面再展开。

失去的身份回来了

　　为了谋生，虽然孔子"多能鄙事"，可以养活自己，但是作为"士"，要想有体面的人生道路，最终还是要走上"仕途"的，所以就要学"六艺"，当时做官必须要掌握的知识体系。这是孔子学习的第二个层次——知识，谋仕之学，也叫传统"儒业"。"六艺"指什么？指六种专门的知识和技能：礼、乐、射、御、书、数。一个有"士"的身份的子弟，如果娴熟掌握了这六个方面的知识和技能，就获得了去大夫之"家"谋职、做官的资格，相当于考上公务员了。所以当时做公务员有两个条件，一个是必要条件，先要有"士"的身份；一个是充分条件，能掌握、运用一套"六艺"知识体系。两个方面都具备，才能由"士"而"仕"，可以做官了。

　　孔子后来有没有做公务员？孔子做了。他从 20 岁就开始做公务员了，但他不是靠关系，一个身份较低的"士"，他也没有关系可靠，他走得很艰难。《史记·孔子世家》记载：

　　孔子要绖，季氏飨士，孔子与往。阳虎绌曰："季氏飨士，非敢飨子也。"孔子由是退。

　　孔子 17 岁，母亲去世，成为孤儿。当时的规矩，父母去世要守丧三年，最少必须满 25 个月，这是打了点折扣的，算是很人道的了。"要绖"就是腰上缠着白布，说明孔子穿着丧服。"季氏飨士"，季氏是鲁国的执政大臣。鲁国三大家族，季孙氏、孟孙氏、叔孙氏。季孙氏管政务，是执政大臣，叫司徒；孟孙氏管经济，叫司空；叔孙氏是司马，管军事，政治、经济、军事大权就由这三大家族瓜分。季氏当时要"飨士"，设宴招待一次鲁国的士族子弟。季氏为什么要宴会士族子弟呢？当然也有联络感情、笼络人心的意思在，但主要的，这里有一个重要的玄机——借此对"士"的身份重新确认、登记，就像今天的户籍管理一样。

刚才介绍过周朝宗法制结构层次。一般情况下，周天子以嫡长子继统，众庶子封为诸侯；诸侯亦以嫡长子继位，众庶子封为大夫；大夫也以嫡长子继位，众庶子为士；士族家也如此，嫡长子继承，其他儿子是"国人"（统治阶级里的普通人）。但是，如此一代代下来，士的人数不是越来越多吗？那时一个人生五个儿子比较正常，韩非子有个算法："今人有五子不为多，子又有五子，大父未死而有二十五孙……"（《五蠹》）祖父还没有死，就有25个孙子了。一代代下去，士就太多了。所以中国古代有五服制度，出了五服就出了"族"，所谓"君子之泽，五世而斩"，过了五代，什么家世也跟你没有关系了。所以季氏的"飨士"，其实是要对士族弟子的身份做一次重新登记。士族子弟能不去吗？不到场，没有登记，身份就不在籍。为什么孔子为母亲服丧还没结束，还穿着白色的丧服就去了呢？他在乎的是一顿饭吗？不是。他必须去。孔子的大哥有残疾，周礼规定，残疾之人是不能主持家族祭祀的，孔子年幼时就以演习祭祀之礼为游戏，现在父母都去世了，可见取得"士"的身份对于他自己、对于他的家族有多重要。

阳虎是季氏家当时的大管家。季氏相当于鲁国的国务总理，他的家，相当于鲁国的国务院，阳虎相当于鲁国国务院的办公室主任，负责宴会、士族子弟登记事务。看到孔子来了，阳虎很不客气地拦住他，不让他进门，"季氏飨士，非敢飨子也"，我们季家这次是招待士族子弟的，你怎么也来赴宴了？意思很明白了是吧？研究历史会觉得很有意思。大概20世纪60年代起，为了批判孔子、贬低孔子，很多人说孔子真太无耻了，贵族家一请客他就跑去，还穿着丧服就跑去了呢！谁说孔子懂礼啊？他一点儿都不懂，穿丧服怎么就去了。实际上，请仔细看看阳虎说的这句话。阳虎并没有指责孔子穿丧服，而是质疑孔子士的身份。服丧期间不应该参加常规的活动，但不是遇到非常特殊的情况也不能去。不去丢了身份；去了还穿着丧服，"两害相权取其轻"，这个道理阳虎肯定是懂的。任何一个社会都有规矩，但任何一个社会都有规矩之外的例外。所以，并非像很多人说的那样，是因为孔子穿丧服去违礼了才被拒绝，而是阳虎这个人本来就没把孔子当成"士"，说今天招待的都是有身份的人，只有"士"才能进来，你是"士"吗？你来干嘛！阳虎这句话对孔子打击太大了。这实际上是鲁国政府不承认孔子"士"的身份。失去了这个身份，等于被上层社会彻底淘汰出局。

　　至十九，娶于宋之亓官氏，一岁而生伯鱼。鱼之生也，鲁昭公以鲤鱼赐孔子。荣君之贶，故因以名曰鲤，而字伯鱼。（《孔子家语·本姓解》）

　　孔子服丧期满后，19岁去了宋国。宋国是他的祖宗之国。他在祖先的墓地祭拜，还在宋国娶亓官氏为妻，一年以后回国，生了儿子，起名叫孔鲤，字伯鱼。为什么起这个名字呢？"鱼之生也，鲁昭公以鲤鱼赐孔子"，孔鲤出生的时候，鲁昭公送了一条鲤鱼向孔子表示祝贺。"荣君之贶"，孔子特别感激，觉得这对他的家族、对他本人是莫大的光荣，为了记住鲁昭公的恩德；"故因以名曰鲤，而字伯鱼"，又因为是第一个儿子，所以有个"伯"字。

我们将两件事放在一起看。三年前，孔子被阳虎拒之门外；三年后，鲁昭公送了孔子一条鲤鱼。两件事里都没有明确提到"身份"，但实际上，关键点都在于"身份"。鲁昭公为什么送孔子鲤鱼？古代有一句话叫"礼不下庶人"，那时，一国国君给"庶民"——士以下的普通人送礼是违背周礼规定的。国君送礼的最低级别就是士。

每次讲到鲁昭公，我的心里都感到很温暖。这位国君的命运很悲惨，后来被鲁国"三桓"三大家族赶出国，在国外流亡九年，最后客死在国外，一直没有再回到鲁国。但鲁昭公真是非常好的一个人，对孔子特别好。我相信鲁昭公此时知道，20 岁的孔子是鲁国很有学问的人，他也知道孔子的父亲曾经有士的身份，也知道三年前孔子没能登记上鲁国的士族身份，于是他在孔子生子之际送上一条鲤鱼作为礼物。鲁昭公送回来的其实是"身份证"啊。这一点对孔子的一生来说意义非常重大、非常关键。我为电视纪录片《孔子》撰稿，在第二集《东鲁》中我说，没有鲁国，没有鲁昭公，就没有孔子，包括鲁国权臣"三桓"对孔子都不错，尽管孔子天天骂"三桓"专权，尽管他们因为政治理念不同不用孔子，但是对孔子都很尊敬。

鲁昭公给孔子送鲤鱼表明孔子"士"的身份恢复了。否则，孔子只能一直在社会下层"混"，只能"多能鄙事"，不可能有后来的孔子。接下来还有个问题：鲁国的士族子弟太多了，鲁昭公是不是给所有生了儿子的士族子弟都送一条鲤鱼去？那鲁昭公得专门搞个养鱼塘才行。鲁昭公为什么单单对孔子另眼相看？理由只有一个：孔子 20 岁时"六艺"已经很出色。

那些年轻的博学者啊

孔子 20 岁时，已经是鲁国的"六艺"专家，甚至可以说是鲁国的饱学之士。也许现在的人想不通，20 岁的人可能吗？你想不通，我能想通你的想不通。为什么？因为在中国今天的教育体制下，一个 20 岁的人不可能成为博学的学者。但是在中国古代，20 来岁成为最有学问的人，是非常非常普遍的。司马迁 20 岁时就是汉朝博学的学者；苏东坡 21 岁时考中进士，也已经是全国博学的学者。我们再去查一查，1917 年的北京大学教授名录，有多少都是二三十岁的人？为什么？因为那时的教育和我们今天的教育不一样。

曾经有《南方日报》记者问我，今天有没有大师？我说早就没有大师了，钱锺书去世以后就没有大师了。又问，那什么时候才能再出现大师？我说这种教育现状不改变，永远不可能再出大师。1917 年，北京大学可以有很多二三十岁的教授，今天可能吗？我们今天的孩子18 岁上大学，脑子里装了几本经典？一本都没有。读过几本影响一生的书？一本都没有。怎么可能成为大师呢！这就是我们教育的问题。但是大师在以前是有的。唐代陈子昂、李白、杜甫，宋代范仲淹、苏东坡、欧阳修等等，这样的人，你以为他们都是到五六十岁才成为大学者的吗？他们都是二十多岁就是大学者了。因为他们没有把时间只花在今天这样无聊的"教材"上。他们从小读的就是经典，一点儿也没耽误。

2013 年我创办公益浦江学堂，招八九岁、小学二三年级的孩子，利用每个周末半天，请专业的老师，他们大多是中国哲学、古代历史、古代文学的博士，教孩子学"四书"，《论语》《孟子》《大学》《中庸》，半天讲两个半小时课，三年下来，让一个小学二年级的学生到他四年级的时候，"四书"全部背完。然后再用两年时间教《道德经》《庄子》《坛经》。等他们小学毕业，儒释道七本书，基础经典都包含了，能背诵，能解释。这对孩子心智的发育、认知能力的提升、人格的成长太重要了。

古代孩子就是这么启蒙，就是这么教的。苏东坡考中进士，写那篇《刑赏忠厚之至论》时就 21 岁，但是直到今天，它仍是中国历史上的名篇。这篇文章写得太好了！苏东坡和他弟弟苏辙，都是在 20 岁左右已经具备了成为"唐宋八大家"的基本能力，他们不是到五六十岁才成为"唐宋八大家"的，只是那个时候作品积累多了。苏东坡 21 岁，弟弟 19 岁，两人一起去首都东京（今天的开封）赶考，经过河南渑池县，同住县中僧舍，同于壁上题诗。后来苏轼赴陕西凤翔做官，又要经过渑池。弟弟送别时作了一首《怀渑池寄子瞻兄》送给哥哥，哥哥和了一首，你看这小青年苏轼写的，千古名句，他那时 24 岁：

人生到处知何似，应似飞鸿踏雪泥。

泥上偶尔留指爪，鸿飞那复计东西。

老僧已死成新塔，坏壁无由见旧题。

往日崎岖还记否，路长人困蹇驴嘶。（《和子由渑池怀旧》）

有时我们简直无法想象，一个二十多岁的人，他的心胸怎么能装下人生那么多的沧桑？因为他读的书和我们不一样。曾经有一位校长跟我说："鲍老师啊，我的孙女都六年级了，一讲话就是小兔兔说、小狗狗说，怎么办啊！"六年级的孩子多大？十二三岁了，十二三岁还小兔兔、小狗狗，再过几年，怎么可能写出这样的诗句——"人生到处知何似，应似飞鸿踏雪泥。泥上偶尔留指爪，鸿飞那复计东西。老僧已死成新塔，坏壁无由见旧题"？这诗写得真好！像是一个七老八十、经历了无数的人生沧桑的人写出来的。但是，这就是一个二十多岁的人写的！那种穿透力，那种对人生透彻的领悟和理解，然后在这种彻骨的苍凉里，还有那么多的通达和淡定。当然，你可以说苏东坡是天才。但这样的天才如果在今天，从小就教"小兔兔、小狗狗"，天才就被糟蹋了。教育，不是将人培养成天才；教育，要让天才能够真正像天才那样成长，最终让他真正成为天才。这样的奇迹在以前的教育中太正常了，但是今天，这种奇迹没有了。

大志向的人一定眼高手低

孔子 20 岁时已经是鲁国博学的学者。正因为如此，他才能让鲁昭公另眼相看。

鲁昭公送鲤鱼来了，身份有了，孔子自身知识、技能也很高，接下来就是做官嘛。所以另一个人，鲁国的国务院总理季氏，让孔子去他那儿上班，《史记·三十世家·孔子世家》记载：

> 孔子贫且贱。及长，尝为季氏史，料量平；尝为司职吏而畜蕃息。

"季氏史"，有的本子上叫"委吏"，孟子说是"委吏"，我们就按孟子说的来看：

> 孔子尝为委吏矣，曰"会计当而已矣"。尝为乘田矣，曰"牛羊茁壮长而已矣"。（《孟子·万章章句下》）

什么叫"委吏"？类似仓库保管员，管后勤。那个时候鲁国的政务管理是什么结构呀？我们暂且就这么认为，将孔子到季氏手下做"委吏"理解为在鲁国的国务院机关后勤处管仓库来往账目。管得怎么样呢？记住这三个字："会计当"，来往账目管理得妥妥当当、清清楚楚。这说明：第一，孔子业务好，不糊涂；第二，孔子清廉，人品好。业务好、人品好，是个好公务员。后来孔子又做了"乘田"，掌管畜牧业。"乘田"到底是多大的官？掌管畜牧业在什么范围？很多人有不同的解释。我理解为大概类似是掌管鲁国畜牧业的一个司长。管得怎么样呢？

"牛羊茁壮长"，孔子管鲁国畜牧业以后，鲁国的畜牧业得到了很大的发展，牛羊茁壮成长。孔子做官的业务能力很强。

但是，这里有一个问题。为什么在"会计当"和"牛羊茁壮长"后面，孟子都加了三个字——"而已矣"？如此而已。前面表扬，后面似乎又有些贬低了，意思是，账目记得清清楚楚啊，也就这样了；牛羊茁壮成长，也就这样了。

是不是孟子在贬低孔子呢？显然不是。因为孔子志不在此。管账的时候，不是想精益求精只做好会计，以后做总会计师。孔子没有想到要做总会计师，他只是此时此刻做好这份职业。他的目标不在这里，不会在这里耗费太多精力，做好而已。所以"而已矣"是什么意思呢？是孔子有更大的人生追求。管账、管畜牧业，就管好账、管好牛羊。但管好了也就行了，不全身心投入，留出更多的时间、精力做自己想做的事。

汉语里有些词可以作更有意义的解释，比如"眼高手低"，大家都觉得是一个贬义词。但是我觉得做大事、有大志向的人，一定是"眼高手低"之人。做大事的人不可能一开始就做大事，一定是从低层、底层做起。在起手做的时候，首先是把眼前这个事做好，这叫"手低"，做不好就被淘汰了。比如做个小科长，就把小科长做好，但一辈子当小科长吗？不满足于这个起点、起手。要做大事，眼界就要高。一个人，如果看不到全局，就很难正确地评价局部；一个人，如果没有更大的人生目标，就很难评估你此时此刻所做事情的意义和价值。所以我们在手低的同时，眼要高一点，一边做好本职工作，一边不断进修学习。"手低"就是把手放低，不是做事没能力，而是踏踏实实去做。一边踏踏实实地做，一边眼里能看见自己更高的人生目标，这是

"眼高"。"眼高"，就是把眼抬高。眼高，才能有发展。所以孟子说孔子，"会计当而已矣""牛羊茁壮长而已矣"，讲得真是好！"会计当""牛羊茁壮长"表示孔子手低；"而已矣"表示孔子眼界更高。

孔子更高的眼界在哪里呢？

孔子的人生，首先不仅仅是为了谋生。其次，也不仅仅是为了谋仕做官。很多人认为做官不就是人生最高境界了吗？在孔子看来不是。如果做官就是孔子的最高境界，那么孔子可能只是今天我们在《左传》里能找到的、春秋时期众多的大夫中的一个而已，他成不了圣人，成不了影响人类至今的伟大人物。

德国思想家雅斯贝尔斯写过一本书叫《大哲学家》，在全人类古往今来、无数的哲学家里，他认为有十几位最重要的哲学家可以称为"大哲学家"。在这十几位大哲学家里，他又说有四个人是"人类思想范式的创造者"，我们人类思维是今天这样都受到这四个人的影响。这四个人是：孔子、释迦牟尼、耶稣、苏格拉底。这四个人，按照他们出现在人类历史上的时间先后，孔子在第一位。

如果孔子当时做官仅仅满足于"会计当""牛羊茁壮长"，他怎么可能有这样的地位呢？我的意思不是让大家以后都"眼高"，眼高不高要根据自己的能力。孔子是有这个天赋。一个人最大的目标是什么呢？就是让自身拥有的能力和天赋最大限度地发挥出来，人生就完成了。孔子就是这样不断挑战自己发展的最大空间，不断挑战自己天赋中的最大可能，并最终将之实现的人。

孔子在鲁国20岁开始做官，整整十年，做委吏、做乘田，后来做到有资格参加鲁国国君的祭祀大典。能够参加国君的祭祀大典，这个政治身份是非常了不起的。春秋时期，国家两件大事，一是战争，二是祭祀。祭祀有两种，一种是郊祭，祭天地；一种是庙祭，祭祖先。无论是祭天地还是祭祖先都必须由国君举行，核心贵族阶层才能参加，一般人不得在场。《论语》里有记载说，孔子"入太庙"，出席了祭祀大典。这条记载没有具体说是哪年，有人说是不是孔子 70 岁以后参加的？不是。为什么？来分析这条记载：

> 子入太庙，每事问。或曰："孰谓鄹人之子知礼乎？入太庙，每事问。"子闻之，曰："是礼也。"（《论语·八佾》）

"子入太庙"，孔子进入太庙，"每事问"，每做一件事都要问问。太庙是一国之君的祖庙。鲁国的太庙祭祀的是鲁国先祖周公姬旦，只有祭祖时才能进入，不像今天我们可以买票参观、旅游，可以进去东看看，西问问。那么孔子能入太庙并"每事问"，说明孔子可能已经是以礼仪官的身份参加鲁国这样的祭祀大典的。为什么要"每事问"？因为他很谨慎，每一件事、每一个步骤都要仔细确定了再做。祭祀是很隆重的，是很严肃的，是千万不能有任何一点差错的，礼仪上是有很多详细的规定的，身为礼仪官，哪怕流程已经很熟悉，也要小心地再问、再确认。有人觉得孔子怎么事事都要问人啊？"谁说鄹家的那个小子懂得礼啊？你看他进了太庙，还每事问嘛。"这句话隐藏有两个小信息：第一，有人不满。如此祭祀大典，怎么找孔子这么个"士"做礼仪官呢？谁说他是礼仪专家啊，你看他每件事都要问别人。"不满"反过来也说明什么？说明孔子入太庙靠的不是贵族身份，是专业学问。第二，"鄹人之子"，孔子年龄。孔子的父亲曾经做过鄹乡的乡长。此时这人讲到孔子，还说"就那个鄹乡长的儿子"，当一个人被称为某人的儿子的时候，你说他会多大呢？不会是老人吧，所以据此可以判断，孔子可能30岁之前就已经能进入鲁国太庙参加祭祀大典了。这不是官阶的问题，是他在礼学上的造诣达到的高度，是他在鲁国政治上的影响力。

如果一直这样下去，孔子官场的前景应该是一派大好。凭借他的能力，凭借他的学问，凭借他的资历，还有他的个性——孔子的个性特别好，温良恭俭让，他在鲁国政坛真是前程似锦。

但是，30岁的孔子突然从官场中转身走开了，去创办私学。很奇怪，30岁突然不做官了。曾经有一个记者对我说，孔子是一个官迷啊。今天很多人也都这么说，有无数的人在各种各样的场合都会说，孔子嘛，一辈子想做官，就是一个官迷，周游列国到处找官做，做不到。这完全是以小人之心度君子之腹。你看孔子在30岁之前，在鲁国官场已经有了什么样的基础、地位和可预期的前景？他是没官做吗？但是他将这一切中断了，去创办私学。所以说孔子是一个有理想的人，是一个不走寻常之路的人。他有更大的担当。

有的人就是比我们伟大

孔子"三十而立",离开官场,创办私学。

"三十而立"和创办私学有什么关系?这里有两个问题:第一,为什么孔子不做官而去办学?第二,孔子为什么在此时办学?

先回答第一个问题:孔子为什么不做官而去办学?答案:孔子的志向不在做官,"十有五而志于学",他15岁时就"志于学"。"志于学"有两层意思:

一、自己的学习。孔子立志于一辈子好好学习,天天向上。追求学问和真理才是终身事业,需全力以赴。既然需要全力以赴,就不能在官场耽误太多时间。官做得越大,责任越大,公务越忙,分神、分精力,怎么办?不做官,"志于学"。15岁就志于学,这是了不起的人物才有的志向。今天我们很多人志于发财、志于升官、志于好工作、志于买车买房。所以我一直相信,人与人不一样。

现在中国有一种很不好的社会心理,觉得大家都一样,都是普通人,谁也别装。这个也对。你不装,我也不装。但是千万不要以自己的格局揣测别人,千万不要以为所有人都是装的。孔子不是装的,释迦牟尼不是装的,耶稣不是装的,苏格拉底不是装的。他们是做的。他们就是比我们伟大。他们生来的志向比我们的伟大,他们为了伟大的志向又付出了伟大的努力,最终两个字——伟大。一个人为什么伟大?如此而已。

很多家长总在跟孩子说,好好学习,好好读书。他们一直都在焦虑。希望孩子一辈子都要好,好幼儿园、好小学、好初中、好高中、好大学,但到最后,就一份好工作。不知道他的这个好,到最后要好成多"大"，但在我看来，原来这么"小"！小者是自己将自己玩小的，大者是自己将自己玩大的。做人，一定要让自己"大"起来。

孔子办的学校就是"大学"。我不喜欢有些人老是讲故事，但有一次看到有人讲的一个故事特别好。因为它与我一贯以来对于教育的理解与主张是一致的。一个少年人志大才疏，不怕，才疏不疏有时候是天生的，但是你首先有没有志大？这很关键。小小少年，一定先有大志向、大理想、大心胸，然后再往里面装东西，你才能成为"大人"，否则智商再高也没用啊！所以，我喜欢的这个故事是这么讲的：给你一只碗，先往碗里装核桃，核桃装满了，还能装吗？好像不能装了！不，还能装！还可以装米。米装满了还能不能再装？不能再装了？好像缝隙都填满了。不，还能再装，装水。如果我们把这个过程反过来呢，先往碗里装水，装满了，再装米还行吗？不行了。先把米装满了，再装核桃还行吗？不行了。

所以人生应该是这样的：一开始一定要往心胸之中装"大"的，不要担心那些细碎的东西，那真不重要，那是可以往后装的。今天会弹钢琴，明天又会跳舞，这玩意儿哪天喜欢哪天学一学，拨弄两下，响声就出来了。

我反复跟家长说学习一定要分清"重要的"和"必要的"。分清"重要的"和"不重要的"很容易，分清了，"不重要的"不学，学"重要的"就是。但是，要分清"重要的"和"必要的"就不那么容易了。很多人以为凡是"重要的"都要学，这不对，因为"重要的"事情实在太多了，必须在所有"重要的"事情中找到"必要的"。必要的是什么呢？就是先要树立一个大的人生框架，要有大的心胸、大的眼光、大的境界。做人不能自己被自己弄"小"了。苏东坡曾经讲过两个乞丐的故事：两个乞丐讨饭，到了晚上，冻得要死，蜷缩在一起谈理想。一个乞丐说，将来我有了钱，我就吃了又睡，睡了又吃。另一个乞丐说，你的理想太渺小了，我的理想比你大得多，我有了钱后吃了又吃，吃了又吃，哪里还有工夫睡觉呢！你看，这两个乞丐很可怜，这两个乞丐是被生活压"小"了，小到只有吃。我们很多人就是这样被生活压"小"了，甚至压"碎"了，看不到"大"。

　　孔子"十有五而志于学"，他给自己人生定的调就是"大"，不是"小"。三岁丧父，17 岁丧母，孔子小时候很艰苦，但是"三十而立"，他在困苦中站立起来了，官做得那么好，又不做了，走向更大的目标。"三十而立"不够，还有"四十不惑"，还有"五十知天命"，人生的境界如登山，他不断往上攀登高峰。孔子登的不是官阶，是精神的台阶。所以孔子那份人生简历里根本不提哪年升处长、哪年做局长，他只说："吾十有五而志于学，三十而立，四十而不惑，五十而知天命，六十而耳顺，七十而从心所欲，不逾矩。"说的全是人的精神的台阶，而不是人生权力和地位的台阶。孔子就是比我们伟大呀！这个世界上就是有人比我们牛。我们不能自己因为自己不想伟大、做不到伟大，然后就去贬低世界上所有伟大的人，觉得他们跟我们一样："哎呀，孔子也就是个普通人嘛！"这是小人之言啊。君子之言应该是："体圣乃得真孔子"，体圣，去体会他、去感知他、去仰望他，才知道什么是真孔子。

　　二、"志于学"的第二层意思：孔子致力于用自己的一生追求、传播知识和真理。"学"，既指自己的学习和成长，也指学问、真理。孔子所志于的是做人生的导师、做人类的导师，而非高官厚禄。以前人们爱说毛主席是"伟大的领袖、伟大的统帅、伟大的舵手、伟大的导师"，先后是有层次的，领袖、统帅、舵手，都是指人间的世俗权力，导师呢，属于精神世界。孔子之志就是做导师，做人类的"精神导师"才是他的理想。因为有这样的大目标，因为他离这样的大目标还很远，所以他30岁开始办私学。

三十而立，立了什么

刚才讲孔子为什么放弃大好的仕途转去办学。下面是两个问题，孔子为什么在"此时"办学？

答案是：30 岁之前，不足以为师。这里有个前提，孔子在 20 岁时已经是鲁国最博学的、最专业的"六艺"专家了。那时学者的学问主要是六艺——礼、乐、射、御、书、数。孔子 20 岁时"六艺"的知识储备已经完全可以去做老师了。但他为什么 20 岁时没做老师而是去做"委吏""乘田"了呢？有两个解释。孟子解释说，孔子那时家里很贫穷，需要靠做官挣一份俸禄来养家糊口，养活自己，养活妻儿。孟子说得没错。但我也有我的解释，我的解释是，30 岁之前孔子认为他还没有资格做老师。今天的人，不都是学到了相应的学科知识以后就去做老师了吗？为什么孔子已经是"六艺"专家了，专业水平绰绰有余，为什么还没有资格做老师呢？这就要我回答，在孔子的心目中，什么样的人才能做老师？

孔子曾经告诫他的学生子夏：

女为君子儒，无为小人儒。（《论语·雍也》）

你要学着做"君子儒"，不要做"小人儒"。什么叫"君子儒"？什么叫"小人儒"？钱穆先生的解释：

孔子欲其弟子为道义儒，勿仅为职业儒……（《孔子传》）

"君子儒"即"道义儒",担当道义之人。"小人儒"即"职业儒",就是今天我们很多人说的:上个好大学,找个好工作。孔子希望他的学生子夏做一个担当道义的君子,而不是仅仅靠一份工作养活自己的小人。

孔子自己做到了。30岁之前,孔子人生第一个层次是谋生,第二个层次是谋仕,这两个都实现了。但是还没有实现他的第三个人生目标——谋道。"君子谋道不谋食,君子忧道不忧贫",士志于"道"而非志于"仕"。

仕,器也,可用之器。孔子的学生子贡曾经问老师:"我是什么样的人?"孔子说:"汝,器也。"你,是一个器。器是什么?器就是一个用具,有具体的用途。子贡很厉害,帮鲁国处理外交事务,帮卫国处理外交事务,后来做了卫国的国相,那真是"国之重器"。子贡事业很成功,但是在孔子看来,子贡仍然还是一个"器",还没有达到最高境界。最高境界是什么?是"君子不器"。

"君子不器"不是说君子不是一个器,或者说君子不能当作一个器用,而是说,君子不能仅仅做一个"器"。比如一把刀,是一个器,我们反复磨砺它,让这把刀更锋利。但不要忘记,这把刀是做什么用的。如果不问方向,只追求一把刀越来越锋利,结果会怎么样?作为刀,能砍柴,能切菜,能削水果,也能杀人。刀越锋利,可能的危害越大。所以,刀还要有方向,刀不仅仅是一把刀,刀还要有"判断"的能力:我去砍柴,可以;我去切菜,可以;我去削水果也行,但让我去杀人,坚决不可以。一把锋利的刀,更应该明辨是非,能作判断。什么叫"专业教育"?什么叫"文化教育"?今天大学天天做的是专业教育,专业教育是磨快一把刀。文化教育是让刀知道哪些事不能做。专业教育是让人有能力去做事；文化教育是让人明白不能做什么事。缺少了文化教育，人会用专业技术去做坏事。比如市场上假冒伪劣产品很多，以前卖假酒的是往酒里兑一点水，没有技术含量，不就是兑一点水吗？现在呢，假冒伪劣产品凭借高技术手段，让人防不胜防。这不是技术的错，是人的道德危机、文化危机。

所以君子不仅要有专业知识，君子还要具备价值观；君子不仅要有做事的能力，君子还要有判断一件事能不能做的能力。孔子讲"君子不器"，如果是一把有"价值观"的刀，那这把刀就不仅是"器"，而是"君子"了。

孔子20岁后做"委吏""乘田"，他是专业能力很强的一个"器"，但他"而已矣"。后来的十年，他一边做官，一边建立"价值观"，到30岁开始办学。孔子办学的时间与他自述的"三十而立"正好重合。现在很多人解释"三十而立"为经济独立，其实不是。孔子早就经济独立了。他3岁时父亲去世，跟着母亲自谋生路，17岁时母亲去世，此后靠"多能鄙事"挣钱养活自己，至少他17岁就独立了吧，20岁后做官拿薪水，哪能说他30岁才经济独立呢？"三十而立"的立，是一整套人生观、价值观的建立。

知识哪有新旧

所以在孔子看来，什么样的人才能做老师呢？仅有专业知识，不足以做老师。做老师一定要有是非的判断力。老师不仅要能回答学生提出的知识问题、专业问题，一定还要能回答学生提出的价值判断问题。这是对老师的基本要求。

什么时候能做老师，孔子有这么一句话：

子曰："温故而知新，可以为师矣。"（《论语·为政》）

我相信，这句话就是孔子"三十而立"时说的。可能哪天他在自言自语，也可能哪天晚上跟朋友喝酒说，明天我不想做官了，想辞职了。哎，你官做得这么好，为什么要辞职啊？"温故而知新，可以为师矣"，我现在可以去做老师了。

今天，所有中小学老师、大学老师可能都知道这句话，"温故而知新，可以为师矣"。但是"温故而知新"到底是什么意思？怎么解释？

一般的理解是将"故"和"新"看成偏词而不是中心词。什么是偏词？什么是中心词？就是把"故"和"新"看作形容词，而不是名词。但把"故"和"新"看作形容词其实是解释不通的。那试着来增字解释一下：故，旧知识；新，新知识。温故而知新——既能温习旧知识，又能知道新知识，这样的人就能做老师了。这么解释，你有没有发现特别别扭？为什么别扭，来做一个分析。

什么是知识？我给知识下过一个定义：知识是对于事实的认知。因此，知识包含两个要素，第一个要素，是事实；第二个要素，是已知。

这两个要素同时具备才能称之为"知识"。

首先看事实——事实是知识的对象，不是事实不能叫知识。比如，女娲补天的传说是不是知识？不是，它是中国古代一个神话传说。当它进入神话体系以后，属于神话知识，但是它本身不是知识。为什么？因为它不是事实，构不成知识。

第二，凡是知识，一定是已知的，不知道的不能叫知识。以孔子为例。"孔子是春秋时期人"这句话是不是知识？这句话是知识。因为首先它是事实，孔子确实是春秋时期人。如果说孔子是唐朝人，那就不是知识了。其次，"孔子是春秋时期人"这个事实已经为我们所知。如果没人知道，那就不是知识，而是叫未知。孔子的邻居，有人知道他叫什么吗？不知道。未知，就不构成知识。孔子有没有邻居？肯定有，有邻居是一个事实，但是邻居叫什么名字？不知道。是事实，但未知，也不叫知识。

所以知识必须具备这两个要素：一个是对象（事实），一个是时态（已知）。从时态的角度来说，知识一定是过去完成式。所以，知识只有"故"，没有"新"。如果我们把"新知识"这个词解释为"新的知识"，那是错误的，因为没有所谓"新"的知识，"知识"一定是已经为人所知的，不存在所谓的"新的知识"。

有人说，"新知识"这个词也常常讲啊，对，但它在什么意义上才能成立呢？新近获知。还是举"孔子是春秋时期人"的例子。假如有个小孩，放学回家跟爸爸说："我今天学了新知识了，孔子是春秋时期人。"那么，这个"新知识"只是对于这个孩子来说，是新近获知的，他昨天不知道，今天才知道。但是我们不能说"孔子是春秋时期人"是新的知识，这知识是过去完成时了。所以，"新知识"只是对学知识的人新近获知而言，知识没有新，凡是知识，都是旧的。

所以将孔子说"温故而知新"解释为温习旧知识又知道新知识是错误的。我曾经有篇文章发表在《光明日报》，专门讲温故而知新这个问题。我的结论是：故是什么？故，是先王的价值观。孔子的价值观继承自古代的尧、舜、禹、汤、文、武、周公，这些伟大的先王们给后人建立的文化传统和价值观，这些都叫作"故"。"知新"不是知道"新知识"，而是能对生活中出现的新事物作出合乎理性的判断。做老师不仅要有知识，而且还要有头脑、有眼光，有对人间是非、善恶、美丑的判断力，要有见识。他教给学生的不仅是已有的知识，还要有思想方法和价值标准。有了思想方法和价值标准，才能对这个世界层出不穷的新事物作出正确的判断，才算"知新"。

只有既能如此"温故"，又能如此"知新"的人，才能做老师。

要有一把尺子

价值观需要一个建立的过程。价值观不是与生俱来的。没有人类之前，这个世界也没有价值观。价值观是人类给世界带来的。有句话说"为天地立心"，天地本身并没有心，心是人给它立起来的。"为天地立心"的是哪些人呢？德国思想家雅斯贝尔斯写的《历史的起源与目标》，讲人类历史上有个"轴心时代"，主要在公元前600年到公元前300年，正好是中国的老子到荀子之间吧。在这一段时间里，人类出现了"终极关怀的觉醒"。实际上在这段时间里，老子、孔子、孟子、庄子、荀子这些人所做的事情是什么呢？这些先秦诸子们给我们留下的就是一些概念：仁、义、道、德、诚、信、勇敢、忠、恕、兼爱、非攻、尚贤、法、术、势，这些概念不是知识，而是价值观。这些人给我们留下的就是一整套价值观。

记得有一年我在山东滕州讲《墨子》，滕州是墨子的故乡，也是鲁班的故乡。有人问我墨子和鲁班有什么区别？我说鲁班留下了发明，墨子留下了思想。什么意思？我举了个例子。比如说，爱迪生是发明家，发明了电灯，照亮了我们的物理空间；孔子阐发了仁义，照亮了我们的精神空间。没有电灯，屋里都是黑暗的，所以说爱迪生照亮了物理空间；没有孔子，"天不生仲尼，万古如长夜"，人的精神世界是黑暗的。精神空间靠什么照亮？靠价值观照亮。

孔子"三十而立"，他在30岁之前确立的是什么呢？就是一整套人生价值观，是确立价值的标准。有了价值的标准才能对这个世界作出判断。比如要丈量房间的尺寸得靠一把尺子。在社会里判断一个人是好人还是坏人，一件事情是对还是错，决定一件事该做还是不该做，也靠一把尺子。这把尺子，就是价值观。没有物理上的尺子，量不出尺寸，造不出这只杯子；没有价值观的尺子，人类无法判断哪些事能做，哪些事不能做，无法判断人间的是非善恶。孔子和先秦诸子留下的这些：仁、义、道、德、诚、信、勇敢、忠、恕、兼爱、非攻、尚贤、法、术、势……便是人类价值观的体现。

孔子30岁前总结尧舜禹到他那个时代的中华文明史，然后提炼出最核心的仁义道德价值观，此为"温故"；以这样的价值观，去对世界上出现的各种新问题、新现象作价值判断，此为"知新"。既能"温故"，又能"知新"，就有资格去教学生了。

我们今天做老师的也一样。既应该掌握这么一把精神的价值观尺子，又应该能用这把尺子正确地判断世界上形形色色的人、纷纭多彩的事。具备了这样的能力，我们才有资格去教学生。

曾经发生过一件事，多年前好像发下过文件说"老师有教育批评学生的权利"。当时我又紧张，又哑然失笑。作为教育工作者，老师自古以来就有教育学生的权利，这本来不是问题啊，我没有教育学生的权利，我怎么走上教师岗位的呢？笑完后，我又深思，老师有教育学生的权利，但我们老师是不是也可以反省一下，我们具备教育学生的能力了吗？在有关知识的考试卷子上，根据标准答案，答对还是答错，对学生作一个判断，容易。比如出这样一道题，"孔子是哪个时代的人"，下面四个选项：春秋时期、唐朝、明朝、清朝。学生选择春秋时期，你画一个勾，学生选了其他的，你画个叉。这事电脑也能做，还做得更快更准确。如果孔子20岁就去做"六艺"老师，他做这事也很容易。但是对学生的行为、学生的思想、学生的言论，如果出现问题，老师能不能判断出来呢？比如我们把考题换一下，变成"孔子是什么样的人"，下面也有几个选项：伟大的人、卑鄙的人、可爱的人、值得尊敬的人。这时，学生可以有很多选项，没有标准答案了，老师怎么判断？

　　一位理想的老师，除了能做专业教育、知识教育之外，应该能够为学生作价值引领。在中国古代，为人"师者"和当人师父是不一样的，教你手艺的人叫师父，木匠师父、裁缝师父……传授的是技术。师者呢，韩愈说：

　　古之学者必有师。师者，所以传道受业解惑也。人非生而知之者，孰能无惑？惑而不从师，其为惑也，终不解矣。（《师说》）

　　师者，传道、授业、解惑。注意这个"惑"，不是小小的迷惑，是人生的大迷惑。而"道"，就是价值观。传道，就是教学生学会作价值判断。

夫子一堂示范课——以德报怨，何如

孔子做老师后，教给学生的是什么？在《论语》里可以看出，孔子回答学生的问题，没有一个是给标准答案。因为孔子教学生的没有一个是知识问题，全是价值判断。樊迟问他怎么种庄稼怎么种菜，不是被他骂成"小人"吗？

《论语》五百多章，我可以负责任地说，全部是关于价值问题的问、答和讨论。我希望大家都去读一读《论语》，五百多章，五百多个价值问题的问、答和讨论，你都读完了，你的认知能力、判断力肯定会上升的，你的心智肯定会成熟的，你肯定不会在人生大问题上犯错误。

看这一条，孔子怎么答疑解惑：

或曰："以德报怨，何如？"（《论语·宪问》）

有人问孔子："用恩惠来报答仇怨，可以吗？"这个问题是技术题吗？是知识题吗？都不是。以德报怨，可以不可以，行不行，值不值得提倡，要回答这个问题需要作价值上的评估，然后才能作出判断和回答。这是一个价值判断题。

孔子的回答多好：

子曰："何以报德？以直报怨，以德报德。"（同上）

孔子说："那样的话，用什么来报答恩惠呢？用公平正直来对待仇怨，用恩惠来报答恩惠才对啊。"今天很多人因为没有读过《论语》这样的元典，动不动就说，孔子说过"以德报怨"。孔子什么时候说过"以德报怨"了？

电影《孔子》编剧让里面的孔子振振有词地说："言必信，行必果。"我说错了！孔子恰恰反对"言必信，行必果"。如果读过《论语》，就知道孔子是这么说的："言必信，行必果，硁硁然小人哉。"（《论语·子路》）孔子说："许下诺言后，不问是非曲直一定守信；做事不论结果好坏一定要做到底，这类是糊涂而固执的小人啊。"孟子说："大人者，言不必信，行不必果，惟义所在。"（《孟子·离娄章句下》）有德行的人，言不必信，行不必果，只看是否合乎道义。和上面孔子说的一样，要看是非曲直。

孔子不反对言而有信，《论语·学而》："与朋友交，言而有信。"孔子也不反对做事要有结果，孔子反对的，是中间那个"必"。为什么？因为言"必"信、行"必"果，是忘记了人是有局限的。有局限的人往往会说错话、许错诺、做错事，难道说错了话、许错了诺、做错了事，还硬着头皮错下去？发现错了，需要及时纠正。所以"言必信，行必果"违背了另外一个原则：有错必改。与这个原则发生了冲突。"言而有信"是价值，"知错必改"也是价值。简言之，"言"和"行"要遵照的最高原则是"义"，而不是"必"。我在《光明日报》发表的一篇文章中说，价值是有边界的。任何一种价值都是有边界的。将某一种价值推到极端，就是让它畅通无阻。一旦一种价值畅通无阻，它会碾压其他的价值。所以任何一种价值都要有它的边界。这就是孔子、孟子教给我们的价值判断。

同样，我们来看"以德报怨"。

现在的人对孔子的误解很多，包括以为孔子提倡"以德报怨"，跟问孔子"以德报怨，何如"的那个人一样：你孔老先生不是讲道德吗，那别人越对我坏，我就越对他好，怎么样，我道德很高是吧？其实，这就是将"德"推向了极端，让一种价值变成了一种极端的价值。但是孔子的回答太有意思了："何以报德？"以德报怨？行，但你怎么报德呢？这一问，是不是逻辑很清楚？他给我们出了两道选择题：一是一个人做了坏事；二是一个人做了好事。你怎么选择对待他们？

如果我们大家都对那个做坏事的人好，今天他做件坏事，给他发个红包，明天他又做件坏事，再发个红包，"以德报怨"。另外一个人今天做了件好事怎么办？不能不发红包吧？更不能他做好事后我们"以怨报德"给他个处分吧？这违背基本良知。那好，也给他发个红包。结果呢，做坏事的发红包，做好事的也发红包，那不就等于：做好事等于做坏事，做坏事等于做好事？最终这个世界变成什么样了呢？没有了是非、对错，做坏事和做好事一样。所以"以德报怨"最糟糕的地方就在这里：它把"德"当作奖品，赠送给做坏事的人了。如此，社会的道德体系不但不能辨别和纠正人们的行为，恰恰在模糊人们的行为。道德本来是有纠正的功效的，做坏事，给你谴责；做好事，给你表扬，然后有更多的人来做好事，这才是道德的力量。但道德一旦极端化，不仅会取消自身，甚至会助纣为虐。所以，"以德报怨"看似更"道德"，实际上起了不道德的作用：使不道德的人可以肆无忌惮，不用担心承担什么后果。提倡"以德报怨"不但不能促进道德，反而会促退道德。

人是理性的动物，理性跟道德是两码事。所谓理性，是自我从个人利益最大化来考虑问题。道德不是要去改变人的理性，而是去引导人的理性，让做好事的人感觉有好报，让做坏事的人感觉有压力，引导其理性选择做好事而不做坏事。这不是在改变人性，而是在顺应人性。所以从建立道德体系的角度说，不能"以德报怨"。

所以孔子"何以报德"一个反问，里面包含着这样非常缜密的思考。这个问题不是一个只能教知识、教技能的老师所能回答的。老师一定要有非常深邃的思想，要能把人类种种的价值放在一起综合考虑。当然，孔子并不反对个人在生活中作"以德报怨"的选择，比如我对你不好，你还对我好，不睚眦必报，孔子并不反对。孔子反对的是，在一个国家、一个社会、一个民族提倡以德报怨的价值体系。因为这种价值体系放纵了坏人，而绑架了好人，结果不但不能促进道德，反而还让道德崩溃，消解了道德。这一整套的价值思考是深具人类伦理内涵的。你看，跟着孔子这样的老师，跟着《论语》，我们天天学习做这样的价值选择题，你会不会很快成熟起来？拥有这样的价值判断能力的老师才是真正的好老师。

那"何以报德"呢？孔子给出的正面回答是："以直报怨，以德报德。"注意这里，孔子没有说"以怨报怨"吧？不提倡以怨报怨，是良知。"冤冤相报何时了？"最严重的是，"以怨报怨"时，你将堕落到与你要报复的人同一境界，你将失去报复他的道德优势和正当理由。无正当性的报复不仅无助于建立道德价值，反而是对道德的再一次破坏，会导致好人堕落得跟坏人一样。当一个社会提倡"以怨报怨"，实际上就在放任全社会的堕落，甚至鼓励全社会的堕落。

在如何对待"怨"的问题上，既不能"以怨报怨"，也不能提倡"以德报怨"，怎么办？孔子讲"以德报德""以直报怨"——对做好事的，以德报德，给予鼓励，让更多人做好事；对做坏事的，不"以怨报怨"，也不"以德报怨"，而是"以直报怨"。直是什么？是公正。对做坏事的人，该受什么惩罚就给予什么惩罚，不特别宽恕他，也不刻意报复他，让他得到他该得到的公正的审判。

看，简短的一句话，"何以报德？以直报怨，以德报德"包含着孔子对三种价值判断的考量。

一部《论语》五百多章，几乎全是这样的价值选择题。读《论语》获得的不仅仅是知识系统，更重要的是价值系统。孩子们学会作价值判断，提升了价值判断能力，成熟心智，能明辨是非，懂得善恶美丑，他们一生的进退就有了依据。

不允许自己无良知

最近几年我常讲教育，一再讲，做老师的也好，做学生也好，人可以无知，但不可以无良知。

人可以无知，其实是没有办法的事，谁都是无知的人。有谁敢说自己是有知的？如果你敢说，我可以很快证明你是无知的。比如，给你出一套一百分的考题，你信不信你考零分？同样，每人都给我出一套一百分的考题，我也零分。复旦大学某年有一个考题特有意思，让学生给老师出一道题，这道题要让老师回答不出来，但学生自己必须有准确的答案。说白了就是学生给老师出一道知识题，让老师答不出来。好多人说这太难了，要考倒老师很难啊！我告诉你，太容易了。有个学生聪明，马上问："老师，你知道我祖父的名字吗？"他祖父的名字是个事实啊，而且他家人包括他自己都知道，还真是个知识题，但就把老师问倒了。

所以要证明一个人无知，根本就不要动脑筋证明。人的无知是一定的。人的伟大，在于知道自己的无知；人更伟大的，在于承认自己的无知，但是不允许自己无良知。无良知是什么？就是选择"以怨抱怨"。孔子不会有这个选项，他选的是"以直报怨，以德报德"，做了好事发红包，做了坏事，该受什么惩罚就受什么惩罚，像法律上的先定性，再定量，得到他该得的。你看，在回答"以德报怨"之问时，孔子用的不是他的知识量，用的是自己的良知。

这个世界上的问题很多。回答这个世界上的很多问题需要良知；回答这个世界最重要的问题需要良知；回答我们自己人生中最重要的问题，需要的也是良知。良知，无一日不可或缺。

作为一个老师最重要的就是具备良知。具备良知而能"温故而知新"。

这是孔子给我们的启发：什么才是"为师之道"？"教师能做什么"？我对这问题的回答，主要有两点：

第一，做老师一定要"志于学"，要有理想，要有担当，不仅仅将做老师当作一份职业。如果你仅仅当一份职业来做，可能在今天的评价体系里你算称职的、合格的，但是你一定不是优秀的。

第二，做老师一定要有价值判断能力，能回答学生提出的价值问题，才"可以为师矣"。

三问

什么才是素质？

走出素质教育误区

变化气质在自求

　　动物世界也有生存的训练。但是，人的教育与动物的生存训练显然有本质的区别。我为什么要特别强调人的教育？因为在很长一段时间内，我们把孩子送进学校作为"人才"来培养，但潜意识里还是将孩子看成"器"，是谋生的工具，受教育是为了能找一份好工作。人没有主观的自我的生命发展，没有自我的生命成就，也没有自我的理想、愿望，那么人只能是一颗螺丝钉，拧到哪里是哪里。当然，社会需要螺丝钉，我们每一个人也应该首先成为劳动者，能自食其力，并且从劳动中感受到人生的成就。人到这个世界来，总需要用劳动来证明自己，劳动是人的本质。但是，劳动者也得是有"觉悟"的劳动者。教育如果仅仅将人变成一颗螺丝钉是违背教育本质的，是违背人类福祉的。国家也好，集体也好，最终的目标是为了人民的幸福，教育也应该如此。

　　在两千五百多年前的春秋时期，孔子就十分明确地提出："君子不器。"人，绝不能仅仅成为一个"器"，成为一件工具。这是非常了不起的思想。如果教育只将人培养成工具，比如一把菜刀，砍柴切菜再快，人本来内在的精神在哪里呢？人自己的主观的力量呢？人的心灵在哪里呢？

一把锋利的菜刀，你可以拿它切菜，也可以拿它砍人——假如这把菜刀让它切菜它切了，让它砍人它坚决不去，那这把菜刀该叫"君子刀"。而事实上，我们知道这是不可能的，刀是没有主观意志的工具，它永远都只能是个"器"。但我们是人，是有着意志和尊严的生灵，不该只配得到工具的命运。一个人如果只是专业能力很强，却没有自己独立的是非判断，让他去干好事他也干，让他去干坏事他也干，那与这把刀何异？一个人不仅专业能力很强，而且能够判断是非、善恶和美丑，不颠倒黑白，不戕害无辜，不做强权的附庸，尽自己所能去坚守正义，去发现和创造真善美——这样的人，才是一个健全的人，才配称为"君子"。

我从事三十多年教育工作，针对今天的教育的大背景常常有感而发。大概在 20 世纪 80 年代后期，我看过一位教育学博士在《读书》杂志上发表的文章，其中讲到一个很有意思的现象，大意是在人类的教育史上，对教育问题表达过最深刻观点的，往往不是专门研究教育理论的专家，而是思想家。他说的话给我印象非常深。宋代的张载，也就是这样一位人物：

为学大益，在自求变化气质。（《张子全书·语录钞》）

无论是教育者还是受教育者，读书学习最重要的作用、最重要的功能、最重要的目标，便是"变化气质"。读书是为了自己，不是为其他人、为变成其他人的工具。孔子有一个非常精当的论点："古之学者为己，今之学者为人。"古代学习者是为自己而学，现在学习者是为别人而学。孔子是"六艺"专家，很多人去学艺是为了有一技之长可以去贵族之家做官、为贵族服务，相当于做那个时代的公务员，这便是"为人"，让自己成为一个对人有用的人并为他人所用。后来道家的庄子坚决反对"有用"，是与孔子这个思想一脉相承的。"为己"——读书学习是为提升自己的境界、改变自己的气质、建立自己的精神世界、塑造自己的心灵，而不为"有用"，也正是张载讲的"为学大益，在自求变化气质"。我做教育很多年，看到这里，真的感觉"恍然大悟"。

关于气质，大家都知道一句"腹有诗书气自华"，这是苏东坡说的：

> 粗缯大布裹生涯，腹有诗书气自华。（《和董传留制》）

一个读过很多书的人，一个"被文化"了的人，哪怕身上穿着破衣烂衫，也自有其不可掩盖的光明、磊落的气质与魅力。《曾国藩家书》：

> 人之气质，由于天生，本难改变。惟读书则可变化气质。（《道光二十二年九月十八日与澄温沅季诸弟》）

有的人天生气质很好，可是大多数人没有这么幸运，或者气质不够完美，怎么改变？"惟读书则可变化气质"，注意这个"惟"字，只有读书才能变化气质。

来看看孔子的学生的气质。

不知大家有没有注意到孔子创办私学，一方面，实现自己"志于学"的理想，但另一方面，也在客观上给后来的读书人找到了一条谋生之道。孔子之前的士，只有到贵族家去做官，才能获得相应的生活资源。孔子之后，他们也可以不去做官，收几个学生，收一些学费来维持基本生活，然后整天与弟子们在一起讨论学问、探究真理。这样的生活可能不很富裕，也不显贵，但是自有一份快乐，"学而时习之，不亦说乎"。孔子一辈子很快乐，与这种生活方式有关。后来跟孔子一样选择做老师的人很多，比如墨子，根据相关文献记载，墨子至少有300个弟子。孟子也有很多学生，《孟子》记载，孟子周游列国时，他的马车在前面，后面跟着数十乘车，一辆车上哪怕就一个学生，那也有数十个学生跟着他周游列国啊。《孟子》中也提到他的学生，公孙丑、万章等等。但有意思的是，我们看不到墨子的学生的个性，大概禽滑厘可以算一个。孟子的学生，无论公孙丑还是万章，我们能不能发现他们的个性？不能。

孔子的学生不一样。虽说孔子有弟子三千，实际上现在能考据到的也就七十多个人。但是，孔子七十多个弟子里，有二三十个都个性鲜明，栩栩如生。子路有子路的个性，子贡有子贡的个性，颜回有颜回的个性，冉求有冉求的个性，子张有子张的个性，数不胜数。在孔子的学生里，至少能找出二十几个个性非常鲜明的人。一个小学生读完《论语》，他们会喜欢上孔子的某一个学生，如果你问他，孔子的学生里你最喜欢谁？有的说喜欢颜回，有的说喜欢子贡，有的说喜欢子路，为什么小学生会喜欢上他们？因为他们个性鲜明。所以从教育的角度说，墨子、孟子、庄子这些人永远都不能跟孔子比，他们教出来的学生我们看不见他们的个性气质。孔子的学生有个性、有气质，这就是人的自由发展。孔子"因材施教"的结果是每个人的个性中有魅力的那一面得到充分展现，每个人的长处和优点得到长足的发挥。所以读完《论语》，你不光会喜欢上孔子，还会喜欢上孔子那么多的学生，太可爱了。他们的缺点那么明显，他们的优点又那么突出，人人都是这样。看这一段的记载：

> 闵子侍侧，訚訚如也；子路，行行如也；冉有、子贡，侃侃如也。子乐。（《论语·先进》）

孔子坐在中间，身边围着几个弟子，有闵子骞、有子路、有冉有、有子贡。你看看这一圈，每人的表情不一样、神态不一样、气质不一样：闵子骞，正直而恭顺的气质；子路，刚强而直率的气质；冉有、子贡，温和而快乐的气质，孔子看着他们，开心得很啊！所以好的教育、好的学校教育出来的学生，气质是不一样的。哈佛大学的学生，气质跟斯坦福大学的不一样；剑桥大学的学生，气质跟牛津大学的不一样。

再进一步，当教育变成"教化"，每一个民族又会形成不同的民族气质。有文化、有历史的民族会形成本民族独特的气质。十个日本人与十个德国人在一起，一定能看出他们不一样。即使不看肤色，也能从他们的气质上区别开来。同是黄种人，日本人与韩国人气质不一样；韩国人和新加坡人气质不一样。同是白种人，德国人跟英国人气质不一样；英国人跟美国人气质不一样；美国人跟法国人气质不一样。为什么？文化不同。看一个民族有没有文化，看他们的文化积淀是否深厚就可以了；看一个民族的文化有没有深入这个民族每个个体的内心，真的把一个民族"化"了，那就看这个民族有没有共同的气质。每一个人当然有不同的气质，但一个民族的人有其共同的气质。我们中华民族曾经是全世界最有气质的民族。中华民族的气质是什么？就是文质彬彬的君子气质。今天怎么样呢？我看不怎么样了。既不"文"，也无"质"，自然更谈不上"彬彬"。日常生活中，自私冷漠、争权夺利，人人心中似乎都有仇恨，网络的语言多么暴力，都是杀人放火的感觉，生活中动不动一点就着、一碰就炸，哪里有一点"文化"？

中华民族以前是那样的文质彬彬，说话恭谨有礼，做事有分寸感。这种文质彬彬的气质就是孔子的气质。这种气质分解成五个字，大家都知道——"温良恭俭让"。有人喜欢说，"温良恭俭让"怎么行啊，在这个世界上老吃亏。错了！不是天天眼睛瞪得老大，看谁都横眉冷对才叫有力量，愤怒不是力量，动不动付诸暴力恰恰是无能的表现。有力量的人不需要外在的夸张。文化才是真正的力量。

君子吃亏吗

很多人对"温良恭俭让"有误解。浦江学堂的孩子读《论语》，有的家长跟我说："孩子学学这个很好，可是他们学好了变成君子，我担心他以后到社会上吃亏啊！"我说，你这人挺有意思，别人担心孩子不学好，你担心孩子不学坏。那我告诉你，人学好很难，学坏很容易，十年时间把孩子教育成一个好人，十天时间就能让孩子成为一个坏蛋。有些家长觉得孩子在班级里就应该争、应该抢，"温良恭俭让"会吃亏。其实不是这样。美国社会讲竞争，但是孩子也不是我们想象的那样什么都要抢，他只不过是更主动、更积极、更大胆、更勇于展示自己，该谦让的时候也非常谦让。我在国内出差，无论在飞机上还是在火车上，经常能看到有孩子放肆地哭。有一次去义乌，坐飞机到温州，机上有个孩子突然要一个东西，家里人没法及时满足他，他就不依不饶地哭，不达目的誓不罢休，连哭一小时二十分钟。在那样一个封闭的空间里真让人烦躁得不得了。这样的事我们是不是经常碰到？其实他不是委屈，就是耍赖。孩子想要什么，一哭，家里人立刻满足他，不满足就不依不饶。我不能以偏概全说都是这样，但比例相当高。我在国外乘坐公共交通工具就很少看到孩子这样哭。不信你们自己去观察一下。

所以我根本不相信有些人说的，西方孩子总是争抢，中国的孩子太保守，总是谦让吃亏。不是这回事。这里不想做太多这样的比较，只是想说明一点，文质彬彬、温良恭俭让，是一种永恒的、更加持久的力量。

文质彬彬、温良恭俭让是我们民族原本有的气质。中华民族曾经是全世界最有气质的民族。这种气质的养成跟什么有关？跟孔子的教育有关。

在央视做《孔子》纪录片讨论孔子的教育，我认为孔子的教育分几个过程。首先，是他自己，培养弟子三千；然后，他的教育影响了中国后来整个的科举制度；更重要的，他的教育变成了教化，在中国的历史上起到了宗教的作用。这种教化基本的形式是什么？西方的教化形式是在家里读《圣经》，去教堂参加各种宗教活动，讲经、唱诗。中国的教化形式是读传统经典、读"四书"。一个民族的文化、一个民族的气质，都是通过学习经典培养出来的。有些人老问我们为什么要读经？这问得很可笑。欧洲人、美国人会问为什么要读《圣经》吗？读经是一个民族的文化传承，通过读经才能让"文""化"到人心中去。有文化的民族没有不读自己的经典的。在中国，孔子的教育通过《论语》这样的经典变成了全民的教化，一代代的孩子、一代代的读书人，就通过这样读经，培养出了几千年来中华民族的气质：温文尔雅、文质彬彬、温柔敦厚、怨而不怒、哀而不伤、乐而不淫。这是多么了不起的民族气质！

我们的教育就应该把这样的民族气质培养出来，中华民族才能屹立在世界文化的民族之林，这个林是文化之林，不是野蛮的"丛林"。

大六艺养成六种气质

看看孔子怎么教学生变化气质的。

孔子之前，各诸侯国的官学主要教这"六艺"：礼、乐、射、御、书、数。培养士族子弟获得这些知识后，有能力去贵族家做官，孔子批评这是"今之学者为人"。所以，"今之学者为人"实际上是孔子对于以这样的"六艺"为核心的教育的批评。孔子办私学后，对此有所改变。改了什么？他把这"六艺"往后放，不是不教，不是不让学生学，而是将它们的重要性降低，然后放进去另外六部经典——《诗经》《尚书》《周易》《礼记》《乐记》《春秋》，正好也是六个。以前"六艺"是礼、乐、射、御、书、数；现在也叫"六艺"，是《诗》《书》《易》《礼》《乐》《春秋》，内容不一样，怎么区分呢？后来人们就将以前的六艺称"小六艺"，将孔子教的称"大六艺"。"大六艺"跟孔子办的"大学"有关系。学"小六艺"就是"小学"，学"大六艺"就是"大学"。

读《论语》，从他的弟子们记录下来的这些对话，我们发现，孔子很少与人讨论"小六艺"涉及的知识、技术、技巧问题，而是谈《诗》《书》《易》《礼》《乐》《春秋》，讨论历史人物。孔子在教学中为什么将《诗》《书》《易》《礼》《乐》《春秋》的重要性凸显出来？因为它们是能变化人的气质的学问。什么是变化气质呢？

孔子曰："入其国，其教可知也。其为人也：温柔敦厚，《诗》教也；疏通知远，《书》教也；广博易良，《乐》教也；洁静精微，《易》教也；恭俭庄敬，《礼》教也；属辞比事，《春秋》教也。故《诗》之

失，愚；《书》之失，诬；《乐》之失，奢；《易》之失，贼；《礼》之
失，烦；《春秋》之失，乱。其为人也：温柔敦厚而不愚，则深于
《诗》者也；疏通知远而不诬，则深于《书》者也；广博易良而不奢，
则深于《乐》者也；洁静精微而不贼，则深于《易》者也；恭俭庄敬
而不烦，则深于《礼》者也；属辞比事而不乱，则深于《春秋》者
也。"（《礼记·经解第二十六》）

孔子说，进入一个国家，可以看到这些国家不同的教化，不同的
教化带来人的不同的气质。这些不同的气质都是由"大六艺"教化出
来的。"大六艺"分别对应人的哪些气质？

教《诗经》，培养人的"温柔敦厚"，做人温顺诚实淳朴；

教《尚书》，培养人的"疏通知远"，思想通达、眼界开广、胸襟
远大；

教《乐记》，培养人的"广博易良"，知识广博、性情快乐、忠厚
善良；

教《周易》，培养人的"洁静精微"，精神圣洁、思维周密、仔细
严谨；

教《礼记》，培养人的"恭俭庄敬"，待人恭敬庄重，懂得自我
约束；

教《春秋》，培养人的"属辞比事"，能作诗文，能记史事。

六种气质：温柔敦厚、疏通知远、广博易良、洁静精微、恭俭庄
敬、属辞比事。

而且，孔子讲得很细，说，这六艺也有不足之处啊，"《诗》之失，
愚；《书》之失，诬；《乐》之失，奢；《易》之失，贼；《礼》之失，

烦；《春秋》之失，乱"，而学习者的最高境界是得所长而避其短，比如"温柔敦厚而不愚"，不孤僻；"疏通知远而不诬"，不胡说八道；"广博易良而不奢"，不过分；"洁静精微而不贼"，不神神道道。你看今天很多搞《周易》的人往往很"贼"，江湖气特别浓，动不动给你算一卦，说你要小心啊，印堂发黑啊，流年不利啊，搞得吓人，这就是"贼"。"不贼"的人才是"深于《易》者"；"恭俭庄敬而不烦"，待人礼节周到，却不烦琐；"属辞比事而不乱"，下笔不散乱。

今天我们也教《诗经》。一般老师这么讲：《诗经》是中国历史上最早的一部诗歌总集，收集了305首诗，又称之为"诗三百"。它在先秦时只叫《诗》，到汉代，被列为经典，此后被叫作《诗经》。诗的收集，从时间上来讲，大概从西周初年到春秋中叶，有五百多年。305首诗分成三类排列，是"风、雅、颂"，其基本的艺术手法是"赋、比、兴"。定义讲完了，再举几首诗作赏析。教学任务就完成了。考试的时候，会考"什么是中国历史上最早的诗歌总集"，填空。填上《诗经》，答对了，打个钩。"《诗经》收诗多少篇"，填空。"诗经分哪三类编排"，填空。或者换一个题型，"请解释一下什么叫风、雅、颂""请解释一下什么叫赋、比、兴"，都是有标准答案的题目。所以一看这样的考试卷，就知道我们的教育目标是什么。中小学也好，大学也罢，不要看教室墙上贴着的我们要把孩子培养成什么样的人的口号，就看试卷。考卷成绩60分以上了，学生的学习任务完成了，老师的教学任务也完成了。讲《尚书》也一样：《尚书》是我国历史上最早的一部散文总集，分成虞夏商周四书，这四书里，前面的两书可能是后人伪造的，后面两书是比较真实的，它们是那个时代政府文献的汇集，体现了那个时代的价值观。老师讲的全部是知识，学生获得的也都是知识，最后学生拿到一张文凭、大学中文专业的合格证去找工作。我们有没有通过教《诗经》改变学生的气质呢？我们的教学目标上有没有变化气质这一条呢？或者，我们在教学环节上有没有体现这一条呢？没有。很多教育者以为，教育是让孩子有知识的判断力、有事实的判断力就够了，所以搞了那么多填空题、那么多选择题，全是知识题、全是事实题，只要标准答案。

所以，我们今天的教育只是知识教育。专业教育的本质就是知识教育。受教育者有了知识，没有变化气质，成了"器"，而没有成为温柔敦厚、疏通知远、广博易良、洁静精微、恭俭庄敬、属辞比事的"君子"。

夫子一堂示范课——《诗经》

孔子为什么用"大六艺"做教材？

《论语·季氏》记载，孔子儿子伯鱼跟孔门弟子陈亢说，父亲有两次对他"庭训"：

尝独立，鲤趋而过庭。曰："学《诗》乎？"对曰："未也。""不学《诗》，无以言。"鲤退而学《诗》。他日，又独立，鲤趋而过庭。曰："学《礼》乎？"对曰："未也。""不学《礼》，无以立。"鲤退而学《礼》。

有一天，孔子在庭院站着，看见儿子正快步走过。孔鲤有点怕父亲，每次看见父亲总有点紧张，见父亲站在那里，只想快快走开，孔子却叫住问："读了《诗》没有啊？"孔鲤说："没。"孔子也有意思，一辈子从事教育，教那么多学生，对自己儿子的教育好像有点不上心。其实很多老师都这样，对别人的孩子特别有耐心，对自己孩子一点耐心都没有，这个传统是不是从孔子那时就有？孔子不教儿子《诗》，连他读过没有都不知道，对孔鲤也太不负责任了。孔鲤也很老实，说没读。孔子说这怎么可以呢，"不学《诗》，无以言"，不读《诗》，怎么说话啊？没法说话，没法与人交流。于是孔鲤回去学《诗》。又一次，孔鲤又在庭院里被父亲叫住，问："学过《礼》吗？"孔鲤说："没。"孔子说不学《礼》，怎么在社会立足呢？于是孔鲤回去学《礼》。

对儿子是这样要求，对学生们，孔子也说：

小子何莫学夫《诗》?(《论语·阳货》)

小子们，你们为什么不好好读《诗》?
为什么要好好读《诗》? 孔子给出理由:

《诗》可以兴，可以观，可以群，可以怨。迩之事父，远之事君，
多识于鸟兽草木之名。(同上)

《诗》可以兴，可以观，可以群，可以怨——什么叫"可以"? 这个"可以"跟今天现代汉语的"可以"稍有不同，是"可以之"，用《诗》来获得某种能力，即:《诗经》可以让人获得兴的能力、观的能力、群的能力、怨的能力。不但如此，还能"迩之事父，远之事君"，近则在家能侍奉父亲，远则出门能侍奉国君，也就是在内能修身齐家，在外能治国平天下。这里，不要一看到"事君"就想到忠君二字，不是一回事。当时君是国的代表，"事君"就是守责治国。然后，还可以"多识于鸟兽草木之名"，305 首诗里有很多植物学、动物学知识，学《诗》能让人博学、有见识。

孔子只对儿子说"不学《诗》，无以言"，跟弟子们讲得就比较全面。最核心是四个字，"兴、观、群、怨"。什么是"兴、观、群、怨"?

我读大学的时候，老师解释说，这是孔子对《诗经》的一种批评方法。我觉得不对，没有理解"可以"两个字。我刚刚说过，"可以"是凭借某种东西来获得某种能力的意思，所以不是《诗经》有"兴、观、群、怨"，而是我们能通过《诗经》获得"兴、观、群、怨"的能力。

"兴"，有情怀、有热情、有性情，于一切事业上投注自己的生命力。乃生命的觉醒。

"观"，有洞察力、判断力，于一切事务上敢于运用理性。乃理性的觉醒。

"群"，有群体意识、公共意识，有社会责任感。乃责任意识的觉醒。也可以理解为合群、协群、领导群众。有领导力、影响力。

"怨"，有独立见解、有批判精神。乃个人意识的觉醒。

简单地说，学《诗》让一个人能："兴"，热爱社会；"观"，理解社会；"群"，融入社会；"怨"，批判社会。

拿孔子教学生的与上面我说的大部分老师怎么教《诗经》做个比较。中国大学中文系老师几乎都像上面说的那样教。20 世纪 50 年代北京大学编的《中国古代文学》的教学大纲多少年来没有变化，各式各样的断代文学史也那样教，考试也那样考。不信找一本教材来看，找一份考卷来看。一句话概括，今天的教育目标，教到最后就是"让学生知道了《诗经》是什么"，而孔子拿《诗经》做教材，他的教育目标，到最后是什么呢？是通过《诗经》让学生变成了什么——这才是人的教育，这才叫素质教育。孔子通过《诗经》让学生具有"兴、观、群、怨"四种素质，而我们只教会学生能填空，只是让学生获得了《诗经》知识，但是学生并没有通过《诗经》知识而改变自己的内心结构，没有改变自己的心理状况，没有提升自己的灵魂，没有提升自己的能力，考的只是记忆力。知识都记住了，可是一点判断力都没有。有时候，有的学生能把你气得吐血。快到考试时，他先问你考试有范围吗？范围给他。再问有重点吗？重点给他。有题型吗？题型给他。有答案吗？答案给他。然后他就背这个答案。是不是全凭记忆力啊？

到这一步也就算了，有的学生更过分。比如我给他题型："中国历史上第一部诗歌总集是《诗经》"，《诗经》这里空格留下来，我的标准答案是《诗经》，他就背"诗经"。出题时换一下，中国历史上"第一部"的空格留下来，让他们填"第一部"，他还是填"诗经"。我们的孩子怎么都教成这样了呢？

古代的教育讲教学相长。好的教育也应该是教学相长。老师教学生成长，学生也给老师以压力。学会"兴、观、群、怨"的孩子好教吗？不好教，他们有反思精神，能"怨"，有批判精神。《论语》里，常见学生与老师讨论问题，学生不断地追问，老师一再回答。他们的问题跟我们今天的学生不一样。今天学生最爱问考试范围、考试重点。孔子的学生，你看看《论语》，学生问的全是没有标准答案的问题。比如：

子贡问曰："有一言而可以终身行之者乎？"（《论语·卫灵公》）

子贡问孔子："老师你能不能给我一个字，让我一辈子奉行它不犯错误？"你说老师要是碰到这样的学生不是要了他的"命"了吗？但就是这样的学生，他老来要老师的"命"，老师为了"保命"就必须要长进，不然学生一问，老师就"没命"了。这就叫教学相长。为什么我当老师越教越傻？因为我的学生问的问题对我一点压力都没有。学生问有范围吗？当然有，我能回答不出来吗？范围是我自己划的呀！有重点吗？这个他能难住我吗？重点是我定的呀！有题型吗？有，题型也是我出的呀！面对这样的学生，我从来都不怕他们，因为他们没有一个问题可以挑战我。面对这些考试问题，我就是上帝，全知全能，还怕被你问倒吗？为什么这个世界上有些人变成上帝了呢？因为你就在他划定的范围里，你被他控制了。为什么今天的老师那么牛，学生问不倒老师呢？很简单，你在他那个范围里，你不知道跳出来问。

夫子答弟子问

　　《论语》里，孔子的学生问的问题全没有现成答案，这太考验老师的水平了，孔子要随时接受学生的挑战。比如，孔子正坐着，一边站着子贡，一边站着子路，旁边还有个颜回、冉求，突然樊迟傻乎乎地跑进来问："老师啊，什么叫仁？"你想想，当时大家心里都在回答吧？子贡有个答案，子路有个答案，颜回、冉求也都有个答案吧，如果老师回答得比学生的答案还差，最后谁还服老师呢？这个问题不是知识问题，哪有标准答案？回答这样的问题，要比智慧、比洞察力。这样的老师不好当啊！因为人人心中有答案，你的答案必须比学生高明，你才能当老师。我在前面讲过，什么样的人才能当老师？"温故而知新"，孔子讲的。什么叫"知新"？就是你的回答有新意，超过旁边的人，超过一般人。

　　为什么孔子被尊为"先师"呢？

　　不仅因为他第一个开办私学。孔子有个弟子叫有若（有子）。历史上有记载，司马迁《史记·仲尼弟子列传》说"有若状似孔子"，这是说有子长得像孔子。比司马迁早的孟子说的是："有若似圣人。"（《孟子·滕文公上》）有若像圣人孔子。再早，孔子弟子子游说："有子之言似夫子。"（《礼记·檀弓》）到底有子是长得像孔子，还是气质像孔子，还是思想、说话像孔子？我猜测是观点、思想近似孔子。翻开《论语》第一篇《学而》，第一章是"子曰：'学而时习之……'"而第二章便是有子曰："其为人也孝悌……"一部《论语》，孔子开讲第一句，有子接着讲第二句，有子在孔门弟子中的地位可能很高。

　　孔子死后，弟子们说，老师没了我们缺少主心骨，怎么办呢？有子你与老师最像，干脆就请有若老师你坐在孔老师的位子上，让我们像对待孔老师一样对待你吧。弟子们伤心啊，老师不在了，很不舍得离开，怕这个集体散了，就找了有若姑且当老师坐在这位置上。可是没多久就不行了，弟子们先后提出两个问题，有若都回答不出来，最后曾参非常严厉地说："你怎么能配当老师，你给我下来！"有若就乖乖地下去了。从此再也没有第二个人能坐到孔老师的位子上。为什么孔子坐得而有子坐不得？因为有子只是近似孔子，但没有达到孔子的高度，接不住弟子们的问题。

再举个例子。孔子最亲近的弟子有三位，颜回、子贡、子路。孔子这么考问三位弟子：

子路入，子曰："由！知者若何？仁者若何？"子路对曰："知者使人知己，仁者使人爱己。"子曰："可谓士矣。"子贡入，子曰："赐！知者若何？仁者若何？"子贡对曰："知者知人，仁者爱人。"子曰："可谓士君子矣。"颜渊入，子曰："回！知者若何？仁者若何？"颜渊对曰："知者自知，仁者自爱。"子曰："可谓明君子矣。"（《荀子·子道》）

子路进来，孔子劈头就问："什么叫智者？什么叫仁者？"子路答："智者使人知己；仁者使人爱己。"智慧的人能让别人了解他，仁德的人能让别人爱他。孔子点头："像个士的样子了。"

子贡进来这么回答："知者知人；仁者爱人。"——智慧的人了解别人，仁德的人爱别人。子贡的境界是不是比子路高？孔子点头："像个士君子的样子了。"

颜回的回答是："知者自知；仁者自爱。"他的境界又比子贡高了一层。孔子叹道："真君子啊！"

　　三人，三种回答，三种不同的境界。孔子的境界如果低于弟子，他能当老师吗？他能给学生评分吗？天天面对这样的学生，孔子有压力呀！老师必须给出比其他人更高明、更富有启发性的答案，仅仅能回答知识性问题的不叫老师，那叫"百度"。所以孔子教"大六艺"教的不是知识。不像我鲍老师，教的是知识，考的是知识，学生记住知识再教给他的学生知识，打开中学里一篇课文，"关关雎鸠，在河之洲"，然后介绍《诗经》，那是中国历史上最早的一部诗歌总集……就这样上下复制知识。

　　但孔子不是，他通过《诗经》让他的弟子能"兴、观、群、怨"，成为有情怀、有洞察力、有领导力、有批判精神的人。

　　这四种精神为什么如此重要？继续来看。

兴，是唤醒、点燃

先看"兴"。

我在"兴"后面加了四个字："感发志意"，这是宋代朱熹的解释。解释得真是非常好。

读书确实是个过程。我在大学读朱熹《四书集注》，特别不喜欢。读到"感发志意"，也觉得是老生常谈。当了几十年老师之后再看这四个字，恍然大悟，明白自己那时真是年少轻狂。

"感发志意"为什么好？因为"志意"有两个特点：第一，每一个人都有志，都有意；第二，绝大多数人的志和意处于沉睡状态，一辈子都没有被激发出来。所以很多人懵懵懂懂过了一辈子，至死也不过是行尸走肉，没活明白。人不但要活得明白，还要活出激情。你有没有活出过激情？有没有过激情四溢、热血沸腾的时候？有没有过一个时期是理想主义者？很多人一辈子都不知道什么是理想，浑浑噩噩、迷迷糊糊、麻木不仁，他自己感觉不到。鲁迅先生提过一个悲剧概念，特别好。悲剧有很多种，比如性格悲剧、命运悲剧，但鲁迅先生的这个概念是对悲剧理论的大贡献。不，实际上不是他的贡献，是中国人的贡献，叫"几乎无事的悲剧"。古今中外的悲剧大多数是这样的：一番轰轰烈烈的开始，又轰轰烈烈的彻底失败，是美与善的毁灭，是一个人充满激情地终于烟消云散，让我们在下面一声叹息。但是，在鲁迅先生看来，中国人有一种悲剧是"几乎无事的悲剧"。实际上并不仅仅是中国人，只是鲁迅认为中国人更多一点，那就是无所事事、浑噩懵懂、麻木不仁的悲剧，不动声色的悲剧。人类确实存在这样的人，一辈子什么事都没有发生过，但悲剧已然发生了。生命中什么都没有发生，难道不是最大的悲剧吗？作为一个人，从来没有觉醒过，从来没有明白过，从来没有冲动过，从来没有努力过，从来没有冲着一个目标拼命过，从来没有在太阳下流汗，从来没有在黑夜里焚膏继晷，从来没有头悬梁锥刺股，从来没有过。

所以人的"志意"，第一，人人有；但是，第二，不是人人都能让志意觉醒。大多数人的志意是沉睡的。

"感发志意"是什么？是将人唤醒。多年前，有电台采访我问，鲍老师你当了多年老师，对教育的理解是什么？我说，就两个字——唤醒。唤醒人内在的生命力，唤醒人自我生命的激情，然后他会自我成长，他会自我完成，他会自我成就。所有的教育总归是有时限的，小学也就 6 年，初中 3 年，高中 3 年，大学本科也就 4 年，在这 16 年里能让他的人生有所成就吗？一个小学生在 6 年里能有多大的成就？不可能。初中能有成就吗？不可能。高中能有成就吗？个别学生可能搞点发明创造，大多数人也不可能。大学 4 年能有多少成就吗？不可能。成就往往发生在大学毕业以后很多年，22 岁毕业，32 岁成就了，42 岁成就了，52 岁成就了。但是，作为一个老师，你有没有做过些什么能让他想起 10 年、20 年、30 年前你点燃、唤醒了他生命的那些时刻？所以，教育就是唤醒人，然后让人自我成长。成长的过程可能 10 年、可能 20 年、可能 30 年。在学校教育的有限的几年里，不要急于让他发表多少论文，论文不重要，重要的是唤醒他、点燃他，让他的生命充满激情。他的成就可能在几十年后才会来，不晚的。为什么那么着急？急和不急，到最后也是一死嘛。大器还晚成呢，早慧往往早夭。这是我对朱熹"感发志意"这四个字感受特别深的地方。

回到孔子的语境，"诗可以兴"什么意思？是说《诗经》可以点燃我们、可以唤醒我们、可以赋予我们生命的激情。这就是我们为什么要读《诗经》。读《诗经》让我们有情怀、让我们有热情、让我们有性情、让我们有温度。

兴，是温度、激情

　　"温度"两个字，是我加的。因为我觉得这个世界很冷漠。这个世界上，有一种常见的却又常被人疏忽的恶，那就是冷漠。有人说，我没作恶啊，没杀人放火，没贪污腐败，也没有随地吐痰，怎么能说我恶呢？不，冷漠就是恶。因为冷漠，很多有温度的东西被它熄灭了，给世界带来了寒意。每到春天，草木之所以能发芽，大地之所以鲜花盛放，是天地给的吗？天地不过就给了这个世界一点温度而已。冬天不行，春天来了就行。所以人要有温度、人要有热情。冷漠的人，与他在一起，感觉不到暖意，感觉不到能量，时间长了，会得抑郁症。

　　有情怀，是一个人成功的最重要的条件，因为情怀是生命力的表现。罗素是英国大哲学家，也是对教育有深刻理解的人。我之前说对教育有深刻理解的往往是思想家，而不是所谓的教育理论专家，今天尤其如此。罗素曾经说：一个人在 20 多岁时，如果不是一个激进的、有理想、有激情的人，那一辈子不会有出息。罗素讲的跟孔子讲的"兴"，其实是一个道理。因为他的生命力没被唤醒。有人说，不着急嘛，到 30 岁再醒。你 20 岁荷尔蒙最旺盛时都没觉醒，30 岁荷尔蒙都衰退了，醒不了了。古人说"三十不娶不必再娶"，娶老婆都不用娶了，还等到那时再觉醒？我不喜欢少年老成，20 岁显得比我 50 岁还成熟，有时我都激动得坐不住了，他真的还把持得住。年轻人不怕犯错，青春不怕犯错，没有哪个有成就的人没有犯过错误，没有哪个有成就的人不是从不断的错误中找到成功道路的。没有一个英雄是不失败的。一定要有勇气，不要怕失败。让人不能成为英雄的不是因为失败，而是因为害怕失败。

男子生，桑弧蓬矢六，以射天地四方。天地四方者，男子之所有事也。（《礼记·射义》）

你看我们的古人真有志气啊！生下男孩，三天以后由大人背着，用桑木的弓和蓬草的箭，射天射地射四方。天地四方，六根箭。为什么有这样的仪式？因为天地四方是男子将来的人生舞台。射出去的不是箭，是他蓬勃的生命力，他蓬勃的生命力要向这六个方向发射、发展、发挥、发散。读《战国策》，读《史记》，我常常感叹，先秦时的中国人真是不一样，一个个那么热血沸腾，有一种抛头颅洒热血的壮烈。天地四方就是人生的舞台。今天不一样。我有一位朋友，孩子非常优秀，智商极高，参加上海市各类竞赛总能得奖。只要有竞赛，老师就派他去。有时小朋友说"这个我没学过"，老师说"不是还有一个月嘛"。一个月后他去参赛能拿个二等奖回来。太聪明了。我对这孩子抱了极大的希望，但后来有点失望。要高考了，他对父母说："上海这么好，我哪里都不去，就在上海待着。"父母做了很久的思想工作，他说："那好吧，我让步，最多长三角，别的地方我都不去。"可惜不可惜！这是最聪明、最优秀的孩子啊，如果他有更大的志向，有更旺盛的生命激情，他能做更多、更大的事啊！不要以为一个人做的就是他个人的事，一个民族有很多个孩子做成了自己的事，一个民族就凸显出来了。比尔·盖茨赚钱了，马斯克成功了，难道是他们个人的成功吗？他们带动了美国的强大。身为男儿，天地四方，这是一种大境界。

兴，是情怀、生命力

　　自古至今，做大事的人，都有情怀。

　　西汉刘邦，开国皇帝。读《史记》发现这小子挺坏，早年是个流氓。司马迁因为喜欢项羽，刘邦把项羽灭了他不爽，就把刘邦和项羽放在一起对比。项羽贵族出身，有贵族风范，教养好、人格高贵。对比刘邦，只是下层的小亭长出身，摸爬滚打出来的人往往有些痞子味道、流氓习气。这也是事实，司马迁没有歪曲。人家办喜事，来宾送红包有不同待遇，比如送一千的入堂，送两千的上楼，刘邦包了一个空的，一分钱都没有，进去大喊一声"两千块"！他就混到楼上去了。去饭店吃饭，他也经常不交钱，打白条；去邻居家借粮食，从来不还。元朝睢景臣的散曲《高祖还乡》，写刘邦当皇帝后回到故乡，小老百姓都战战兢兢地趴在地上，不敢抬头，无意中有一人抬头一看，这不是刘老三嘛！然后他很着急地站了起来，说刘老三你还欠我家几斗麦子呢，你不要耍赖，我家的账簿还记着呢！睢景臣写得当然带一点夸张，但刘邦以前确实流氓。后来刘邦做成了皇帝，但是我们不能因此得出结论，要做皇帝就先做流氓。这不对。刘邦做成皇帝，不是因为他流氓，而是因为他有大情怀。他当一个小乡长时，负责抓民夫去为秦始皇修长城、修陵墓、修宫殿。抓了几十个人，用一根长长的绳子拴起来，押着上咸阳去了。他边走边叹气，心说这个世道太黑暗，秦始皇太混账了……后来有一天，他干脆解开绳子，跟可怜的民夫说："你们都逃命去吧，老子一个人去顶罪。"你看这时，刘邦就不再"小流氓"了，他"大"的一面显示了出来，这叫"大丈夫"。刘邦是自称"大丈夫"的，当他看到秦始皇出游会稽的排场那么大，出口一句："大丈夫当如此也!"走路碰到蛇,别人吓跑了,他说,大丈夫还怕蛇! 走上前拔剑斩了这条蛇。他让那些可怜的民夫去逃命,一个人去顶罪,就是大丈夫的担当与情怀。有大担当大情怀,才有后来的大事业。

三国时期谁最厉害? 毫无疑问,曹操。很多人说曹操之所以厉害,之所以能干大事,是因为他有手腕。这种说法,第一,不符合历史事实;第二,更糟糕的是,败坏了人心,让人以为要想像曹操那样成就大业,就必须像曹操那么"坏"。对曹操的丑化从《三国演义》到后来的京剧,一直在这么做。但是看看《三国志》,看看中国文学史,看看曹操的诗就知道,并非如此。历史学家最大的价值,不在于他能辨清历史的史实,而是他能分清历史的价值,明白通过历史要给人心以什么样的引导。其实,曹操的成功源于曹操的情怀,源于曹操对是非的判断和选择,而不是我们想象的阴谋手腕。

汉朝末年,黄巾起义,社会动乱,生灵涂炭。"千里无鸡鸣",人走千里不闻一声鸡叫;"生民百遗一",一百个人只活下来一个人;"白骨露于野",满荒野全是死人骨头,人死了连埋的人都没有。正是在这时,曹操挺身而出。如果曹操为了自己的利益,他应该跟董卓站在一起,但是他反董卓,差点被董卓杀了,仓皇逃出洛阳,毁家纾难,招募几千农民,没有经过训练,仓促投奔袁绍。因为袁绍带领各路军阀组成的联军,要去讨伐董卓。袁绍率兵驻扎洛阳城外不进攻,在打自己的小算盘,汉朝既然不可挽救,天下落入谁家? 很可能是袁家的,袁家最有资格,四世三公,门生故吏遍天下,各路英雄也在会集来,不跟董卓去拼,就能保留实力将来去争天下。袁绍倒真是有手腕的人、有私心的人。曹操很生气,跟袁绍说,现在天下的人都在看着我们,如果我们不去进攻董卓,让天下人失望,人心就散了。袁绍不听。曹操无奈，带着自己招募的几千农民兵上去跟董卓拼命。曹操不知道自己根本不是如狼似虎的董卓军队的对手吗？几千人，一天时间全军覆没，曹操本人也被箭伤，差点被活捉。曹操如果是精于利益算计的人，凭着他的才能，凭着他对形势的判断，他会不知道自己是鸡蛋，而董卓是石头吗？但是，就像他跟袁绍说的，天下人都在看着我们，这个时候需要一场胜利来激励人心，而这场胜利只有袁绍能做到。如果连一场胜利也不可求的话，那么就需要一种精神，需要一种勇气，需要一种姿态，或者说需要一种惨烈的失败，来证明人心还在，正义还在。曹操带的这几千人这时已经不是去追求一场胜利了，他只是在向天下人证明，人还是有勇气去撞破黑暗的。也正因为曹操有这一战，让天下人看到他才是天下的希望。所以后来天下的人才，那些谋士、战将，都云集在曹操手下。所以三国里最强大的是魏国，曹操死后很多年，魏国也是最强大的。最终统一三国的也是魏国和以魏为基础的晋。

　　来对比一下：一边是袁绍，起兵时四世三公，门生故吏遍天下，但是不打，想保留实力；一边是曹操，起兵时只有几千人，几千人打完，从袁绍那儿抢来了人心、人望、人才，谋士如云，战将千员。所以，历史的真相是什么？一个人要大成功，靠的不是什么阴谋、手腕，靠的是大情怀、大担当。一个人整天想阴谋耍手腕，气质那么猥琐，别人会追随他吗？

　　中国历史上第一次文学大繁荣是什么时代？是建安时期，"建安文学"的时代。很有意思的是，"建安"是汉献帝的年号，但是提到建安，大部分人想不到汉献帝，想到的是曹操。因为那时中国舞台上的主角是曹操，政治主角是曹操，军事主角是曹操，经济主角是曹操（曹操当时在北方搞屯田），文学主角，也是曹操，曹操是"建安文学"

的旗手。

那是中国文学的盛世，有著名的"建安七子"，有"三曹"：曹操、曹丕、曹植，他们是父子三人。成大事者，必有大情怀。来看曹操的诗歌，真的很让人感动：

> 对酒当歌，人生几何？
>
> 譬如朝露，去日苦多。
>
> 慨当以慷，忧思难忘。
>
> 何以解忧？唯有杜康。（《短歌行》）

有个叫敖陶孙的人，在《臞翁诗评》里说，曹操的诗"魏武如幽燕老将，气韵沉雄"，魏武帝曹操诗歌的气质，像北方边疆久经沙场的、白发苍髯的一位老将军。"气韵沉雄"，这是曹操诗歌的气质。这样气质的烈士之歌，也不是小男人能读好的。

古人读诗叫"涵泳"。曹操的诗能咏叹。一位大英雄，面对满目疮痍，面对重重苦难，"慨当以慷，忧思难忘。何以解忧？唯有杜康"，忧的是什么？"不戚年往，忧世不治"（曹操《秋胡行》其二），不是忧我年老了，忧的是世道不得治理。从汉朝末年一直到曹操时代，有多少文人慨叹生命的短暂。"生年不满百，常怀千岁忧。昼短苦夜长，何不秉烛游？"（《古诗十九首》）人的生命不过百岁，可总怀有千年的忧愁啊，昼短夜长，怎么办呢？不如来及时行乐吧。这是那个时代的主流思潮。但是到了曹操，为之一变，不再慨叹个人生命的短暂，而是慨叹天下生灵的苦难。这是大英雄的大情怀。曹操的《蒿里行》："生民百遗一，念之断人肠。"一想到百姓死了那么多，我的肠子都断了。

曹操写大海写得最好。中国古人描写大海的作品特别少，曹操是中国历史上第一位描写大海的诗人，直到今天，也是写得最好的一位。这首《观沧海》，写大海的辽阔与自己内心壮烈的情怀：

> 东临碣石，以观沧海。
> 水何澹澹，山岛竦峙。
> 树木丛生，百草丰茂。
> 秋风萧瑟，洪波涌起。（《观沧海》）

他一点不讲究技巧，上来就直抒胸臆，一下击中你。这首诗我读过很多遍，跟学生也讲过很多遍，每次读每次讲，都能感觉到一千多年前的曹操，他强大的生命力通过这首诗灌注到我的身上。这是一种能量传递啊！下面：

> 日月之行，若出其中。
> 星汉灿烂，若出其里。
> 幸甚至哉，歌以咏志。（同上）

曹操诗写得好，是不是写作技巧太高？不是。成就大事业不靠手腕，靠情怀；成就大文学也不靠技巧，靠的仍然是情怀。当时曹操身后也站着一位技巧高超的诗人，但是他面对大海，一言不发，他被大海镇住了。他是谁？曹植，曹操的儿子，"三曹"之一。曹植多有才华啊！有个成语叫"才高八斗"，指的就是曹植。晋朝有位诗人叫谢灵

运，特别狂妄。他说，天下才共有一石，一石十斗，怎么分？他大笔
一挥：曹子建独得八斗，我得一斗，古今诗人共得一斗。你说这小子是
不是气死人。从"诗三百"到屈原、到汉乐府、到《古诗十九首》、到
曹操曹丕、到建安七子、到陶渊明，所有这些人加起来的才华才与他
一样得一斗，多狂妄。但是曹植（字子建）是多少？八斗，是他自己
的八倍，可见他对曹植多崇拜。所以我们不得不佩服曹植的才华。但
是为什么曹植面对大海一言不发，曹操却能让大海流进他的心胸，让
自己融入大海？心胸不一样。曹操有与沧海一样大的心胸。有此大心
胸，有此大情怀，曹操成就了大事业，成就了大文学。

为什么？因为情怀的本质就是你被点燃的生命力。我们得承认，
人跟人的生命力不大一样，是有区别的。天地生人不齐，生命力有差
距，这一点我们不能改变，我们能做的，是要把自己的生命力点燃。
不论多大的生命力，总得先把它点燃吧！点燃了，再星星之火可以燎
原。即使是一支蜡烛，点燃了，也能照亮一回。否则，生命里一辈子
都是一片黑暗。

有情怀就有生命力。

再看离我们近一点的，毛泽东，他也有比别人更旺盛的生命力。
看他 17 岁时写的诗《七绝·改西乡隆盛诗赠父亲》：

孩儿立志出乡关，学不成名誓不还。
埋骨何须桑梓地，人生无处不青山。

"学不成名誓不还"，好像在说成名，实际上 17 岁蓬勃的生命力已
经按捺不住了。生命力一旦被激发、被点燃，他的人生将从此不同。

这是毛泽东 23 岁时写的:

自信人生二百年，会当水击三千里。(《七古·残句》)

"水击三千里"一句来自《庄子·北冥有鱼》，"鹏之徙于南冥也，水击三千里"。

再看毛泽东的《沁园春·长沙》，我认为这是中国近代以来写得最好的一首词。这首词是回忆他在湖南省立第一师范读书时的生活。那时毛泽东 32 岁，重游橘子洲头，准备离开长沙去广州搞农民运动。他 20 岁从那里毕业，又在那里做了一段时间国文教员。毛泽东是受过私塾教育的，国文底子很好:

独立寒秋，湘江北去，橘子洲头。
看万山红遍，层林尽染;
漫江碧透，百舸争流。
鹰击长空，鱼翔浅底，万类霜天竞自由。(《沁园春·长沙》)

这里有眼睛看到的真实的景，又不仅是眼前看见的景，而是心中的"景"。去过橘子洲头的人，你看到了吗?反正我去好多次，站在那儿就没看到。但是毛泽东就看到了。所以，同样站在一个地方，不是他看到的你就一定能看到。有时候看世界不是靠视力，而是靠心灵。眼界是由胸怀、情怀带来的。下面:

怅寥廓，问苍茫大地，谁主沉浮?(同上)

何等深沉！深沉是力量，深沉里有一种不可按捺的英雄气。谁主天下沉浮？他问你，但他自有答案。下面写他在第一师范的读书生活：

> 携来百侣曾游，忆往昔峥嵘岁月稠。
> 恰同学少年，风华正茂；
> 书生意气，挥斥方遒。
> 指点江山，激扬文字，粪土当年万户侯。（同上）

湖南第一师范只是个初等师范学校，当时很普通，但少年的生活不普通。"携来百侣曾游，忆往昔峥嵘岁月稠"，他们在江中游泳，从夏天一直游到隆冬，在狂风暴雨的夜晚去爬岳麓山，锻炼胆量，锻炼毅力。大冬天早上起来，从井里吊桶水上来擦洗身体。毛泽东还发明了一套自由体操，他说这叫"野蛮其体魄，文明其精神"。"工欲善其事，必先利其器"，这帮学生是将自己当成国家未来的利器在锻造。有情怀的人才能干出这个事儿。今天大学里，冬天有暖气夏天有空调，早上睡懒觉晚上吃夜宵。有暖气有空调很好啊，还有没有情怀呢？怕的是这些都有了，情怀没有了，一点苦都不愿意吃。

"恰同学少年"一句，一气贯注，一读停不下来。曹操的儿子曹丕说"文以气为主"，正在狂奔的马能拦得住吗？大江奔流能截得停吗？这是一种气势。"书生意气"现在变成贬义词了，我们老是跟孩子说要成熟一点，不能得罪老师，不能得罪领导，要会说话，见人说人话，见鬼说鬼话。可是，你二十来岁得罪人又怎么样！你得罪的人可能50岁了，等你50岁时，他不知道去哪里了。我不是让年轻人跟老师、领导对着干，不尊重老人，不是这个意思。我说的是，书生就应该有意气，二十来岁就应该长意气。年轻人应该有自己的骨气、意气和豪气。

一代人要有一代人的志向，一代人要有一代人的理想，一代人要有一代人的气质和个性。而气质与个性的前提是情怀、理想。你不要天天讲个性。有理想了，可以有个性；没理想，别搞个性吧，你就老老实实地做本分的事，也别见人说人话，见鬼说鬼话。人应该是，见人说人话，见鬼不说话。见鬼说鬼话很庸俗。中国传统里有很多很庸俗的东西，很多人却把它看作"智慧"。这不是智慧，它只会让你消磨成小人。你看，"挥斥方遒，指点江山，激扬文字"，这样的生命力多旺盛啊！"粪土当年万户侯"，多不吝啊！多书生意气啊！万户侯是什么级别？起码是省长、省委书记级别。今天的人，遇见个小科长都点头哈腰。

　　曾记否，到中流击水，浪遏飞舟？（同上）

最后很含蓄一问。那真是往昔岁月如流水，至今情怀依旧啊！

不仅毛泽东一个人有此情怀。蔡锷："流血救民吾辈事，千秋肝胆自轮囷。"轮囷，伟大的意思。蔡锷写此诗时，16 岁。16 岁的蔡锷就认为流血救民是我辈要做的事。落后的中国为什么后来能重新崛起？因为那时的中华少年有情怀。再来看看 19 岁的周恩来：

　　大江歌罢掉头东，邃密群科济世穷。
　　面壁十年图破壁，难酬蹈海亦英雄。（《大江歌罢掉头东》）

他准备去日本留学。"邃密群科"为了什么？"济世穷"，不是

"邃密群科当海龟";"面壁十年"为了什么?"图破壁",破中华民族百年的耻辱命运。壮志"难酬"怎么办?"蹈海亦英雄",蹈海而死也英雄。

汪精卫后来是汉奸。汪精卫27岁策划刺杀摄政王被捕,在牢中写了一首诗:"引刀成一快,不负少年头。"少年的脑袋今天给你,有种拿刀来砍吧!

正因为中华民族在那黑暗和绝望的时代,有了弃医从文的鲁迅,有了蹈海而死的陈天华,有了慷慨就义的林觉民,有了洒血绍兴街头的秋瑾,有了拿出自己心肝的徐锡麟,中华民族才能"如月之恒,如日之升,如南山之寿"啊!一个民族能延续下来,一定有其内在的强大的精神力量。而要让一个民族消灭,最可怕的是打断这个民族的脊梁,让这个民族的精神气息、精神之流断掉。一百多年前,梁启超写过一篇很有预见性的文章《少年中国说》,他说,中国现在虽然如此绝望,但是中国绝不会灭亡。老大之中国,有着青春的生命,是因为老大中国的躯体上,有那么多有情怀的少年!鲁迅、陈天华、林觉民、秋瑾、徐锡麟、周恩来、毛泽东、蔡锷……他们都曾经是中华少年。

燕京大学校训

我们今天的教育呢？一位中国奥数尖子学生，成绩特别好，参加宾夕法尼亚大学的面试，以下 A 是面试老师的问题，B 是面试生的回答：

A：你读书那么好，为了什么？

B：为了挣钱。

A：挣钱为了什么？

B：为了周游世界。

实际上回答到"为了挣钱"，面试就已经结束了。但是他成绩太好，老师不舍得，又问了一个问题，回答"为了周游世界"。老师还不舍得，继续问：

A：除了周游世界还想干什么？

B：还可以买房。

我估计此时老师再往下问，是探探他的底线在哪里：

A：买了房子还想干什么？

B：和父母一起住。

你知道这所大学为什么拒绝他了吧？宾夕法尼亚大学是一所全球

顶尖的研究型大学，教育资源非常有限。有限的资源应该发挥出最大的功效。如果宾夕法尼亚大学把这么好的资源给了他，最好的结果是他买了房和父母一起住，节假日出去旅游，最多造福他一家人。不过如此嘛。如果换是周恩来呢？问：你读书那么好是为了什么？周恩来的回答大家都知道：为中华之崛起而读书。

差距在哪里？不在知识、不在智商、不在奥数，在情怀。

可怕的是我们今天，从幼儿园到大学，一直在做打工者的教育。幼儿园好好学，为了上好小学；小学好好学，为了上好初中；初中好好学，为了上好高中；高中好好学，为了将来考好大学；上好大学怎么样呢？学个好专业，找份好工作，整份高工资，买个高档小区房子……我们从小就这么教孩子，我们的孩子再一代代这样教下去。

毛泽东在湖南长沙读的第一师范，还是一所初级师范，就有杨昌济、徐特立这样的老师，出过毛泽东、蔡和森这样的少年英才。现在再来看看那时北京最好的大学，让大家舒口气。

我在20世纪80年代看过一份材料，民国时期，中国的大学与当时世界知名大学的差距不大。当时北京大学在世界大学排名是第19位，到90年代初，排到200名以后了。现在大家觉得中国最好的大学是北京大学和清华大学，但是中国近代的大学，从京师大学堂开始，最好的大学是燕京大学。燕京大学的校训是：

Freedom through Truth for Service（因真理，得自由，以服务）

如果今天中国有一所大学是这样的校训，家长可能就不选这个学校了，家长会说真理是什么东西啊，能赚钱吗？真理是什么专业啊？

好找工作吗？自由，好可怕；服务，"吓死"人了，我孩子读了大学，还搞服务啊。家长会这样想问题。近二十年，中国所有大学最受家长欢迎的专业是带有"管理"字眼的，很多家长望文生义，觉得"管理"就是当干部管人的。你叫他搞服务，打死他也不干啊。从幼儿园开始拼命读书，到最后为别人服务？但是燕京大学的校训就是这三个关键词：追求真理，崇尚自由，服务社会。就是有这样的情怀。这所大学办学时间不长，总共 33 年，1919 年到 1952 年，校长大家都知道，司徒雷登。毛泽东有两篇文章是以外国人的名字做题目的，一篇是《纪念白求恩》，还有一篇《别了，司徒雷登》。白求恩是加拿大共产党员，为了中国人民的解放事业来到延安，一个外国人不远万里来到中国，这是什么精神？毛泽东写了，这是国际主义精神。白求恩也是有情怀的一个人。司徒雷登是美国人，也有情怀。他在美国募捐，然后到中国来办大学。他曾经调侃说，自己向富人阶层募捐时就像一个乞丐。燕京大学注册学生 9 988 人，差 12 人达到 1 万人。在这不到 1 万的人里，出了中国科学院院士 42 人，中国工程院院士 11 人，加起来 53 人。一所大学，不到 1 万人，53 个院士，各学科带头人超过 100 人。二战时，中国驻世界各大城市的新闻特派员，90% 以上是燕京大学新闻系毕业；二战结束，在美国密苏里号舰上举行受降仪式，中国派出的 3 位记者均出自燕京大学。直到 1979 年，这所大学已经停办 27 年，邓小平访美，开启中国改革开放大门，随行的 21 位精英中，燕京大学毕业的竟达 7 人之多。今天我不想分析燕京大学为什么成功，分析什么教育体制，我只说情怀。燕京大学之所以有这样的成就，是因为有这样的校训。

总有人说，我们要搞一点实在的东西。不对。人生最重要的，不是盯着眼中的"实",而是唤醒心中的"虚";不是"小而细",而是"大而远"。这种"大而远",我讲的是两个字:情怀。孔子讲的是一个字:兴。

你看两千五百多年以前,孔子对于教育的理解多么本质。今天总有人说,都21世纪了,为什么我们还需要两千五百多年前的东西?你知道你讲这话时有多傲慢吗?总觉得我们比两千多年前的人聪明。真是那样吗?我们哪一点比古人聪明呢?还有人说,为什么要读两千五百多年以前的书?

一本书,或者一种思想、一种观点,离我们是远还是近、有没有价值,与时间没有关系,与空间也没有关系,只与所讨论的问题是不是世界、人生的根本性问题有关系。如果是人生的根本性问题,是每一个人的人生都要面临的问题,那么,讨论这样问题的、对这样的问题提出启发性回答的一个人或者一本书,不管他(它)是远在千年之外,还是远在万里之外,他(它)都是离我们近的。如果这人、这书讨论的问题,是一些细枝末节的无聊问题,是一些与你无关的他的专业问题,那么哪怕他是你隔壁的邻居,这书对你也没有任何意义。所以近与不近,不是由时间和空间决定的,而是由这个问题与我们生命、心灵的距离所决定的。

孔子由《诗经》之教而道出这一个"兴"字,便是人类教育的本质、使命,与我们今天离得非常近。今天的教育出了问题,就是把这个东西给忘了。

讲完"兴",后面还有"观""群""怨"。

仅有"兴"不够

自孔子创办私学，教育发生了巨大变化。这种变化首先体现在教材上。以前的"小六艺"，礼、乐、射、御、书、数，这些知识技能教学，孔子基本保留，但是放在了次要的位置。六门新课，《诗》《书》《易》《礼》《乐》《春秋》，后来称为"大六艺"的，放在了前面。"小六艺"的礼、乐、射、御、书、数，不能打书名号，因为它们不是书，是某一种知识、技术分类。"大六艺"之《诗》《书》《易》《礼》《乐》《春秋》，是六部古代传统经典著作，我们后来称之为"六经"。从孔子的私学将这六部书做教材开始，对人的教育目标便发生了改变：教育不再仅仅是知识、技能的培养，而是要培养社会价值的承担者，提高受教育者自身的境界，致力于"人"的教育，将"小人"培养为"大人"。

上一讲讲孔子通过《诗经》，让受教育者可以"兴、观、群、怨"，我侧重讲了一个字——"兴"。"兴"是一个人内在的生命力，一个人的情怀、胸怀。这种生命力不是生理的，而是精神的。自然的生命力在娘胎中不断发育，在呱呱坠地时，放声一哭，就已经圆满。此后，他一生中成就的大小，能走多远，飞多高，要看他的精神生命力是否被唤醒，是否足够旺盛，是否足够强大。有些人平庸可能是因为智力的平庸，但是大多数人的平庸不是智力不足，是精神生命力的沉睡。所以我们会看到这个世界上有很多聪明人是失败的，反而很多智商不高的人很成功，为什么？因为他精神的生命力有力量。

美国有部电影《阿甘正传》。阿甘的智商指数只有 75，但最后他很成功。有一次在大学里我跟学生们讨论，有个学生说了一句话让我很生气。他说："阿甘的成功，说明了中国那句老话'傻人有傻福'。"我说："照你这样说，你把自己弄傻就行了，等着成功享福去。谁告诉你傻瓜一定有福啊？"阿甘之所以成功，有两条：第一，阿甘智商不够，但是他没有任何不良嗜好。很多人抽烟、喝酒、打麻将，把时间、精力、生命力都耗费在这些无聊的事情上了，但是阿甘没有，他从来不在不必要的事情上浪费一点点精力。这是他成功的第一个条件。第二，阿甘智商不够，但是一个有精神生命力的人。他内心强大，抱定一个目标绝不犹豫，而且决不退缩。有一个镜头大家肯定印象深刻，就是他从美国一个州跑到另一个州，就这样一直在路上跑，这就是生命力的象征。一个人的生命力一旦被唤醒，会具有无穷的力量，会在一切事业上投注自己的生命力。

所以孔子非常了不起。"兴、观、群、怨"四个字，第一个字一定是"兴"，一定是内在生命力的首先觉醒。觉醒后才会自我成长，成长后才会自我成就。

但是，仅有"兴"不够，人的生命力觉醒了，却缺少方向会怎样？如果"兴"像一台发动机，发动机有强劲的马力，但是没有方向盘也不行。有情怀，还要能判断正确方向，判断世界大势。孙中山先生讲过一句话，我印象很深刻，他说："世界潮流，浩浩荡荡。顺之则昌，逆之则亡。"在顺应世界大势之前，必须先能够判断世界大势。毛泽东有情怀、有理想，所以做出了大事业。后来的邓小平判断世界大势，顺应世界大势，搞改革开放，真正把中国带进世界历史进程，也把世界带进中国。

所以"兴"之后，孔子的第二个字是"观"。

观，是认知真、认同善

"观"，朱熹解释是"考见得失"。非常好。古人讲的"得失"，实际上是我们讲的"是非"。"是"就是"得"，"非"就是"失"，所以"考见得失"也可以理解为"判断是非"。我对"观"的解释是：观察力、洞察力、判断力、鉴赏力。人要有这样的运用理性的能力。

我从三个方面阐释"观"的内涵：第一，认知真；第二，认同善；第三，感知美。真，是需要我们去了解的，所以是认知；善，需要我们与它保持统一，所以是认同；美，是需要感受的、鉴赏的，所以是感知。

真，是事实与真相；善，是价值与道德；美，是美感与诗意。

"观"的第一个内涵：认知真，区别事实与真相。

在今天，判断事实远非我们想象中那么容易。我有一个基本观点，叫"事实往往不等于真相"。有人不同意，说事实肯定是真相啊，古人不是说"耳听为虚，眼见为实"吗？可是，眼见真不一定为实，最终需要借助我们心中的某种判断力。听见的，不一定是真的；看见的，也不一定是真的。对世界的事实与真相作判断时，靠的不是人的感官系统，不是听觉，不是视觉，最终需要靠理智。庄子两千多年前就一再强调，人往往被自己的感官迷惑，人往往过于相信自己的感官，正是自己的感官蒙蔽了世界的真相。

比如，大家熟悉的故事，盲人摸象。盲人好奇大象长什么样，就每个人上去摸一下。摸到身体的说大象像一堵墙，摸到腿的说像一根柱子，摸到鼻子的说像一根管子，摸到尾巴的说像一根绳子。每个人描述的都是事实，但都不是真相。

事实和真相之间有距离。平时生活里也是这样，如果有个人跟我说我在单位人缘不错，和大多数同事关系很好，这是可信的。如果说单位里有 100 个人，100 个人都喜欢我，我能相信吗？事实不等于真相。那大家会问：不相信眼睛看到的，又能相信什么呢？相信自己的心智。今天这个世界，纷繁复杂，要保持对事实与真相的判断力需要多读书。判断生活的真相有时不仅需要自己的眼睛，更需要自己的理性。理性也是一种能力。人一生下来，如果保持得好，视力一辈子 2.0 也没问题，那是生理能力。心智能力呢，是要靠自己不断去提升的。

所以，"观"的第二个内涵是，认同善，对事实和真相作价值判断。判断事实与真相的理性哪里来的？价值判断力。过去，你往往看不到事实；今天，你往往看不到真相。因为缺少判断力。这种判断力不是仅仅有知识就可以了，一定要有对人心的把握、对价值的认同。如果对人心没有把握、对价值没有认同，怎么判断事实是不是真相呢？

知识的无限、无用、无聊

判断事实的科学真相，只要知识就可以，但是，仅凭知识，就有了价值判断力吗？错了。知识可以让我们判断科学的事实，却很难让我们判断社会的事实。为什么？因为知识有两个特征：一是无限的；二是很多知识对我们来说是无用的。如果我们将有限的生命花在无用的知识上，人生会变得非常无聊。所以我讲知识常常讲三个词：无限、无用、无聊。

这不是我的原创，是我概括出来的。实际上对于知识的警惕，自古以来，哲人们就不断地在提醒我们。比如庄子：

吾生也有涯，而知也无涯。以有涯随无涯，殆已！已而为知者，殆而已矣！（《庄子·内篇·养生主》）

他说，我们的生命是有限的，而有关这个世界的知识是无限的。用我们有限的生命去追求世界无限的知识，人生就废掉了。既然知道会废掉，还用有限的生命去追求无限的知识，那你接受一个荒废的人生吧！

我在图书馆做讲座时经常提，我们在读书时，一定要首先明确一点，读书的目标不仅仅为增长知识。图书馆是知识的殿堂，但是你到图书馆来，不是为了把这里所有的知识都拿去的。你没有这个本事，没有这个精力，没有这么长的生命。《红楼梦》里贾宝玉说："弱水三千，我只取一瓢饮。"《庄子·逍遥游》里说："鹪鹩巢于深林，不过一枝；偃鼠饮河，不过满腹。"小鸟在大森林里安巢，只要一根树枝就够了，不需要所有的树枝；小鼹鼠到黄河喝水，黄河水那么多，它只要自己肚子喝饱就可以了。人对知识的追求也是一样。知识如森林、黄河，人如鹪鹩、鼹鼠，你不过只需要一根树枝、一肚子水。图书馆里海量的图书，你能都看完吗？我以前有个学生，上了大学高兴啊，说："老师啊，图书馆里有这么多书啊，我就要用四年的时间把它们全看完。"我说你傻不傻啊？你知道我们图书馆有多少藏书吗？180万册，你算一算，你怎么看？他好几天不敢见我。问题在于：不仅不可能，更没必要。为什么？庄子继续讲：

道隐于小成。（《庄子·内篇·齐物论》）

如果我们花很多精力追求那些琐碎的知识，大道就不见了。老子的说法是："为道日损，为学日益。""为道"损之又损，损到最后，剩下的才是大道。长知识是做加法，可是，接近大道不是做加法，而要做减法。这讲得很有道理啊。常有人说老子是不是"反智"？不是。老子、庄子看到世界的丰富性，同时又看到人生的有限性，告诉我们用有限的人生面对无限的世界时，应该采取的理性的态度。我们永远不可能不断做加法，不断积累，不断增加关于世界的知识。我们只能寻找一揽子解决的方案，去把握这个世界根本的规律，那就是"道"。

回顾孔子的话。孔子问子贡：端木赐，你是不是以为我是"多学而识之"之人？端木赐说，是啊，老师难道不是这样吗？孔子说：

非也，予一以贯之。（《论语·卫灵公》）

"多学而识之"的是什么？是知识。孔子担心他的弟子们以为他只是博学多识——后来更多的人这么以为——于是，他主动跟子贡谈起这个问题，提醒他们：有一个一以贯之的系统的思想与原则，比拥有无数鸡零狗碎的"知识"重要得多。这次对话，关键词是两个："多"和"一"。多，指知识；一，指思想方法或价值观。一个正确的价值观或思想方法，胜过无数琐碎的知识。孔子的学生子夏：

虽小道，必有可观者焉，致远恐泥，是以君子不为也。（《论语·子张》）

子夏说："即使一些小技艺小技巧，也一定有可取之处，但要凭借这些通达大道，恐怕就有所妨碍了，所以君子不为。"这里的小道就是小知识、小技巧、小学问、小聪明。"必有可观者焉"，今天学剪纸，明天学插花，学一点好不好？也很好。但是这种小技巧、小技艺太多了，"致远恐泥"，如果拘泥、纠缠其中而不能脱身，天天沉迷于小道，会影响自己走大道；天天沉迷于小成就，会耽误自己走得更远。我们开放大学系统内，曾经搞过一次达人秀，有位学生秀的是能弹奏十几种乐器，大家都很佩服他，然后让我评价。我说，不错，都弄响了。估计他明白我的意思了。都弄响有意义吗？没有一技能技惊四座。人生不能这样来耗费的。你想让自己的人生达到一种高度、走得更远，千万不能沉迷于"小道"。一棵树要长成材，得剪枝。做减法的"减"和用剪刀的"剪"，是同一个意思。所以，我们对知识一定要保持足够的警惕。小技能、小技巧、小手艺，虽有巧、有艺、有技，甚至可得道之一体，但不脱于"小"，"虽小却好，虽好却小"，局限性就在这里，孜孜于小而不能脱颖而出，钻牛角尖而不知大道在后。

荀子讲得更加概括，他说有些知识：

不知无害为君子；知之无损为小人。(《荀子·儒效》)

上一句：不知道它，没关系，不妨碍人成为君子。"无害"即"不妨碍"，不会因为知识不够就成不了君子。下一句：也不会因为知识很多就不是小人。拿这些琐碎的知识怎么办？照荀子说的，丢在一边。

由此可见，决定一个人成功的最重要的素质是基本的判断力，而不是专业技术知识掌握的程度。当然，知识要有足够的储备，但是一定要在有限的知识量里把那些无聊的、无用的、无趣的剔除出去。

知识竞赛是个怪胎

很多人在追求所谓的知识中迷失了自己的人生。全国热衷举办各种各样的知识竞赛，小孩们搞搞玩玩也行，但是千万不要以为那就很了不起。我有个学生跟我说，他的孩子是个超常儿童，要去北京参加汉字听写大会。我说去吧，但是要想开一点，获胜了高兴高兴，输了也无所谓。过两天，他垂头丧气地回来了，说儿子一个字没写对，被于丹教授出了一个摞倒的"摞"，就把他儿子摞倒了。他说儿子在家背字典才背到 H，还没背到 L 呢，他儿子现在非常痛苦。我说这事无所谓啊，不会有什么关系。汉字听写大会上的很多字拿来考我，我也有不会写的。你会说，鲍老师你不会写说明不了问题，你也不是什么了不起的人。那好，你去考考那些了不起的人，他们都能答对吗？如果他们也有答不对的地方，说明有些东西不会没关系、不重要。他们都那么了不起了，也不会写这个字嘛。很多东西重要，但不是必要的。

人生一定要记住重要的和必要的区别。我们家长最大的问题是，认为只要是重要的就一定要去学它。不是的。重要的东西太多了，要能分辨什么是必要的。如果没这个东西，我做什么都不行，连做人都不行，那就得认真对付它了。如果这个东西，不行，不影响我做君子；很行，也不妨碍我做小人，那么，这个东西就可有可无。这就是"不知无害为君子，知之无损为小人"。

我为什么总强调这点呢？今天中小学的教育太注重知识的传授了。好像哪里有一点不会，学生就很糟糕似的，好像一次考试没过关，人生后面的关都过不了了一样。没那么危险。所以我总说，没必要花精力去参加各种各样所谓的知识竞赛，除非你实在无聊，想用无聊之事来填补一段无聊的生命。但凡知识竞赛，一般来说，我持反对态度。

山东有家报社编辑有一次给我打电话："鲍老师，我们找了一批专家，出了一套国学知识题，准备登在报纸上搞一次知识竞赛。请你帮我们把把关，看看有没有问题。"我说千万不要给我看，这类题目一般来说无趣、无聊、无用。编辑很生气："鲍老师，你看都没看，怎么说它无趣、无聊、无用。"我说："没看我也知道。"他说是总编交的任务要完成，你给帮帮忙。我一听，行吧，把题目发过来看看。发过来，我看了五分钟不到就还回去了，真的无趣、无聊、无用。我不是开玩笑。我从那套国学知识竞赛题中随便找几题给你们看看。

第一题："中国历史上哪个朝代的宦官可以娶妻？"你说无聊不无聊？它是不是知识？是啊。中国历史上是有一个朝代宦官可以娶妻，但是这个知识对研究中国宦官史的人有用，对大多数人来说有用吗？你知道又怎么样，不知道又怎么样？不知道是不是就不是君子？知道了是不是就不是小人？

第二题："胡萝卜什么时候传入中国？"知识题。如果研究中西交通史，这是一个有意思的问题。如果这个知识成为一个体系，那还不错。比如棉花什么时候传入中国的？胡琴什么时候传入中国的？葡萄什么时候传入中国的？辣椒什么时候传入中国的？可以啊。但只是零零星星，东一榔头西一棒子，知识就没有任何意义。东一榔头西一棒子的知识会让你的人生变成东一榔头西一棒子，到最后你就是个棒子。所以我常说，知识不成体系，毫无价值。

第三题："埋单这个词是什么意思？"

它就是这么跳跃，整个一套题目，东一榔头西一棒子，搞不清楚它是什么体系，它要干什么。

谁知道胡萝卜是什么时候传入中国的？我能不能因此就说你这个人行或不行呢？一个人无聊到一定要知道胡萝卜何时传入中国，知道了以后干什么呢？除非你将来去研究中西交通史。做其他任何行业，了解这点知识对你来说没有任何意义和价值，它只会让你变得无聊。为什么会无聊？因为你老想在别人面前炫耀，我知道胡萝卜是什么时候传入中国的！所以琐碎的知识会让人变得委琐，无聊的知识会让人变得无聊。

我曾经批评过一个复旦大学读法律专业的研究生，我到他房间发现地板上、桌子上、床上全是体育类杂志，什么《足球》《篮球报》《中国体育报》……全是这些。我有点生气，就问他一句："有什么新闻啊？"他马上特别认真，一本正经、非常严肃地说："有啊，最近贝克汉姆绯闻缠身啊，皇马教练最近有点烦，他手下的球员青黄不接啊。"我说："你这个人是不是有点烦啊？这些关你什么事呢？"人的精力大概都差不多的，为什么有的人有成就，有的人没有？就在于有人把精力浪费了。

《尼采自传》里有一个问题："我为什么这么聪明？"他的答案是：我之所以这么聪明，有这么大的成就，是因为我从来不在不必要的事情上浪费精力。同样，我们要有所成就，也不要在不必要的知识上浪费精力。教育要有效率，也一样不要在无用的、无聊的、无趣的知识上浪费孩子的精力。今天中小学、大学的试卷里，那些知识题的分数，真的那么重要吗？

兰迪比成绩单可怕

讲一个故事。有一位父亲，一天晚上下班回家，看到女儿的房间整理得整整齐齐，他有点不祥的预感，因为女儿的房间从来没有这么整齐过。果然，他看到女儿留在床上的一封信。我们先来读读这封信：

亲爱的爸爸，我在写这封信时，心中充满内疚和不安，但我还是得告诉你，我就要离家出走了。为了避免你和母亲的阻挠，我和男友兰迪必须这样私奔。我和兰迪已经是一体的了，谁也不能把我们分开。

这个女儿才 15 岁哦。再往下看：

我相信，你们见到兰迪也会喜欢他的。他身上刺了各种图案，他的服装另类、前卫，他的发型独一无二。我和他不但难舍难分，而且，我已经有了身孕。

15 岁的女儿的男友是这样的，她还有了身孕。下面：

兰迪说，他要这个孩子，以后我们三个人幸福地生活在一起。我想，我们肯定会幸福的，虽然兰迪的年龄比我稍大一点，男人 42 岁，在现今这个社会不算太老，是吧？

兰迪已经 42 岁！这位父亲在崩溃，不断地在崩溃：

兰迪也没有什么钱，但是，那些不应该成为我们感情的障碍，你们说对吗？我们打算到深山老林里去，搭一间小木屋。我们已经在那准备好了过冬需要的木柴。当然，兰迪还有好几位女友，但是，我知道他会以他的方式对我表示忠诚的。他说，他要和我生好多好多孩子，这也是我的梦想。兰迪认为，大麻不会对任何人造成伤害，我将和他一起种植大麻，然后出售给我们的朋友。同时，我们还要向上帝祈祷，希望科学家早日找到治愈艾滋病的方法，这样，兰迪就可以康复了。他应该能得到这样的好报。

你读到这个故事，崩溃吗？女儿 15 岁，怀孕了，要跟男友私奔，男友是这样的：42 岁，浑身刺青，衣服发型古怪，有好几个女人，吸大麻，还打算种大麻去卖，还有艾滋病。看到这里，父亲差点昏厥。这时，他发现另外几个字："未完，见反面。"

他慌忙地把信翻过来，那里有几行字：

爸爸，刚才你读到的文字都不是真事。真实的情况是，我在隔壁邻居的家中，并想让你知道，生活中有好多事情比我的成绩单要糟糕得多。我的成绩放在书桌中间的抽屉里，请你签上名，然后给我打电话，让我确信我可以平安回家了。

这个女孩太了不起了！她用一封信告诉我们什么才是最可怕的。一份考卷答得很糟糕，没关系啦，只要她没跟兰迪私奔。只要一个女孩子知道她永远不可能爱上兰迪这样一个男人，比她一张考卷考得好要重要得多。这就叫判断力。这就是孔子讲的"兴、观、群、怨"的

"观"。它不是指一张考卷做得好不好，不是指一个标准答案答得对不对，不是指你在知识的 A、B、C、D 里作选择，而是指在社会事务、人的一生中的判断力。这种判断，我们称之为"是非判断"。

这位父亲读到最后应该如释重负了，他的女儿在试卷标准答案上选择有错，但是在是非判断上没有犯错。我们所有的家长，所有的老师，所有从事教育行业的人，都应该好好看看这封信，然后就能明白什么才是最重要的。这个最重要的，就是"观"的第二个层次，判断价值，认同善、拒绝恶，这是"观"的最重要的内涵。拥有价值上的判断力，这才是人的核心素质。

孔子是哪个时代的人？下面有四个选择：A. 春秋时代；B. 唐朝；C. 宋朝；D. 明朝，你勾了 A，正确。

但是人生中呢，你怎么回答？当你碰到兰迪，还是四个选择，你选哪个？A. 跟他谈恋爱；B. 跟他私奔；C. 跟他生孩子；D. 离他远一点。这是价值判断。

你答错孔子的时代，勾了明朝，关系不大，拿卷子去考奥巴马，奥巴马可能真勾明朝，你跟一个当上总统的人犯同样的错误，你有什么问题呢。但是，如果你碰到兰迪，爱上他，跟他私奔，跟他生孩子，或者，离他远一点，你这要是选错了，不要说当总统了，当饭桶都不配，要进监狱。所以决定一个人未来成就，决定一个人未来是否幸福，甚至于决定一个人未来有没有一个正常的人生，最重要的是价值判断力，是知道是非、善恶、美丑。

一个人不会做一道数学题没有关系；一个人，不会做人，不行。

《论语》出了五百多道判断题

孔子之所以比我们高明，不是他的知识比我们多，而是他的判断力比我们强。一部《论语》五百多章，是五百多道价值判断题。不同的人问孔子，问的都是有关价值的问题。只有一个人问了一个技术问题，这在前面讲过，"樊迟问稼"。樊迟问老师怎么种庄稼，孔子说我不如老农。樊迟接着问怎么种白菜，孔子说我不如老菜农。樊迟转身走开，孔子骂他"小人哉"。除此之外，《论语》里谈的全是价值问题。开篇第一章，价值问题：

子曰："学而时习之，不亦说乎？有朋自远方来，不亦乐乎？人不知而不愠，不亦君子乎？"（《论语·学而》）

孔子说："学并且时时践习所学，不也是愉快的吗？有朋友从远方来，不也非常欢喜吗？人家不了解我，我却不怀怨怒，不也很君子吗？"

学习会给人生带来快乐，朋友是人生中最重要的价值之一。勤奋学习，又能有时间、有心情、有兴趣去时时践行，感受到自己一天天的成长，我们岂能不快乐？朋友自远方来，证明了自己的价值与德行，契阔谈宴，我们岂能不快乐？一个人在这个世界上总不免被误解、受委屈，此时，能保持淡定的心态，这是多温润的君子修养？

《论语》第一章第一字，是"学"；《论语》第一义，是"悦"、是"乐"、是"不愠"。这世界有足够的奥妙让我们学，有足够的丰富让我们乐。因为学而乐，因为乐才学。人生圆满，莫过于此。

《论语》最后一章，讲知命、知礼、知言：

孔子曰："不知命，无以为君子也；不知礼，无以立也；不知言，无以知人也。"（《论语·尧曰》）

孔子说："不懂天命，就没有可能成为君子；不懂礼义，就无法立足于社会；不懂分析辨别言论，就无法了解人。"

命者，天文也。知命者，知天道，知自然，知宇宙法则，知为人使命也。

礼者，人文也。知礼者，知人道，知社会，知文化制度，知立身之地也。

言者，人言也。知言者，知人物，识贤愚，知是非善恶，知趋避取舍也。

《论语》最后一章谈人在自然、社会中当具何种人格。《论语》从头到尾谈的都是价值问题。

所以读一本《论语》，等于跟孔子一起做五百多道价值判断题。五百多道价值判断题全部做完，人生就不会出太大的问题。生活中遇到什么问题，你只要想：假如是孔子，他会怎么选择？正如西方人会想，假如是耶稣，他会怎么选择？这就是一把价值判断的尺子。

孔子的伟大不在于他知识多少。孔子知识很多，但不是我们想象的那么多。司马迁《史记》记，孔子能回答当时很多人提出的稀奇古怪的知识性问题，这恰恰给后人造成了很大的困惑和误解：孔子了不起是不是因为知识比别人多？比如，鲁国的"国务总理"季桓子找人挖井，竟然挖出一只羊来。这很奇怪，挖井怎么挖出一只羊来，我也百思不得其解，又不是蚯蚓在土里。当时的人也奇怪，就去问孔子。生活在孔子时代的人很幸福，反正他们有孔子，就像我们今天生活在谷歌的时代，搞不明白上谷歌搜。季桓子对派去的人叮嘱说："别告诉孔先生说挖到了一只羊，就说挖到了一条狗，看那老头怎么说。"于是那人见到孔子问："孔先生，我家主人请人挖井，井里竟然挖出了一条狗来，怎么回事啊？"孔子皱着眉头说："不对啊，挖出一只羊来我可以理解，怎么挖出一条狗来？"季桓子对孔子佩服得不得了，骗都没能骗过老头。这一类事在司马迁《史记·孔子世家》记了好几个，后来的《孔子家语》里也记了不少。所以我们后来觉得困惑，孔子怎么这么神，好厉害。孔子在当时确实算是知识多的，不光鲁国人，还有遥远的南方人，陈国的、吴国的，有搞不明白的事，就派个使者千里迢迢到鲁国问孔子。什么稀奇古怪的事都问。你想孔老先生有没有压力？谁知道哪天大清早起来，碰到谁风尘仆仆走了三个月，就为问你老先生一个问题。回答出来了，很正常，你是圣人嘛！回答不出来，麻烦了，使者那么老远跑来，怎么对得起人家！

　　但孔子真的无所不知吗？他的伟大也是因为他知识渊博吗？显然不是。道家崇拜老子、庄子，不崇拜孔子，《列子》是道家著作，其中一篇《列御寇》"两小儿辩日"，说孔子答不出两个小孩的问题很尴尬：两个小孩在辩论，一个说，早晨太阳离我们近，因为早晨的太阳看起来更大。另一个小孩说，中午太阳离我们近，因为中午太阳更热。两个小孩都说服不了对方，正好孔子来。这个故事编得有意思，不是两个小孩故意去找孔子的麻烦，是孔老师今天运气不好，碰上了。两个小孩就问，孔老师你给一个答案吧！下面是这样写的："孔子不能决也。"孔子回答不出来。接下来，作者借两个小孩的口嘲笑孔子："孰以汝多知乎！"谁说你有那么多智慧啊？不过尔尔嘛！太阳是早上离我们近，还是中午离我们近？今天读过初中的孩子都知道答案，但是孔子就不知道。

"两小儿辩日"通过孔子的尴尬，来证明孔子不那么伟大。是啊，孔子的知识量可能还不如我们今天的初中生呢，但是你能因此证明我们比孔子伟大吗？一个人回答不出某一个具体的知识问题，不能证明他是伟大还是渺小。用知识问题来考别人，太容易把别人都考成笨蛋了。不信你出题搞一个知识竞赛，随便就能把别人考倒。

反过来，一个人能回答出所有的具体的知识问题，也不能证明他是伟大还是渺小。所以，用知识量来判断一个人的素质、境界高低是错误的。决定一个人素质、境界高低的不是知识量，是价值判断力。

孔子比我们高明，不是因为他知识比我们多，是价值判断力比我们强。跟着他做好《论语》五百多道价值判断题，我们就有一把价值的尺子护身，不会犯判断错误。

夫子一堂示范课——人性是善是恶

《论语》上，孔子教给我们的太多了。来看这个：

子不语怪、力、乱、神。（《论语·述而》）

孔子不谈论怪异、勇力、悖乱、神奇之事。孔子的学生子贡有一次感叹：

子贡曰：“夫子之文章，可得而闻也。夫子之言性与天道，不可得而闻也。”（《论语·公冶长》）

子贡说：“老师关于文献方面的学问，我可得听闻；老师关于人性和天道的论述，我不得与闻呢。”

孔子讲人性与天道，子贡都没有机会听。很多人说，孔子不谈人性问题。错了。子贡这里明确说“夫子之言性与天道”，孔子是谈人性与天命的，只是“与闻”的范围很窄，窄到连子贡都没有资格听。因为这是最高级的学问。如果连子贡都没有资格听，那谁有资格呢？可能只有一个人，颜回。可惜颜回早死，没能自家开宗立派、开枝散叶。孔子死后，他对人性与天命的见解，后人自然不了解了。

这里有两个小问题。第一，孔子为什么把谈人性问题搞得这么神秘？第二，他到底有没有谈过人性呢？

我们今天总喜欢简单下结论，动不动说人性本恶、世上没有好人，自己干了坏事，就说人性不都这样嘛。孔子为什么不公开对大多数人谈人性问题呢？原因就在这里：孔子知道，这个东西跟普通人谈会引起不良的伦理后果，会觉得反正大家都一样，于是"人性恶"会成为人作恶的理由、借口。所以人性问题真不大好谈。孔子不谈、很少谈，不是出于事实的考虑，而是出于价值的考虑。因为人性问题，无论说它是善还是恶，最终指向的一定与价值有关。比如西方讲人性恶，他们在这个基础上建立了现代民主制度。我们中国人重视道德修养，将制度建立在人性善的基础上。黑格尔有句话很有名："当人们说人性善的时候，人们是说出了一种伟大的思想。"人性善是一种价值。黑格尔又继续说："当人们说人性恶的时候，人们是说出了一种更加伟大的思想。"人性恶也是一种价值。也就是说，无论人性善还是人性恶，无论是善是恶是不是符合事实（至今人性善恶也没有得到科学证明），关键在于，它们最终都将引导出价值问题。

第二，孔子真的没谈过人性吗？谈过。《论语》里有一句，孔子讲得非常明确：

子曰："性相近也，习相远也。"（《论语·阳货》）

孔子说："人性是相近的，不同的环境与后天习得，又使人与人相距很远了。"

明确说"性本善"的是孟子。后来的《三字经》开首第一句便说："人之初，性本善。"孔子没说过"性本善"，孔子说的是"性相近，习相远"。那么，孔子不直接谈人性善恶，为什么只说人性相近呢？如果我们了解一点对人性问题的认识的历史，就知道孔子这句话有多重要、有多伟大。

孔子之后，很多思想家放开谈人性问题，他们不像孔子那么谨慎。主要有四种观点。

第一种，孟子的观点：人性本善。这句话的意思是说所有人的本性都是善的。

第二种，荀子的观点：人性本恶。这句话的意思是说所有人的本性都是恶的。

第三种，告子的观点：人性不分善不善。意思是说，人性无善无不善，是善是恶受后天环境的影响。

第四种，世硕的观点：人性有善有恶，他是战国时期的人，意思是说，有的人人性天生是恶的，有的人天生是善的，与生俱来。但后天环境的影响可以让善恶此消彼长。

现在先确定一个前提——我们无法用科学的办法证明上述四种观点哪个符合事实的，也就是先不作事实判断，然后，请你来作一个价值判断——你认为这四种观点中，哪一种观点最糟糕？你能不能判断哪种观点会导致最坏的伦理后果？

读到这里，你先不往下看，可以先在心里回答一下。

哪一种观点最糟糕？第四种。为什么呢？因为这种观点从人性的角度，决定了人生而不平等。按照这种观点的逻辑，有些人生来就应该受歧视。而且，谁天性善或者恶，由谁来鉴定呢？会不会被坏人利用来迫害别人呢？说你天生坏，把你关进监狱。所以这种观点是邪恶的。

了解了这个，再回头去看孔老夫子怎么说？他从来不在公开场合大谈人性，他也不说"人性善""人性恶"或"人性不善不恶"，但是，他说"性相近也，习相远也"——人性是相近的，后天的习得才使人拉开距离。他的潜台词是什么？是：我不敢谈人性问题，但不敢说后面的人都不敢谈，你们要谈我也管不了，但是请记住一条底线：人性是相近的。

孟子有没有守住这条底线？守住了，孟子讲，所有的人人性都是善的。荀子有没有守住？守住了，荀子讲，所有人的人性都是恶的。告子有没有守住？守住了，告子说，所有人的人性都没有善恶。

三种观点，三个人，各不相同，吵得一塌糊涂，但是他们都守住了孔子画的底线。底线是什么？我们讲良知，守住良知就叫守住底线。第四种观点就是无良知、无底线。所以，在人性问题上，孟子伟大，告子伟大，荀子伟大，孔子更伟大。他平常避而不谈人性，缄口不言，同时他又知道，一旦说出来对后世影响重大，所以他不预设观点，他就画一条线，一条底线。这是孔子的真伟大。

弟子问夫子

《论语》讨论的都是这样的价值观问题。好多年了，一说到教育问题，一说到考试，我们总骂标准答案。其实，要骂的不是标准答案，要骂的是总出知识性考题。只要出知识性考题，就一定有标准答案。你出"孔子是哪个时代的人？"这样的题，不可能有其他的答案。所以，我们要反思的、要改变的不是标准答案，是为什么只出知识性的考题。

孔子的弟子们也不会问孔子知识问题。他们问老师问得才有意思呢。比如子贡问："老师你能不能给我一个字，让我终生奉行它，不犯错误？"问得多精彩啊！哪天有学生这么问我，我觉得这一辈子没白当老师，终于遇见一有头脑的学生了。有一次我在北京大学讲课，跟学生说，哪天有教授跟你们说孔子就是个普通人，你们就让他给你们一个字，奉行终生不犯错误的一个字，前提是不要抄《论语》。他能回答出来吗？我是回答不出来的。想一想，哪一个字能让学生终生奉行不犯错误？而且不仅他一个人，还得是所有人能终生奉行不犯错误？这个问题很难，没有标准答案，需要对人生、对社会、对世界、对个人的能力作一个非常综合的判断。我常常想，假如有学生问我，我现在当然能回答，因为我知道《论语》里孔子的答案，把孔子的答案给他就行了。但是，假如没有孔子给出的答案呢？我能回答出来吗？思考了很久以后，我很老实地说，我肯定回答不出来。我冥思苦想，想一个星期，或者想一个月，甚至想一年，试图给学生一个字，但是我根本不敢说这一个字能经得起推敲。一个字，让人奉行一辈子而不犯错误，像说哪一个字？但是，孔子脱口而出。师生两人是这么一问一答的：

子贡问曰："有一言而可以终身行之者乎?"子曰："其恕乎!己所不欲,勿施于人。"(《论语·卫灵公》)

子贡问老师:"有没有一个字可以终身奉行的?"老师说:"那个字是恕吧!"然后,老师补充解释说:"自己不愿意的,不要去强加给别人。"这个字,到今天两千五百多年过去了,找不到第二个字可以代替它。

现在我们生活中经常会用这句话:"己所不欲,勿施于人。"这个"恕"字,两千五百多年了,不仅成为全世界不同民族、不同人群之间相处的"黄金法则",也成为国际社会中处理国家与国家关系的"黄金法则"。联合国总部里挂着一幅马赛克镶嵌画《黄金法则》,上面画着不同种族的人济济一堂,英文是"DO UNTO OTHERS AS YOU WOULD HAVE THEM DO UNTO YOU",中文直译就是"你希望别人怎样对待你,你也要怎样待别人"。《圣经》新约《路加福音》第六章第31节也说过"Do to others as you would have them do to you",这里的"你们愿意人怎样待你们,你们也要怎样待人"与孔子的"己所不欲,勿施于人",一个西方,一个东方,不约而同。你说孔子是普通人吗?他是人类的先知。还记得德国思想家雅斯贝尔斯那本《大哲学家》里说的吗?在大哲学家里有四个人是"人类思想范式的创造者",孔子、释迦牟尼、耶稣、苏格拉底,我们人类思维模式都受这四个人的影响。

学生子贡一问,老师孔子一答。这是什么?不是知识,是价值判断力,是对善的认同。

所以结论是,人的素质不取决于他的知识面有多大,取决于他的价值判断力和道德认知力有多强。

观，是感知美

"兴、观、群、怨"的"观"有三个内涵。前面讲过，第一，认知真；第二，认同善；下面讲第三，感知美。

很多人读书读成书呆子，读得对生活没有感受力，对生活中的诗意没有感受力。"气之动物，物之感人，故摇荡性情，形诸舞咏。"（钟嵘《诗品》）这是一种活泼泼的人生。许多人知道宋明理学讲"存天理，灭人欲"，不知道同时它有一个词特别好，叫"活泼泼"。什么是"活泼泼"？鱼从水中捞上来往地上一扔，就那种活泼泼。有这种活泼泼，将它放回水中，它能活；没有了这种活泼泼，再放回水里，它活不了。人生也是如此，需要生命的状态是活泼泼的，思想的状态是活泼泼的，情感的状态是活泼泼的，然后"气之动物，物之感人，故摇荡性情，形诸舞咏"。大自然气候的变化带来万物的变化，春天来了，万物萌芽，鲜花盛开，"暮春三月，江南草长。杂花生树，群莺乱飞"，你感受得到吗？丘迟劝陈伯之自魏归梁，写了封信《与陈伯之书》，凭这 16 个字，陈伯之就投降了，"乃于寿阳拥兵八千归降"。"物之感人"是一种力量。

今天的教育把人教得死板板的，除了闷头做题，什么都不能打动他。春天打开窗户，一树杏花开得绚烂，他一点不兴奋。秋天来了，秋风起，落叶飘过，他也没一点感伤。我们检验一下自己，大自然的变化在你心中起不起波澜？人应该与大自然保持一个节奏，"登山则情满于山，观海则意溢于海"（《文心雕龙·神思》），这样的人生多美好啊！多好玩啊！有的人为什么不好玩呢？有的人有温度，有的人为什么没温度？因为他天天在那儿做题，做标准答案，做到最后做

"死"了。

教育本该让受教育者比接受教育前更敏感、更多情、更锐利，更能感受到大自然、人间社会传递的丰富信息，心灵中更有波澜、更活泼泼、更有同情心、更善良、更温婉多情。受教育者不能被教育成精致的利己主义者。利己主义者是一群经济动物，是算盘，只会计算利益，其他东西都打动不了他，文学艺术打动不了他、风物自然打动不了他、社会关怀打动不了他。

文学能让我们保持一颗敏感的心灵，文学也是认识世界的一种方式。我特别欣赏一位台湾作家这么用德文解释文学的认知功能：macht sichtbar，意思是"使看不见的东西被看见"，太精彩了。文学就是这样——"使看不见的东西被看见"。

使看不见的东西被看见

首先，文学让我们看见美。"落叶满空山"，没有经过文学训练的人，即使在秋天到山上看见满地落叶，也不会生发出这种感化。缺少文学眼光的人，他的生活中有"境"，但没有"意境"。生活中的这个境，可以叫作"物境"，物质的境界，打开窗子，看到的就是这样，一片树林，春夏秋冬四季变化，入眼就能看见，但是，看到意境了吗？"落叶满空山"，你觉得这五个字是什么？仅仅是一个客观物质的组合吗？是你秋天爬山，哦，这是山；哦，树叶落了；哦，山上很空，地上有很多落叶，是这些吗？不是。当这五个字组成"落叶满空山"一句话时，不一样了，它不再是物境而是意境，有诗意在了。我在青海师范大学当中文系老师时，有一天我随口说："一点点地能感到秋意了。"旁边另一位老师问我："你们老说秋意啊秋意，秋意是什么意啊？"对不起，我真的没办法说清楚，只能自己感觉到。如果用物理的方法，测秋天的某一天和春天的某一天，空气的温度、湿度可能是一样的，但就是"意味"不一样。这种不一样的"意味"就是"意境"。你看这两句，"秋风生渭水，落叶满长安"意境是不是更好？真美啊！贾岛是很有名的唐代诗人。有此两句，贾岛可以名留千古了。再看白居易《长恨歌》，"西宫南内多秋草，落叶满阶红不扫"，这只是一个客观的物理境界吗？打开宫门，秋草丛生，凌乱枯败。落叶飘零，彤红一片覆满石阶，无人清扫。西宫，长安的太极宫；南内，长安的兴庆宫，都是唐玄宗和杨贵妃住过的。这样的荒凉，你伤感吗？心中一点波澜不起吗？世界是"境"，你加上"意"，这个世界有了"意境"，它就美了。文学，能让我们看见"美"啊！

文学，还能让瞬间的"美"永恒。

月出皎兮，佼人僚兮。舒窈纠兮，劳心悄兮。（《诗经·陈风·月出》）

这首诗太美了！如果问我《诗经》中哪首诗最好，我说这首《陈风·月出》。

下面是我的翻译：

月亮出来明晃晃啊，
那个美人真漂亮啊。
步履款款身苗条啊，
我的心儿扑扑跳啊。

你心跳了没有？你心不跳，你就完了！人世间有那么多的美，大自然有那么多的美，有美景，有美人，你心都不跳！

我翻译得没原诗好，还是原诗更美。

我写过一本书《美丽〈诗经〉》，我对这首诗这么解读：

我们的心本来是平静的，为什么突然变得伤感？因为，在平常、平静与不经意间，我们突然被不期而遇的美灼伤。我们可能只是无意中向窗外的月夜一瞥，却看见了如此美丽的一幕。美，尤其是令我们心跳的美，总是让我们意识到自己的卑微、自己的局限、自己的无奈。实际上，美是一种没有峭壁的高度，她不压迫我们，但仍让我们仰望；

她温暖、柔和，并不刺戳我们，但我们仍然受伤；她如此接近我们，却又如此远离我们，如此垂顾我们，却又如此弃绝我们。这个美丽的女子，她只是月夜的一部分，或者说，月夜是她的一部分，她与月亮已经构成了圆满，我们已无缘得预其间；但是她如皎月泻辉般辐射出来的美，还是灼伤了我们的心。我们的这颗心，最不能承受的，就是美。这澄澈圆融的境界里，我们能介入其中的，不，能奉献与之的，也只是这颗怦然而动的心……

那样美的意境，你只有用一颗悄悄跳动的心才能加入进去，别的都是唐突。如果你马上跳将出去，跟美女说："跟我约会吧！"你太煞风景了！你太野蛮了！

明月、美人和我们的心，是这首诗的三个主要意象。抓住这三个意象，抓住的就是整个意境、整个世界。自然、美人和我们的心，天堂也只要这三个元素就够了。

为什么要学生多读文学？是要让他给这个世界预留一颗怦然而动的心，当他遇见那些值得为它跳动的时候，他的心能跳。最野蛮的教育就是让这颗心不能跳了！教育不能让我们的心只为试卷得多少分跳动，为上什么学校跳动，为找到什么工作跳动，为挣多少钱跳动，为升多大官跳动。好的教育，最终是要让人的心为"美"跳动，为"善"跳动，为这个世界上无所不在的"美""善"跳动。

那位台湾作家谈文学让人"看见"的时候，还举鲁迅的作品《祝福》为例，她说：今天我们读完小说，是不是对祥林嫂充满同情？但是，想象一下，假如你不是从鲁迅的小说中认识祥林嫂，你真的生活在鲁镇，在生活中认识祥林嫂，我相信大多数人对唠唠叨叨、近乎疯狂的女人会唯恐避之不及。为什么在生活中遇见祥林嫂和在小说中遇见祥林嫂不一样呢？因为文学让我们看见了更本质的人生的哀伤。在生活中，你对她的悲惨命运有过同情，但她是你生活中的一个匆匆过客而已。但是，一旦你生活中视而不见或者绕道而行的这个疯女人变成了小说中的文学形象，你跳出来再去看，她身上体现出来的就不仅仅是她一个人的悲伤，而是人类所共有的悲伤。

同样的，假如你在生活中碰到孔乙己，是不是也会把他当笑话？你在一个小酒店喝酒，看到孔乙己走进来，腿被人打折了，大家嘲笑他："是不是又偷书啦？"你一定也会跟着大家一起嘲笑，高高兴兴地继续喝酒，然后回家打麻将。是不是这样？但是你通过鲁迅的小说看孔乙己是什么感觉？不管什么时候，我只要想到他，内心就充满无限的感伤。鲁迅真的是伟大的作家！孔乙己让我们心中永远不能平静，让我们永远感受到一种绝望，看到所有人命运中共同的悲剧，看到所有人的可怜、可悲。

这与我们在生活中遇到的人完全不一样。所以，文学，是使人"看见"。

所以孔子说，《诗》可以"观"——德语 macht sichtbar，使看不见的东西被看见。

群，群体与公共意识

孔子讲《诗经》作为教材的第三个功能，是"群"。

朱熹的解释是：和而不流。我的解释是，"群"是有群体意识、公共意识，能维护公共福祉而不是专注于个人的一己之私。现在常说"知识改变命运"。这话不错。但是，受教育者享受教育资源，不能以仅仅改变个人的命运为最终目标。作为教育者，有责任告诉受教育者，人生的最终目标不是改变自己一个人的命运，不是自己一个人过得好，是要让更多的人过得好。一定要有这样的"群"的意识。

"群"有三个层次：合群、协群和导群。三个层次是递进的关系。

首先，一个人走入社会，必须能合群。群是什么？一个人，要有对群体的担当精神，要有责任感。无论国家领导人，还是普通人，即使是人类的导师，也都是生活在人群之中的。一个人，一定要意识到自己对群体的责任。人，不是孤独的存在。人的本质就是社会关系的总和。所以，人要合群。做一个单位领导也要懂得协调集体，协群、协力。

现在不合群的人很多。在每个单位、每个部门，在办公室里总有那么几个不大合群的人。不合群的人很难与别人共事。他自己很苦恼、很委屈，但就是很难合作。能不能合群是一个人的基本能力。我们有些人将它看成一种性格，没错，但是性格也是能力的一种啊。我们的教育培养的那么多种能力里，有没有培养受教育者合群的能力？如果一个人连合群都做不到，在几个人的办公室里关系都搞不好，他还能做什么呢？几乎可以说，他一辈子不可能有什么成就。俗话说，一个好汉三个帮。现在的社会，没有任何一件事是可以一个人单独完成的。比如开一场讲座，有多少人在背后做事？从馆长、主任、主持人，还得有人管会场、电脑、话筒、灯光……我们每个人、每时每刻都在享受着群体带来的基础性服务，然后才能做自己的事。我们做的事，也在给别人提供群体带来的基础性服务。人要学会感恩。合群是一个人的最基本的素质，是底线。

如果再对自己要求高一点，就是协群，有协调一个群体的能力。比如做一个单位负责人得会协调，得会平衡。一个群体中，各自的利益诉求不一样、个性不一样、能力不一样，你怎么协调他们？这是一种能力。没有协群能力，再小的部门也管不好。

"群"的最高境界是导群，引导群体前行的方向。什么样的人可以导群？孔子的说法是圣王。孔子时代，圣王已经没有了。但孔子内心有数，圣王就是他自己。孔子的确是我们中华民族的一位精神导师。在中国历史上，只有两个半时代不将他作为导师。一个是秦，秦朝没将孔子当导师，只十多年就灭亡了；一个是明，明朝朱元璋很不喜欢让孔子当导师，试图将他拉下来，结果发现不行，最终孔子还是做了导师的，虽然朱元璋背地里搞的一套不是儒家的。半个，是"文革"期间批倒批臭孔子。中国古代皇帝，秦始皇试图君师合一，但是不行。后来，唐宗汉武、康熙乾隆，历代帝王，再觉得自己怎么厉害，也不得不承认自己只是世俗政权的领袖，而信仰世界，还是要去孔庙拜孔子。世俗政权必须有这样的谦恭。

《论语》中有一则，最能体现"群"本来的含义。

孔子过之，使子路问津焉……桀溺曰："……滔滔者天下皆是也，而谁以易之？且而与其从辟人之士也，岂若从辟世之士。"……子路行以告。（《论语·微子》）

孔子周游列国途中，经常碰到一些隐士。有一天，在河边，找不到渡口，正好看见有两个人在水田里劳作，孔子就派子路去问路。但这两人不但不给子路指渡口在哪里，还狠狠地教训了子路一番。那个叫桀溺的人说："世道纷乱滔滔，礼坏乐崩处处如此。你们和谁去改变这种现状呢？你与其跟随孔丘那种避人的人，还不如跟随我们这些避世的人呢。"意思是天下这么乱，我给你指另外一条路吧，与其跟你老师周游列国，不如跟我们一起种田。大概看子路身体好，是个壮劳力，想挖孔老师的墙角。子路回来告诉孔子，孔子很感伤地说了一句话：

夫子怃然曰："鸟兽不可与同群，吾非斯人之徒与而谁与？天下有道，丘不与易也。"（《论语·微子》）

这两句话最能体现孔子的"群"的思想。什么意思呢？孔子说："人怎么能与鸟兽生活在一起，我不与这世上的人在一起，还同谁在一起呢？"我们是人，是人就不能与鸟兽活在一起，人只能与人群生活在一起，是人就应该承担人群里所有的不幸和苦难。"天下有道，丘不与易也"，假若天下有道，我孔丘就不会来改变它了。

隐士说：因为天下无道，所以我们隐居。

孔子说：如果天下有道，我倒可以隐居；因为天下无道，所以我来改变。

这就是孔子的选择。社会的混乱、群体的困境没有让孔子退缩，反而坚定了自己的责任。所以"群"的核心之意，两个字：责任。

简单地说，"兴、观、群、怨"的"群"，指的就是一个人的责任感。

他人的苦难，我的责任

教育，就是要让人有责任感。这种责任感涉及人的时候，就是一个字——爱。没有爱，何来责任感？他人的苦难跟我有什么关系？他人的苦难何以成了我的责任？这是一个伦理学的命题。

他人的苦难，成为我们的责任——说白了，教育在某种意义上就是要告诉受教育者，他人的苦难，就是你的责任。

"爱"在《论语》中：

子曰："道千乘之国，敬事而信，节用而爱人，使民以时。"（《论语·学而》）

孔子说："治理一个拥有千辆兵车的国家，要慎重地处理政事、诚信无欺、节省财用、爱惜人民，征用百姓选在农闲的时候。"一个国家的管理者应该对国家事务抱一颗敬业之心，取信于民、节俭开支、爱惜劳力、不违农时、政策合理。

樊迟问仁，子曰："爱人。"（《论语·颜渊》）

樊迟问什么是仁，孔子说："就是爱人。"

孔子的学生子游复述了老师讲的一句话：

昔者偃也闻诸夫子曰："君子学道则爱人，小人学道则易使也。"（《论语·阳货》）

子游说："过去我听老师说过：'君子学了道就能惠爱百姓；百姓学了道就容易管理了。'"如果将"学道"两个字理解为"教育"，就是：一个人通过接受教育，有仁爱之心，就能推己及人，履行各自的责任。

子曰："弟子入则孝，出则弟，谨而信，泛爱众，而亲仁。行有余力，则以学文。"（《论语·学而》）

"泛爱"，博爱，博爱大众。

有一天，颜渊、子路两位弟子陪老师闲坐。孔子说："今天你们各自谈谈自己的志向吧。"两人谈完，子路说："老师，你能不能谈谈你的志向？"孔子谈了 12 个字。从 12 个字里，我们可以看到一颗伟大的心灵。孔子在很多地方讲到爱，只是没有用"爱"这个字，这里是一处。孔子 12 个字是这么说的：

子曰："老者安之，朋友信之，少者怀之。"（《论语·公冶长》）

一老一少，中间是"朋友"。这里的"朋友"，不是我们今天关系好的那种朋友，而是指与自己年龄相仿的人，相当于壮年人，所以这三句话实际上在说老者、壮者和少者。"信之"是"伸之"的意思。伸，伸展，给他一个发展的舞台。12 个字翻译过来是："老年人让他安享晚年，壮年人让他有事业的舞台，少年人让他有成长的怀抱。"这就是孔子的志向。所以我一听到有人说孔子一辈子就想做官，我就很生气。对这样一颗伟大的、仁慈博爱的心灵，怎么能作那么渺小的、卑鄙的解释呢？拜托说这话的人读一读《论语》啊！"老者安之，朋友信之，少者怀之"，无论老少中年，人人在他温暖的心里。

子路有一天问孔子："老师，什么样的人叫君子？"

子曰："修己以敬。"（《论语·宪问》）

孔子回答说："修养自己，养成恭敬的气质。""敬"，很多人理解为一种态度，我解释为气质。因为态度是外在的，随时可能有变化。看到上级特敬，看到下属不敬，或者特傲，这种人不少，变脸快。但是当"敬"成为一种"气质"就不一样了。有敬的气质的人，一举一动发自内心。他不仅对所有的人，甚至对动物、植物都抱着敬。马路上看见很可怜的乞丐，很多人会停下脚步施舍一点。但是施舍时你的态度有没有敬？这很重要。有"敬"的人，会弯下腰，把一块硬币放到乞丐的碗里。没有"敬"的人，远远扔过去，"哐当"一声，硬币滚得老远，乞丐为你这块硬币爬起来找半天。孟子讲这是"嗟来之食"，即使乞丐也不要的。你扔的动作本身，实际上是对他的侮辱，还不如不给。只有"敬"成为人的一种气质，才不会刻意做出一种姿态，才能化为日常举止，经过草坪不会踩踏花、草坪，这是对花草有敬意；看到小动物，不会随便打扰它，这是对动物有敬意；端起茶杯，轻轻放下，这是对器物有敬意。"敬"是君子行为，是教养，需要"修己"才能养成。

子路继续问老师："如斯而已乎？"这样就可以了吗？孔子说：

曰："修己以安人。"（《论语·宪问》）

这五个字特别好。我们甚至可以将"修己以安人"作为教育宗旨啊。

教育的目标是什么？不就是"修己以安人"嘛，修养自己，安顿他人。

怎么理解安顿他人？不要想着我是在帮别人做事，"古之学者为己"，实际上，安顿他人也在为己，也在做自己的事。因为，安顿他人就是自己的事，就是自己的一份责任。

学士、硕士、博士的"士"

前段时间，学校做学士学位授予仪式。我说，从今天开始，你们都有学士学位了。可是你们知道，为什么学位叫学士、硕士、博士？你们知道什么是"士"吗？

孔子的教育，就是"士"的教育。教育就是让一个人成为"士"。士是干什么的？

子曰："士志于道，而耻恶衣恶食者，未足与议也。"（《论语·里仁》）

孔子说："士是立志于求道行道的，如果一个士总想着鲜衣美食，那还与他谈什么。"再看孔子的学生说的：

曾子曰："士不可以不弘毅，任重而道远。仁以为己任，不亦重乎？死而后已，不亦远乎？"（《论语·泰伯》）

曾子说："士不可以不心胸广阔、意志坚定，因为他们责任重大，路途遥远。把实现'仁'看作自己的任务，这不是责任重大吗？承此重任到死才放下，这不是路途遥远吗？"

今天诸位学士、硕士和博士，请想一想孔子和曾子的话，不仅了解前面"学""硕""博"的意思，更要想，后面的那个"士"字才是关键。

孔子说"士志于道"。士"志于道"，所以"忧道不忧贫，谋道不谋食"。士要比普通人更胸怀宏大、意志坚毅，因为士任重而道远。普通人不用承担那么多的对他人的社会责任，把自己安顿好、自食其力，就是给社会做贡献了。但是，士不可以。士有更重的担子，并且挑着担子要走更远的路。更重的担子是什么？"仁"，"仁以为己任"，挑担子就是你的责任。人生有很多具体的"担子"，也有抽象的"担子"。我们对家人有责任，让家人生活好，这是一副担子；在单位里做好工作，这也是一副担子。但是还有一副抽象的担子，这是由"士"来承担的，就是"仁"。仁是什么？是对他人的爱，是公平、正义。"士"享受了那么多年的教育资源，读了那么多的书，就有责任对这个社会有担当。如果不能担起这副担子还能叫士吗？担子挑起后不能随便放下，至死方休，所以"任重而道远"。

士何以担当？一句话，宋代张载有名的"横渠四句"：

为天地立心，为生民立命，为往圣继绝学，为万世开太平。（《宋史·张载传》）

怨，独立见解

最后一个字，"怨"。

怨而不怒，是朱熹的解释。我的解释是：有独立见解，敢于坚持自己的独立判断，敢于面对自己的真实情感，敢于批评，永不故步自封。

对朱熹的解释先在此作个说明。怨而不怒——批判社会，但绝不仇视社会；批评人性的弱点，但不会反人类；对人类的优点报以敬意，对人性的弱点给予怜悯。

下面我更想说的是，人应该有独立见解。孔子：

子曰："当仁不让于师。"（《论语·卫灵公》）

孔子说："面对着仁德，即使对老师，也不必谦让。"人要有自己的独立见解，正应了亚里士多德说的这句话："吾爱吾师，吾更爱真理。"东哲西哲，心理攸同。

受教育者容易对老师产生无限的崇拜和无限的信任，结果往往迷失自己。孔子的学生里，他最优秀的学生颜回就有迷失自己的倾向。实际上孔子也很担心他这一点：

子曰："回也非助我者也，于吾言无所不说。"（《论语·先进》）

孔子批评颜回："颜回啊，不是能对我有助益的人，他对我所说的话，没有不心悦诚服的。"可能由于天性的恭顺，也可能由于对老师的过分崇拜和虔诚，颜回终日跟随孔子学习，从来不对孔子的观点有质疑和反诘，甚至连进一步的提问都不大有，不像子路常常反诘老师，子贡、樊迟、冉求也是不断向老师提各种各样的问题，对老师的回答里有不满意或不明白的地方，也一定探问到底。这是《论语》中孔子唯一批评颜回的一次。孔子是希望弟子们反复诘问的，并非常有意识地从学生的诘问中完善自己的观点，深入自己的思考。

教育很容易让学生唯唯诺诺，很容易让学生认为老师是永远正确的，老师就是"标准答案"。今天的教育尤其如此。中国学生与西方学生的一大区别，是缺少独立思考的能力。教育本身就隐含着一种可怕的可能性：既然老师在教你，你就要听老师的，所以，教育非常容易导致盲从。

孔子了不起，他真的把什么问题都考虑到了。"兴、观、群"到最后一定是"怨"。这是教育的自我纠正、自我平衡。

孔子说："当仁不让于师。"孔子实际上还有两句话，后来由荀子转述：

从道不从君，从义不从父。（《荀子·子道》）

这两句话出自《荀子》，但荀子明确说是"传曰"。在古代说到"传曰"，一般都指从孔子那儿传下来的。这两句话，加上"当仁不让于师"，一共三句，就是孔儒著名的"三从"：从道不从君，从义不从父，从仁不从师。

以前中国家庭，中堂上不是有"天地君亲师"的牌位或条幅吗？要祭拜天地、祭拜君亲师，表示对君亲师的尊崇。下拜的时候，会不会同时有一种倾向性在里面，会屈从，会盲从？但是，这里有一个平衡，就是孔子说的"三从"——从道不从君，从义不从父，从仁不从师。当君不符合道的时候，要听道不听君的；当父不符合义的时候，要听义不听父的；当师不符合仁的时候，要听仁不听师的。

孔子从来没有让我们盲从。韩愈也说："弟子不必不如师，师不必贤于弟子。"（《师说》）这里隐含一个前提，老师可以比学生差，学生可以比老师优秀。再往前推一步，老师和学生之间可以互为师。

取舍相反，才有发展

韩非子很有意思，作为一个法家代表人物、独裁思想的倡导者，他不明白很多事。比如他讲过这样一番话，很有意思。逐句来看：

自孔子之死也，有子张之儒，有子思之儒，有颜氏之儒，有孟氏之儒，有漆雕氏之儒，有仲良氏之儒，有孙氏之儒，有乐正氏之儒。（《韩非子·显学》）

他说，孔子死后，儒分为八种。

自墨子之死也，有相里氏之墨，有相夫氏之墨，有邓陵氏之墨。故孔、墨之后，儒分为八，墨离为三。（同上）

他说，墨子死后，墨家分了三派。

取舍相反不同。而皆自谓真孔、墨。（同上）

他说，这"八种儒"和"三派墨"，他们的观点都不同。可是他们都自称是真的孔、墨。

孔、墨不可复生，将谁使定世之学乎？（同上）

他说，孔子、墨子死后不能复生，谁来确定谁对谁错、定一尊呢？

韩非子不明白，他的困惑其实是因为他的法家思想的局限性。在韩非子看来，这八种儒、三派墨里只能有一派是正确的，或者都不正确，也就是他觉得"正确"具有排他性。其实，八种儒、三派墨里都包含了孔、墨思想的精华，都可能是真孔、墨。这是第一。第二，学术的发展、思想的进步，不需要并且更不能有"定论"。谁定儒、墨？儒、墨不能"定"，而是要"动"。后人各抒己见，以自家的观点补充、发展，甚至超越前人，才能有文化的不断丰富和发展。正是孔、墨后学的不拘一格，取舍相反，他们才发展了孔、墨思想，传播了孔、墨思想，使孔、墨思想蔚为大观。"儒分为八，墨离为三"，不是儒、墨的悲剧，是儒、墨的喜剧，是孔、墨的伟大。正因为有这样的发展，儒家思想和墨家思想才有它后来的成果。

孔子死后，"儒分为八"，如果没有"分"，我们今天就看不到曾子；没有曾子，我们就看不到子思；没有子思，我们就看不到孟子。教育的一个天然的、潜在的危险，就是导致可怕的盲从，所以"兴、观、群、怨"最后一个字落在"怨"，要我们有独立思考和见解，说明孔子非常有预见性。而正因孔子的教育里有独立思考和见解的成分在，孔子死后，才会"儒分为八"，这恰恰是孔门思想大发展的表现。

教育，不是让一种思想"定一尊"。教育是让一种思想获得更多的发展的可能性。如此，教育就必须要让受教育者有独立思考的能力、习惯和愿望。

这就是我要讲的孔子的"兴、观、群、怨"，它分别指向人的四种基本素质：

兴，激发人的生命力；

观，提高人的判断力；

群，培养人的责任心；

怨，启发人的独立思考能力。

这才是真正的素质教育。"兴、观、群、怨"这四种能力有了，我相信，今天的素质教育也就成功了。

四问

何为经典？

经典的力量

发现中国教育一个特点

对每个家庭来说，教育是针对某个具体的人。但是，任何一个国家或民族对自己的下一代实施教育时，不仅仅希望每一个受教育者能成人，还希望每一个受教育者能认同本民族的文化，热爱本民族的文化，成为本民族发展的正面力量。

这是教育的使命，或者说是功能之一。要完成这一使命、实现这一功能，必然要重视与发挥传统文化经典所蕴含的力量。

先说一个前置性问题：中国教育的特殊性。

中国教育的特殊性是什么？一句话概括，就是中国的教育自古以来是建立在没有全民宗教信仰的基础上的。中国现在 14 亿人口，56 个民族，有多种宗教信仰，比如信佛教的、信道教的、信基督教或天主教的、信伊斯兰教的，还有类似萨满教这样一些地区性信仰。中国历史上没有形成自始至终的、全民的、一体的作为人们精神生活底色的宗教信仰。但中国人没有信仰吗？不是。我们中国人的信仰体系，不是神，而是圣贤，这是中国文化上的一个重要特点。不了解中国文化上的这个特点的西方人，常常不理解，因为在他们的认识中，没有宗教信仰，靠什么约束人的欲望与堕落呢？

我这里说的西方，指的是文化意义上的西方，不是地理方位。实际上，西方的教育和中国的教育是建立在不同的基础之上的，两者之间有非常大的区别，那就是：中国的国民教育，整体而言，没有全民宗教信仰的背景；而西方的国民教育，建立在全民宗教信仰的基础上。

我们常常能看到，西方的小孩在学校科目教育之外，还有课外、家庭生活中的宗教教育与宗教生活。进教堂做礼拜就是宗教教育，讲《圣经》故事就是宗教教育，这些在学校里不会做，也不会出现在任何一张试卷里，因为在西方，将某个宗教的东西放进课堂里涉嫌违宪。但是，教堂会布道，教会会查经，家长会教孩子读《圣经》，不是为了考试，是为了让孩子有一个精神的彼岸世界，让孩子从小知道，人不仅活在现实的物理世界里，人还有精神生活的空间，也就是给孩子一个道德价值标准，让他们知道，人的一生，你在世俗的此岸的所有的生活，在彼岸都有一个标准在衡量你。如果人没有建立这样一个彼岸世界呢？结果是，此生此世我想做什么我就做什么，没有约束，标准就是我自己，到最后没有了标准。为什么基督徒一定说末日有一个审判呢？那就是告诉自己，人所做的一切将来都要被清算，都要付出代价。所以，西方的教育有全民信教的基础，有"两堂"：一个是"学堂"，学校教育；一个是"教堂"，日常宗教教育、宗教生活。《圣经》就是西方人的传统文化经典教材，教堂就是西方人的无处不在的受教育场所。

有一次中央电视台采访我，谈家教问题，我说起我的父亲。他读过私塾，时间也不长，只读完《论语》和《千家诗》，背了不少古典诗歌，他经常给我们背。我们兄弟几个小时候，夏天晚上乘凉，看到月亮，他就背"天阶夜色凉如水"。整个村子，我父亲是唯一识字的人。父亲告诉我有个诗人叫李白，有个诗人叫陶渊明，有个诗人叫范成大，有个诗人叫王维，还有孟浩然。我跟同龄的孩子一样上学，但是因为父亲，我比他们多了一个世界。同龄孩子的世界我知道，也就是吃喝拉撒，那时"文化大革命"时期的小学，教材里一句古文都没有。但是我知道李白的诗写得特别好："危楼高百尺，手可摘星辰。不敢高声语，恐惊天上人。"父亲跟我们讲李白的故事，说李白长到很大了还不会说话，家里人觉得奇怪。李白说家里的楼太高了，怕惊扰了天上的人才不敢讲话。这当然是他杜撰的，但父亲一下子让我看见不仅只有眼前的物理世界，还有一个抽象的、过去的、消失了的世界，这个世界真真实实地存在，甚至这个世界对我们的精神生活来说，比现实世界来得更重要。恰恰是看不见的彼岸的世界或者过去的、消失了的这个世界，才是我们精神世界的主角。在日常生活中，我们只是在满足自己的肉体需要。所以教育在某种意义上就是打开人的眼界，让人看到另外的那个世界。

宗教故事的作用也是如此，让人看到上面的天堂，下面的地狱，让人知道，人不仅生活在现实世界，还有一个精神世界。宗教活动和仪式本身，是一个非常重要的价值载体。对形式主义，我们一定要反对，但是形式和形式主义不一样，形式是意义的载体，没有形式就没有意义。仪式自有价值在，参与仪式，能陶冶情感、净化灵魂。西方人过圣诞节有很多仪式。在教堂唱诗班里孩子们一起唱诗，有的还是很小的孩子，独唱、和声，那么好听、那么纯净，好像声音通过教堂高高的穹顶一直向上，与神之间有了沟通，觉得人是沐浴在光辉里的，觉得人是被保护着的，而你，同样在向往着向上、向上，精神一直向上走。为什么所有的教堂都是尖尖的，为什么都是往上的？就是要带你向上走。如果你不能理解孔子说的"君子上达"是什么意思，去看看教堂建筑就能明白什么叫"君子上达"了。

世俗教化的文化奇迹

讲到这里，有人问，你说西方的教育有"两堂"，中国古代的教育不是没有全民宗教信仰基础吗？为什么你不说有缺失呢？很好的问题。

因为，中国古代基础教育靠私塾。私塾教育，实际上是把学堂与教堂两个功能合并了。只要孩子进入私塾接受基本教育，他一定会读经，读"四书五经"。儒家经典的作用相当于西方教堂与《圣经》的作用，又有西方不具备的好处。好处在于，因为不是宗教，传统文化的积累在世俗教育中没有障碍，不会涉及信仰歧视与冲突。即使有的族群信佛教或者信道教，但是并不形成冲突。儒教从来不是一种神教。所以，中国古代教育，一个私塾实际承担了学堂和类似"教堂"的两个功能，既教授知识，同时也为人们构筑一个精神世界，建立一个文化信仰。《论语》等儒家元典，就是古代中国人整体性的国家意识形态基石，也是全体国民的公共道德信仰基石所在。所以，古代中国虽然不像西方那样家外有教堂，家里有《圣经》，但是，古代中国人私塾启蒙里有《论语》。西方在教堂读《圣经》，古代中国人在学堂读《论语》。

接受儒家经典教育，筑就了古代中国全体国民的公共道德信仰基石。我们中华民族信仰体系的载体和传播，是经学而不是神学，是学堂而不是教堂。我们尊奉的是圣贤而不是神，这是中华文化的一个重要特点，是我们自己的文化传统，是我们民族的文化特色和文化实现路径。

为什么西方不能将"学堂""教堂"两个功能合而为一呢？因为宗教与世俗，两者不能合而为一。举个很简单的例子，假如在一所学校里教《圣经》，可是难保有学生是不信仰基督教的，如果他信仰伊斯兰教怎么办？所以没有办法做统一要求。

但是中国没有问题，因为孔子创立的儒家学派不是宗教，而是一种世俗哲学。这种世俗哲学有很高的精神上的价值，会给中国人建立一个精神世界，会给中国人一个信仰系统，但同时它又是世俗的，不会引起宗教纠纷。与西方的宗教教化不同，中国人是通过世俗的教化，让世界上人口最多的民族变成了世界最文明的民族。这是一个文化的奇迹。办法就是把经典纳入基础教育体系里。中国传统社会的基础教育就是这么做的。

西方的很多仪式是以宗教的形式存在的，比如说在教堂结婚，牧师主持葬礼。中国没有这样的形式，但中国古代有很多风俗民约，婚丧嫁娶，中国人特别讲究，仪式也特别多啊。城市里可能渐渐淡化了，但是到广大乡村还能看到不少。尤其在中国传统社会，婚丧嫁娶的每一个仪式都非常严格。无论中国还是西方，都特别强调仪式。只不过西方以宗教生活的形式来体现，中国以世俗生活的形式来体现，其中都承载着价值。

仪式是价值的载体。这非常重要。婚丧嫁娶的仪式，节假时令的仪式，各有各的规矩。中秋节有中秋节的规矩，元宵节有元宵节的规矩，春节有春节的规矩，端午节有端午节的规矩，清明节有清明节的规矩。千万不要瞧不起这些规矩，它们背后有价值，任何一种仪式的背后都是有价值的。我常说，有些人看起来学历很高，但是没文化；有的人可能不识字，但是他特别有文化。为什么？有规矩。读了再多的书，但是什么都不讲究，没规矩，那就是没文化。文化就是仪轨，文化就是讲究。

什么叫文化人？就是做人讲究。什么叫没文化？就是做人不讲究。

所以中国传统社会，在没有全民信教的基础上，保持了几千年的超稳定。不是一般的稳定，是超稳定。

从社会治理的角度来说，中国古代的文化建设简直是太成功了。古代社会的交通、通信远没有今天这么发达，有些乡村天高皇帝远，朝廷下一个文告，好几个月才能到。但是那些地方也都很稳定。稳定靠什么？靠乡村自治。乡村自治靠什么？靠乡村士绅。而乡村士绅靠的是文化教育和乡规风俗民约。自古皇权不下乡，其实是一种潜规则，留出乡村，让它自治，让它自由。

所以，中国的传统教育建立在没有全民宗教信仰的基础上，不是缺点，而是特点，甚至是优点。

西式教育的两个了不起

1912 年，民国政府首任教育总长蔡元培下令各级学校废除读经，西方教育模式被引进中国，带来很多改变。西方教育制度，有非常了不起的两点优势：

第一，以班级为单位进行教学。这种西方教育形式可以使教学效率最大化，适应了现代社会教育公平、平民教育的要求，让更多的人有受教育的机会。中国古代私塾，表面看好像也是班级教育，一个先生带着七八个、十七八个小孩读书，但实际上，它仍然是一对一的教学方法。私塾学生年龄大小不一，进私塾时间有前有后，学习进度也不一样。一个小孩可能去年来的，他拿本书，比如《孟子》，跑到先生那里背一段，过关了，先生帮下一段断句，布置背诵。然后，又一个小孩上来，他可能刚入私塾，刚开始读《论语》，先生也是先给他断句，学生下去背。然后，第三个小孩再上来……这种教育优势在于可以像孔子讲的那样针对不同的孩子"因材施教"，但缺点是没有效率。要让全体国民都接受教育，私塾教学模式是有问题的。今天教室标准化，学生人数少的三四十人，重点学校坐一百多人的都有，坐得前胸贴后背，一动不能动。为什么？追求效率最大化。这就是学习西方教育的优势。当然缺点也一样，不可能一对一，做不到因材施教，学生个性的东西会被抹除。但是，效率是现代社会发展必须优先考虑的要素，所以必须学西方的班级教学办法。

第二，知识系统更全面。不仅教授传统文化知识，还增加了自然科学知识。这一点对于人类的发展非常重要。一百多年前，面对西方列强竞争，我们反思自己民族文化的时候，发现中国的自然科学是远远落后于人的。中国传统的私塾读经教育，说白了是以"四书五经"为主的人文教育。中国古代有没有科学教育、技术教育？有的，在民间。老木匠带小木匠，老裁缝带小裁缝，不是由国家来做，是民间的三百六十行在做，每一行都有师父。由国家认可的、用考试方式来认定的只有人文教育。中国传统教育里没有科学教育，没有技术教育，只有人文教育，这是它的弱点。这也是 20 世纪初一批知识分子反思中国和西方教育差距的一个重要根据。

以前我们一直觉得自己是天朝上国，好了不起。1840 年的鸦片战争让更多的中国人明白，我们没有那么厉害。从鸦片战争到 1915 年新文化运动开始，中间七十几年里，跟英国打，失败了；跟英法联军打，失败了；跟八国联军打，失败了；跟东洋日本人——原来老跟在中国后面学习的小学生——在甲午海战中，又失败了，败得特别惨。打不过西洋，也打不过东洋，我们的民族自信心确实严重受挫。这时，很多人都在反思，是我们没有坚船利炮吗？甲午海战中的中国，有世界上最先进的海军装备，却全军覆没……于是，我们逐渐从对技术的反思，转为文化上的反思。这种反思，落在教育变革上是什么呢？是废除"四书五经"，全盘接受西方教育模式，引进西方课程科目，有了数学、有了物理、有了化学。这是一个必要的过程，非常重要。孙中山先生说"世界潮流，浩浩荡荡。顺之则昌，逆之则亡"，在这样一个大变局面前，教育一定要作出改变。学校科目里做科学教育、技术教育，势在必行，不可阻挡。这是中国教育的现代化。孔乙己学过数学吗？学过现代物理吗？都没有，古代传统教育只有"四书五经"。今天有很多民间读经组织把孩子封闭起来，别的什么也不学，光读经，这是错的，光读经能应付现代社会生活吗？

当语文课本变成杂志

但是，在教育西化过程中，我们干坏了一件事，什么呢？把读民族的经典废除了。然后学校开设了一门古怪的课，"语文"，或叫"国文"。有一次在上海的两岸三地语文教育发展论坛上，我与一位朋友交流，她原来是大学教授，后来移民加拿大。她在电话里告诉我"加拿大没有语文课"，只有阅读课，一本一本书完整地读。小学一年级一进教室，先发一本书，薄一点、内容简单一点。这本读完了，再发下一本；根据每个孩子读书的进度安排做阅读水平的测试，然后按照水平分级阅读，但必须把每本书读完。这种教学方式，其实跟中国古代的私塾教育很像。以前中国私塾也是不分学期、不规定进度，一本《论语》给孩子，读完了读《孟子》，读完《孟子》读《大学》《中庸》……一本一本读下去。

我们现在的语文课呢？我前几年去学校做演讲，经常问校长和老师一个问题：我们把孩子送进学校，从小学一年级到高三毕业，12 年花在语文课的时间是最多的。但是请问，中国文化里最主要的儒家、佛家、道家三家，教材里有没有一篇完整的介绍？从小学一直到高中毕业，学生完整地读过一本经典吗？最近这两年很好，增加了文言文名篇的数量、分量，学生阅读课里的比重也增加了不少，但文言文的学习与经典的整本阅读不是一回事，构不成经典教育的系统性与完整性。教育的目的是要让本民族的文化得到传承，这是第一。第二，要达到传承文化的目标，就要把本民族的文化经典作为教育的一个最重要的、最宝贵的资源。我们有没有将这样的资源，落实到最具体的操作层面上用起来呢？

我们的语文教材都不是书，顶多可以称"杂志"，每本教材里选几十篇水平参差不齐的课文构不成知识体系，顶多是知识大拼盘，老师花了那么多课时教，学生花这么多时间学、考，却没有好好教、没有好好学过一本经典。我们有没有意识到，我们没有给孩子最好的营养？是不是早晨没给孩子递一杯牛奶而只给了他一杯白开水，就让他上学去了？人人都知道，孩子吃饭要有营养，可是我们的教材里缺少营养。这样的教材，值得我们这么多优秀的老师拿到课堂上去板书、去作那么多分析吗？

我们的国民基础教育，其中义务教育只有九年，高中都不算。即使把高中算进去，在这个阶段应该完成的基本的本民族文化传播、传承的系统的教育，有吗？没有。本来，每一个民族、每一个国家的教育都是这么做的，以前中国也是这么做的，让学生对本民族文化有一个基本的认知和认同。认知，就是了解；认同，就是从感情上、理性上认可。可是我们用语文"杂志"代替了经典教育，这就是今天我们基础教育的现实。

所以，倡导新文化运动的那些先贤们，最早引进西方现代教育理念的、那些非常令人敬仰的教育先辈们，包括最早进行西方现代教育实践的陶行知等人，他们反思中国教育短板的时候，疏忽了、忘记了中国教育的那个特点——中国的教育，是建立在没有全民宗教信仰基础上的教育。他们疏忽了，他们只看到了西方的学堂，没有看到学堂之外他们还有教堂，始终在给人精神与道德上的双重支撑。这一点，直到今天，我们做教育的人也一直没有明确地意识到。

现在很多人说民国时期老教材好，民国老教材与今天的教材相比固然有不少优点，但是我们今天教材出现的许多问题在那时已经出现了，就是将传统经典从教材中剔除，或变成了碎片，不再将传统文化经典作为教育资源。今天，我们的基础教育里有数学、物理、化学、地理、自然等现代科学技术的内容，这是跟古代传统教育相比极大进步的地方。但是，我们不能因此将古代传统教育的优势丢弃了，而这，正是今天教育出现问题的根本原因之所在。

当三堂仅余一堂

非常遗憾，一百多年来，我们的教育工作者一直没能意识到这一点，或者说忘记了这一点。今天，无论是多么了不起的教育专家，或者是教育一线的老师，他们在谈教育的时候，也因为看不到这一点，导致他们将西方的一些教育理念、经验、方法照搬过来时，发现总碰到这样、那样的问题无法解决。

刚才说了中小学语文教材。大学呢？西方的大学教育非常重视通识教育。他们的通识教育跟中国现在的通识教育差别太大了。我们是讲一讲学科概论，比如中国文化概论。概论是什么？完全没有感性体验，全是一些抽象、空洞的概念，然后变成知识记忆在头脑里，只是知识，跟自己完全不相干，根本不能影响人的思维、不能影响人的行为，也不能影响人的气质，反正学生记住了，学生考试，考完了扔掉。

西方大学教育里最严格的就是通识教育。通识教育是必须读经典原著，比如读柏拉图的《理想国》，就这样一本一本往下读，考试也比正常的专业课严格得多。曾任耶鲁大学校长的理查德·莱文说："真正的教育不传授任何知识和技能，却能令人胜任任何学科和职业，这才是真正的教育。"他还说过，如果一个学生从耶鲁大学毕业，居然拥有了某种很专业的知识和技能，是耶鲁大学教育的失败。本科教育的核心应该在通识教育，培养学生自由的精神、国民的责任、远大的志向，以及终身学习的能力，为生命的成长确立方向。这是我们的大学教育缺失的。

西方的通识教育是在学校完成的，此外，还有宗教生活。双休日我们去听讲座，人家去教堂听牧师布道，他们的教育有"两堂"，学堂、教堂。而我们呢，只有学堂，部分人好像有宗教信仰，但多数人去寺庙是去烧香叩头求神灵保佑人财两旺。但在中国古代这一点没有问题，因为中国古人的精神世界是由"三堂"支撑的。

第一是学堂。各地村庄都有学堂。中国古代的教育成本很低，你愿意上的你就来，几张随便的桌子，高高矮矮、大大小小没关系，本地乡绅、宗族请老秀才来教课，教材就是《论语》等儒家经典和古典诗词等等，没有什么成本，乡村基础教育就完成了。

第二是祠堂。祠堂里有什么呢？有祖宗牌位。你一进入祠堂，会看到老祖宗在上面，然后往下数，数到自己家族里。死者的牌位就在上面。你清楚地知道祖先的血脉、家族的文化传承是怎么传下来的。祠堂里也有严格的族规、家规，一个人做错了事怎么办？到祠堂里去讨论。如果一个人做了很缺德的事，那就不允许他进祠堂了，死后也不能列名祠堂，简直是死无容身之地，只能做孤魂野鬼。这对所有人在心理上都是很大的约束，它既给人荣誉感、成就感、归属感，比如名扬天下、光宗耀祖；也给人警醒，约束自我行为。

第三是中堂。除了祠堂之外，回到家里，一进屋的正厅，叫中堂。上面通常挂着条幅"天地君亲师"。逢年过节要烧香跪拜磕头——跪天、跪地、跪君、跪师、跪双亲。跪是仪式、是敬畏。人一定要有敬畏的东西，然后才能够有一种内在的谦卑，才能有气质，才能彬彬有礼。有敬畏的人才是真正有力量的人。你不要以为无法无天是力量。

现在的小孩为什么是"小皇帝""熊孩子"？因为他没有可怕的，父母不能打，老师不敢骂，怕伤他自尊心，家长要来找老师问责。现在的小孩，不怕世界上任何东西，世界上任何东西都怕他。这样的小孩不完了吗？

中国古代的国民教育原本是有"三堂"的——每个村落有学堂；每个家族有祠堂；每个家庭有中堂。学堂里有圣贤，孩子进学堂读《论语》，《论语》开口第一句"子曰"，子是什么人？圣人。第二句"有子曰"，有子是什么人？贤人。所以孩子在学堂读圣贤书，跟圣贤在一起；孩子放学回到家里，祠堂里祭拜祖宗，中堂里敬奉"天地君亲师"，精神世界是完整的。

但我们今天就剩下一堂——学堂。学堂里还没了圣贤。今天的小孩一进小学，给他发的是什么教材？小学一、二年级的教材，不是小公鸡就是小白兔、小猴子。古代小孩进学堂跟圣贤在一起，渐渐就成人了；今天小孩进学堂跟"禽兽"在一起，他哪是进学校呢？他进动物世界去了。古代的小孩启蒙读圣贤书，读"子曰：学而时习之"，为什么我们今天的小孩只能读小白兔呢？难道今天的小孩比古代的小孩笨吗？这是严重看低今天孩子的智商，教材不但没有促进孩子认知能力的提升、促进心智的发育，恰恰相反，是在阻碍发育。在小孩记忆力最好的时候，我们为什么不把能够影响他一生、能够形成他价值观的、提升他认知能力的、提升他的心智的东西给他呢？

为什么我们今天的社会有那么多的"巨婴"现象，甚至是全世界共同的现象，原因就是教育的低幼化。如此之人看起来又高又大，年龄上成人了，职业也不错，但对公共事务缺乏判断能力，社会关系中基本的人际交往也幼稚得不得了。为什么？因为教育从小就严重阻碍了他们的心智发育。当西方的贵族化教育由拉丁文经典学习变成时文阅读、当中国的教育废除读经变成读小白兔、小公鸡，巨婴化就迈开了第一步。

今天，城市人住小区单元楼，乡村生活也不再是传统的模式，宗族祠堂荡然无存，家庭中的中堂早已被客厅电视代替。三堂中，两堂已经一去不返。而传统学堂中的读经教育，也代之以学校按科学知识分类的各类科目，其中的语文课和历史课，也不再是有完整的经典阅读。语文不读《论语》《孟子》，历史不读《史记》《汉书》。历史变成大事记，语文教材所选课文，大多是短小肤浅的各类时文，即使选入一些经典片段，主要也是为了所谓文言文的学习而不是经典的传授。

当语文只是听读写训练

虽然在理论上，人们普遍认同语文是工具性和人文性的统一，但是，在实际操作中，作为工具性的听说读写的训练与考核，实际上是现在语文教育的基本内容。即使对于"人文性"，也更多地理解为人文知识的记诵而非文化人格的构建。而且，即便如此，作为知识记诵的人文性内容，在教材中也非常稀薄，无法为受教育者提供人类文明的基本的熏陶，支撑起一个民族的精神和信仰世界。

有一位听众曾经给我提供过一个数据：美国平均每个家庭拥有六本半《圣经》。我们呢？除了学校语文、历史教材，回家读什么？读各种各样机构推荐给家长的五花八门的应对考试的书。即使那些受过高等教育的人，你家书架上有没有一本《论语》呢？

经常有人问我："为什么我们一定要读《论语》？"问我的人，经常是受过高等教育的，有的是博士生，有的是留学归来的。实际上，他们在提出为什么要读《论语》这个问题时，已经预设了一个前提：将教育看成知识与专业技能的教育。这是一个知识大爆炸的时代，有那么多的途径都能获取知识，我们为什么一定要读《论语》来获取知识呢？读经典就一定成功吗？真不一定，我不敢保证。孔乙己就读经典，他活得怎么样？太惨了。不错，如果仅仅从获取知识的角度来说，这个世界上没有任何一本书是必读的。

那些问我为什么要读《论语》的人，也常常是非常自信、非常自负的人，因为他们接受了很好的知识教育，知识面很广、专业技术强，找工作也不难，有谋生能力。从这个角度来讲，他们还需要读《论语》吗？《论语》既不"专业"也不"技术"，随便学门手艺到街上摆摊都能赚钱，读《论语》不但没用，还得花钱买本书。所以，当有人振振有词地问为什么要读《论语》时，实际上说明他对教育的认知还停留在谋生的第一个层次上，没有认识到教育不仅要让人获得知识、获得谋生能力，教育还要让人成其为"人"。人总得是"人"，总得要做更好的"人"，做更好的自己。一个有文化信仰的人不会问为什么要读《论语》，正如一个有宗教信仰的人不会问为什么要读《圣经》。《论语》就是这个层次上的必读书。它不是让人"有用"的，而是使人"文化"的。

现在义务教育从小学到初中，9 年，有人呼吁要扩大到 12 年，把高中也纳入义务教育范围。即使是 12 年，在这么有限的义务教育阶段的时间里，我们应该选择什么来教给学生？这需要认真考虑，不能捡到篮子里就是菜，在那么有限的一段时间，给孩子学习什么关系到他们将来一生的精神基础。我们在编选教材时一定要想到，20 世纪初中国引进西方教育模式以来，我们只剩一个"学堂"、只用"一条腿"走路了，怎么才能让这"一条腿"具有"两条腿"的功能？

西方的教育，即使有宗教教育的基础，在科学技术教育之外，他们也非常重视人文教育，无论在基础教育阶段，还是大学教育，通识教育是课时最多、要求最高、考核最严格的一门课程。关于这一点，我会在后面专门将一些欧美国家的高考作文题，和我们高考的作文题作比较，就此了解他们中学生读的是什么书，并且通过读这些书，会获得什么样的能力，而我们中学生处在什么水准上。

今天在小学、中学里，学生也会花很多时间学外语。外语当然很重要，如果我让你选，一节是传统经典课，一节是英语课，你选什么？家长都会去选英语课。还有数学，我一直认为，按照我们今天的教材，数学学到初中毕业就可以了，高中应该开数学史课程。用数学史告诉人们数学如何陪伴人类走到今天，数学帮助人类解决了哪些问题，数学打开了宇宙世界的哪些窗口，等等。学数学史，学生们真会喜欢上数学。可是我们今天的数学，就让学生反复做练习题，做无数的题，直到练成"动物的条件反射"，将来考试一看到题型，不用动脑就会做。这是在教数学吗？数学的本质是数学思维，但现在孩子却是耗费大量的时间做题。

当大学成为岗前专业培训

　　教育现在分为基础教育、职业教育、大学教育三种类型。先是基础教育变成了知识教育，教数学、历史、地理、化学、物理，包括教语文，都在做知识教育。知识教育的目标是什么？升学。初、高中以后有职业教育。职业学校教什么呢？教将来谋生的技术。为什么呢？为就业。不为马上就业的学生，考大学。那些考上大学的人怎么样呢？只不过是晚了三年，最终又回到了"职业教育"：因为所谓的大学是专业教育。什么叫专业教育？技术教育的升级版，最终目标也是为就业。今天的大学教育以就业为导向，设置专业喜欢看这个专业的就业前景，改造专业的时候也是，把原先经典课程去掉，放进去一些实用的课程。人大、政协开会的时候，总有一些政协委员、人大代表提案，要求中国的大学教育更贴近现实，更加注重实用。中国的大学已经是全世界"最实用"的大学了，还嫌不够。

　　20世纪50年代初，我们大规模调整全国高等学校的院系设置，把英美式高校体系改造成苏联式体系，原先的综合性大学按专业被拆分，人文科学领域的哲学、社会科学领域的经济、法律等系科或者被撤销，或者被调出、合并，大学被分成文科大学、理科大学、工科大学，理工科院校变成技术学院、职校，一大批人文、社会学科名家被迫改行。这是违反教育规律的。后来知道错了，又重新改回来。

　　大学不应该成为就业前的专业培训。如果想让一个大学毕业的人动手能力马上很强，立刻能上岗，企业根本不需要找大学生，农民工比大学生的动手能力强多了。一位企业管理人员有一次跟我争论，说他们那里来了个大学生，连日光灯管都不会拆。我说你如果只想找人拆日光灯管，何必找大学生。我家搞装修，一个电工，打工好多年，又管排电线，又管装水管，又管安装家具，什么都是他一个人，也就初中毕业。要找动手能力强的人，你找大学生干什么？你找大学生，不是让他此时此刻拆灯管，是看他将来能不能给你的企业带来更大的发展空间。这个灯管不会拆，下一个灯管就会拆了，上午不会拆，下午就会拆了，拆灯管需要大学来教吗？

看看我们丢掉的是什么？是人的教育。人之所以是人，人是有灵魂的、是有价值观的、是有是非观的、是有善恶的。现在变得只看人有没有专业技术用途。

很长一段时间里，废除读经了，日常生活里也将风俗民约当封建习俗破除了。我这个年龄的人，小时候所有传统节日里任何仪式都不能有，过春节也要"过一个革命化的春节"。我曾经把《左传》的文字和那时的报纸作比较，才知道我们的语言退化得多厉害。为什么会出现这样的退化？源于我们对文化粗暴的态度。近一个世纪来，中国废除了读经教育，废除了所谓的封建习俗，结果随处可见很多人没有教养、没有文化信仰、没有价值判断能力，不知好歹，不懂是非。对讲礼仪的人，我们嘲笑他；对有教养的人、言行举止有规矩的人，我们鄙视他。我们喜欢那种大碗喝酒，大块吃肉，水浒式的英雄。这是一个民族整体精神生活的粗鄙化。

人没有"品格"甚至都可以忍，但没有"品位"常常令人难以忍受。今天的中国人很难在整体上体现我们民族曾经有的品位。我曾经在微博上发了一段文字："一个人假如没有品格，总该有点品位。品位是有高低的。假如你要体现你的高品位，你就拿出龙须来，没有龙须就拿出虎鞭来，没有虎鞭可以拿出马鬃来，没有马鬃还可以拿狗腿来。

但是，你无论如何不能端出一泡狗屎来。一个民族的庙堂之上，不能端出一泡狗屎来，尤其不能端出两泡狗屎来。"没有品位很可怕。一个人没有品格可以暂且遮掩，常常让人看不出来。有些人一点品格都没有，但衣冠楚楚，画卖到几千万元，放到庙堂上，还能忍受。但是没有品位就很糟糕，让人一刻都不能忍受。一个没有品位的人，蓬头垢面、粗话连篇、随地吐痰、不知好歹，你一刻都不能忍受。

曾经有两个国际调研机构对全世界最不受欢迎的旅游者排名，其中一个排名说中国第一。另外一个排名说中国第二，排第一的是谁？你可能会很高兴，是美国人。但是下面你就不高兴了，两个调研机构排名最受欢迎的旅游者，结论一样，都是日本人。我真是悲欣交集啊！为什么日本人会受欢迎？这是悲。为什么又欣呢？日本人跟中国人一样，也没有全民信仰的宗教，但日本人整体的文明素质在全世界得到了认可。而日本人，有古代中国人的影子啊，他们历史上深受中国儒家思想影响。日本人今天达到的文明程度，是我们中国人更应该有理由、有能力达到的。

社交礼仪四字诀

我们看看孔子的教育。孔子的教育有个特别有意思的转变，从"小六艺"到"大六艺"。这是教材的变化，教学资源的变化。以前教的是"礼、乐、射、御、书、数"，孔子教的是《诗》《书》《易》《礼》《乐》《春秋》。是什么导致了这个变化？源于教育目标的不一样。

"礼、乐、射、御、书、数"教的是技术知识，一些操作性的规范。比如说"礼"，"礼"完全可以仪式化。什么意思呢？就是说，一个人如果没有多少文化，可以用仪式化的"礼"将他培训得看上去有点品位。2010年上海举办世博会，当时很担心，全世界的人到上海来，上海市民整体的文明礼仪怎么样啊，别丢中国人的脸。然后上海开始集中做礼仪培训，培训怎么接电话，怎么跟别人打招呼，吃饭的时候座位怎么安排，等等。所以，"礼"可以上升到一个高度，让它成为一种价值观，而"礼"本身实际上就是一种价值观。所有的礼仪的背后，都承载着一种价值。但是，"礼"也可以完全形成一种规范的、很具体的东西，某个人可能没有受过多少教育，但是经过短期培训，他在某个特定场合下，动作是规范的、合礼仪的。在孔子之前，"小六艺"的"礼、乐、射、御、书、数"的"礼"，更多就停留在这个规范的层面上。

我遇到过一位在大学里教礼仪的老师。我问她怎么教礼仪。她说教怎么打电话，请客时怎么落座，客人来了怎么招待。我说这没法教啊，比如请客，主次席的安排，各地有各地的坐法，山东不同于山西，上海不同于北京，你怎么教？她问那鲍老师你怎么教？我说，只讲明一个道理就行，不管在什么场合下记住一个原则——"卑己尊人"。这不是我讲的，是孔子讲的。《礼记·表记》引孔子的话："卑己而尊人，小心而畏义。"很多时候，按照礼节来对待他人的人，气质中总有一份谦恭，行为中总有一份尊人，眉宇间总有一份谦卑。

"礼"的本质就是"卑己尊人"，把自己放低一点，把别人放高一点，自己谦卑一点，更多的恭敬给对方。请客为什么要请尊贵的客人坐在主席上？为什么要有主席、客席的区别？客席里还有主宾、副宾的区别？因为我们对尊者、长者的尊敬。所以，掌握了"卑己尊人"的原则，不管我们在什么地方，都知道该怎么做。

"卑己尊人"是一种价值观，是"礼"的本质。这个是孔子揭示出来的。在孔子之前，"小六艺"的培训讲不到这个层次上，"礼"只是技术，只是操作手册。孔子不满足，他想对"礼"背后的价值观做更好的解释。

如果我们把只教"礼、乐、射、御、书、数"比喻为今天职业教育的"职校"，那么，把"职校"提升为"大学"的，是孔子，教材是"大六艺"，《诗》《书》《礼》《易》《乐》《春秋》六本古代文化典籍，而这些，才是孔子办的"大学"真正要教的。从"小六艺"到"大六艺"，就是从"职校"到"大学"。大学的本质，在于一定有"文化"。没"文化"不能叫大学。

经典是什么

为什么孔子要用"大六艺"的《诗》《书》《礼》《易》《乐》《春秋》来教学生？回答这个问题前，先讲什么是文化元典？元典，是相对于经典而言的。

一般人的著述叫著作。一百年后还有人读的著作是经典。比如唐诗，《全唐诗》收集的诗歌作者有两千多个。现在我们常说中国古代诗歌，唐诗是经典，但这是相对而言。唐诗里也有写得特别"臭"的。《全唐诗》五万多首，只要有一万首不"臭"，而且是精华就行了。两千多个诗人，称得上经典作家的，有哪些人？是中国人一定得知道。李白、杜甫、王维、孟浩然、白居易、韩愈、李商隐……这些人的诗就是经典。中国当代作家，鲁迅是经典，其他人很难说，还有待时间检验。鲁迅的作品，多少年后读，仍然感觉像是刚刚才说的。因为他说的东西，到今天看来，一点都没变。鲁迅生前曾经讲过一句很难听的话，他说很多人劝他写一些不朽的作品，比如写小说，老写杂文容易速朽，会很快被人遗忘的。鲁迅说，他真的希望他的杂文早一点被人遗忘，那说明社会进步了。如果他的杂文几十年后、上百年后还有人在读，那真的是悲哀啊！因为社会没进步。鲁迅不幸被自己言中。你要不信，去找他的杂文看看，里面每一句话几乎讲的都是今天。这是鲁迅最悲哀的地方，也正是他成为经典的地方。

经典一定具有超越性，能穿越时空。

但是，世界上的经典有很多。每个专业有每个专业的经典，每个时代有每个时代的经典。经典也不一定非读不可。比如读诗歌，不一定非读唐诗。一个美国人不一定要读唐诗，一个中国人不学古代文学专业也未必都要读唐诗，即便读唐诗也不是所有的都要读。经典作家那么多，从初唐四杰，到张若虚，到陈子昂，然后到李白、杜甫，然后又是山水田园诗派的王维、孟浩然，又是边塞诗派的高适、岑参，又到中唐的韩愈、孟郊、柳宗元、刘禹锡，等等，这些你都读吗？不一定。挑几个读一读也就差不多了。

　　总结一下，什么是经典？经典一定具有超越性；经典一定讲本质问题；世界上不同专业领域、不同时代的经典非常多，一个人没必要、也不可能都读。

元典是什么

经典再上一层叫"元典",也可以写成"原典"。元和原,都有"源"的意思。元,本义也是人首,上面的两横是人头,下面的撇、竖弯钩是人的身体。元旦,一年之首。元典——所有的文化典籍的源头。

人类有人类的元典,民族有民族的元典,元典一定是在最古老的时候创造出来的。你说你今天要写一部元典,对不起,没机会了。因为你不在源头上。

人类的历史从什么时候开始?有人说从人的进化开始,什么单细胞变成多细胞,从海里爬到岸上,又爬到树上进化成猴子,从猴子又进化为人。我认为,人类的历史应该从人开始——从人开始是什么意思?人类的进化史,不是人类的历史。人类的历史,应该从人意识到自己是人开始。人自觉到自己是人,才是人类历史的开始。

"自觉"这个词真是非常好。植物无觉,动物有他觉,只有人才有自觉。一只小鸡戳破蛋壳爬出来,第一眼看到的是狗,它就认为自己也长得这个样,就认狗做妈妈,跟着狗就走了。动物没有自觉因为它看不到自己。但人有自觉。什么是自觉?能认识到自己。只有很好地认识自己,才能更好地认识他人。有比较、有对照、有区别,才能认识他人。动物有他觉,但仅仅只有他觉,也不能对外部的世界作出正确的认知。只有人有了自觉,人与人之间有了分别,才能更好地认识自己。所以自觉有三个条件:正确认识自己;正确认识他人(世界,所有的一切);正确地认识自己和世界之间的关系,这叫自觉。人类有了自觉,人类才开始拥有了自己的真正的历史。人类在没有进化为人之前,只是动物,那样的历史属于自然史,不是人类史。

　　文化从哪里开始？从元典开始。这里的"文化"是动词，文明化。没有元典之前就没有文化了吗？没有文化又哪来的元典呢？这就变成了鸡在前还是蛋在前的问题了，很复杂，所以，这里我有个说明，元典是过去的积淀和突破，是未来的起源和基础。漫长的人类历史有一个漫长的积淀过程，积淀了大量的价值观，最后产生一个突破，这种突破形成的成果，就叫"元典"，并且，成为人类文明未来发展的基础。

　　所以，元典是人类的塑造者。经典作家和元典作家的区别在哪里？没有读过几部经典、不知道几位经典作家，对人影响不大。比如，一部建筑专业的经典、经典作家，普通人完全可以不读、不了解，你的精神生活里可以没有他。但是，元典作家呢？你可以从来没有听说过他，可以没有读过他的著作，或者你很讨厌他、骂他，也不能摆脱他对你的精神的影响。那你会说，我从来没有听说过他，怎么摆脱不了他的影响呢？因为，他已经不是一个人在影响你，而是通过人类的文化历史在发挥对你的影响。你拒绝了他一个人，隔离了他一个人，没有用，因为他通过无数种不同的渠道和载体在对你发挥影响。

　　我有一次在广州，问一些孩子："知道孔子吗？""知道。""读过《论语》吗？""没有读过。""长大做君子还是做小人？""做君子，不做小人。"没有读过《论语》，知道孔子也只是个名字而已，很抽象，但是他们知道做人要做君子。你看，没有读过《论语》的人实际上已经受到《论语》的影响了。所以《论语》是元典。假如问没有读过李白诗的孩子，李白诗对他便不会有影响。所以，李白诗是经典。元典作家和经典作家的区别也在这里。

　　还可以再讲一件事来说明。有很多人喜欢骂孔子。从 20 世纪初的新文化运动"打倒孔家店"以来，尤其到后来经过 70 年代"批林批孔"运动，很多人头脑里残留的观念就是孔子是造成中国落后的罪人，是开历史倒车的小丑。有一次我碰到一个人大骂孔子："你讲什么孔子啊，他保守、愚昧、落后……"我说："你这个不仁不义的家伙！"他一下跳起来："你怎么骂人？"我说："我不是骂你，我只是为了验证一下。你看，你知道不仁不义是骂人话。但你知道吗，'仁义'这个概念就是孔子阐述、赋予它内涵的。你骂孔子，为什么还用孔子仁义的标准衡量自己呢？"看起来，我们两人在针锋相对，其实，有一个基本的共同点，那就是：我们两人都认可"仁""义"。没有这个共同点，连争吵都不存在。

是不是这样？你对孔子可能不了解、可能没好感，但是我能骂你不仁不义吗？不能。说明什么？说明哪怕你反感他、你不了解他，但是你已经被他塑造了。这就是元典的影响。

人类觉醒，星空璀璨

人类的元典产生于一个什么样的时代？

德国思想家雅斯贝尔斯在《历史的起源与目标》中提出了一个概念——轴心时代。他对"轴心时代"有个定位。

首先是时间定位，在公元前800年—公元前200年，尤其是公元前600年—公元前300年。关于这个时间，我想特别说明一下。孔子诞生的时间是公元前551年或者公元前552年，跟公元前600年只差50年。往前推50年，比孔子大一辈的人就是老子，据说老子又特别长寿，所以老子比孔子大50岁是可以接受的说法，推测公元前600年就是老子出生。公元前300年，孟子大概在这个时间去世，当时荀子50多岁。也就是说，我们今天讲的中国的先秦诸子，全在这个时间段里面，老子、孔子、墨子、孙子、孟子、庄子、商鞅、荀子、韩非子。西方，有古希腊的苏格拉底、柏拉图、亚里士多德，以色列有犹太教的先知们，古印度有释迦牟尼，他们全出现在人类文明的这个"轴心时代"。

其次是空间定位，也很有意思，在北纬30°上下，一般在北纬25°~35°，就在这个区间里面。大家会觉得奇怪，为什么这个区间的人那么聪明？为什么那个时代的人就那么聪明？有人说，可能在那个时间里，宇宙有一种特殊的射线，正好照射在地球的这个区域，给地球带来了无穷的能量，在这个特定时间、区域里的人的大脑受这个射线影响，突然进化跃进了。当然，这是很浪漫的一种猜测。

为什么称这个时间和区域为"轴心时代"呢？因为这个时候，人类出现了老子、孔子、苏格拉底等一批大思想家，这些人的思想和著作标志着人类文明和思想有了重大突破，人类此时，发生了"终极关怀"的觉醒。

"终极关怀"这个词真好。不要觉得这个词高大上，跟我们普通人没有关系。人可以不一直高大上，但是一点高大上没有，也很不幸。做人不能总是只关心吃喝拉撒，总要关心一点抽象的东西吧。比如，关心一点人间是非，假如有小偷进了邻居家，邻居又不在家，这个时候你关心不关心？一定要关心。看起来这是一件很具体的事情，其实还是有"终极关怀"在里面，因为你"关怀"的事关人间的"正义""公正"。所以，绝对没有终极关怀的人实际上是找不到的。因此，在文化变得如此粗鄙的今天，我们不要把自己打扮得更加粗鄙，好像层次越低越有个性。不是这样的，人总得有终极关怀。

正是在"轴心时代"，人类的终极关怀开始觉醒，人类开始用理智的方法、道德的方式来看待世界。也是在这个时候，人类的宗教开始出现。宗教实际上就是给人类一个精神的彼岸世界，让此岸的肉体的人生有一个向上的目标、有一个向善的方向。今天西方文明、儒家文明、伊斯兰文明、印度文明等不同的文化形态，就是由于"轴心时代"东、西方思想家各自不同的超越和突破的结果。这种对人类原始文化的超越和突破，雅斯贝尔斯称之为人类"终极关怀的觉醒"，人类开始用理智的方法、道德的方式来面对这个世界。

怎么解释雅斯贝尔斯说的"轴心时代"人类"终极关怀的觉醒"？我的理解是：

第一，人类试图从整体上把握世界，开始严肃地思考人类和宇宙的关系，而不是零敲碎打、个别地孤立地去认识世界。比如，老子提出"道"的概念，他试图用一个"道"来解释宇宙间所有的变化、所有的事物。又比如，中国人总结出来的"五行"说，金、木、水、火、土，实际上也是用五种元素来概括世界上无穷无尽的、千差万别的事物与现象。这是人类认识史上一次巨大的飞跃，是人类开始对世界进行抽象化的概括，体现人类试图在整体上把握世界。哲学在这个时候出现了。这叫认识论。

第二，人类开始有了自觉，开始认识自我，认识人我关系——这是世界观的觉醒。刚才我们讲到人类的这种"自觉"。

第三，人类开始认识到人是有道德使命的。人不仅是一个"道德的存在"，从而区别于一般动物，而且，人还负有建设道德世界的责任。这是伦理学展开。

第四，人类开始有明确的时间意识，开始关注人类自己的历史，意识到人类是一个文化的存在并且有着文化的使命和宿命，就是司马迁所说的"通古今之变"——历史观诞生。

雅斯贝尔斯的这本著作《历史的起源与目标》发表在 1949 年。其实在中国，有一个人比他早了两千多年，至少在公元前 110 年，就列出了一份中国的轴心时代代表人名单，这个人叫司马谈，司马迁的父亲。司马谈写了一篇文章叫《论六家要旨》，将先秦诸子主要分成了六家，阴阳家、儒家、墨家、名家、法家、道德家。这六家，影响最大的是儒家、法家和道德家（道德家就是道家），主要的人物是谁？老子、孔子、墨子、孙子、孟子、庄子、商鞅、荀子、韩非子……这些人做了什么？给我们人类创造了一些概念：道、德、仁、义、礼、智、信、勇、法、术、势、王道、仁政、兼爱、尚贤、大同、小康……你是不是对这些概念很熟？每一个概念的背后，都蕴含着深刻的思想；这些思想，是对整个人类文明和人类道德使命的思考；这些思考，变成了文明的成果积淀下来；这些积淀，最后就成了人类生存的价值观和价值基础，并且，形成了独特的民族文化。孔孟老庄诸子元典，就是中华民族的文化之源。也因此，注定我们中国人的信仰体系，是"圣"而非"神"，是"文教"，而非"宗教"。

插几句话，王小波是一个非常好的作家。他中年突然去世，是思想界的损失。我很喜欢他的作品，比如《沉默的大多数》。有些书读了让人变聪明，有些书读了让人变傻。王小波的书让人变聪明，因为他逻辑特别清晰。但是有一点我不赞成。他说他就佩服那些能把豆子变成豆腐的人，对讲仁义道德的，他觉得不怎么样。王小波是理工科出身。我认为，把豆子变成豆腐固然了不起，但是给人类留下仁义道德这些概念的人同样伟大。我打过一个比方，爱迪生发明电灯，非常了不起，他照亮了人类的物理空间。我们古代的思想家更了不起，他们照亮了人类的精神空间。"天不生仲尼，万古如长夜"，人类没有老子、孔子、孟子、庄子，没有苏格拉底、柏拉图、耶稣、释迦牟尼，人类一定是愚昧的，并且，至今还在黑暗中摸索。

中国文化讲的这些概念：道、德、仁、义、礼、智、信、忠、孝、诚、恕、勇，是什么呢？是人类那个时代建立的基本价值观。我们常常提到价值观。价值观不能凭空造出来。比如现在的社会主义核心价值观，24个字，富强、民主、文明、和谐、自由、平等、公正、法治、爱国、敬业、诚信、友善，它们的一个重要来源，就是中华优秀传统文化，有些就直接来自中国传统文化中那些概念。凡是人类的基本价值观，都是恒定的、不能变的。

中国人评价一个人，传统上也习惯从两个方面看：一是道德，二是学问。一个人道德、学问都好，那就很了不起。

价值观只能认同，不能讨论

有人说，两千多年前的价值观能跟今天的价值观一致吗？肯定有变化吧？我说，这是糊涂人讲糊涂话。价值观有个人价值观和基本价值观之分。

什么叫个人价值观？举个例子，比如选择一辈子单身，这是个人的权利，别人管不着。每个人都可以选择结婚还是不结婚，结婚后也可以选择"丁克"或者是多子多孙。这些都叫个人价值观。有的人花钱就喜欢"月光"，别人也管不着。喜欢攒钱也行。这种价值观是个人的，我们不能把这种个人价值观混淆为基本价值观。

基本价值观是什么呢？简单地讲，就是做人，做好人不做坏人。你可以选择做单身的人，也可以选择做娶妻生子的人，但是你不能选择做坏人。有些人还真不明白这些道理。

有位民办小学校长，在教学上做了很多尝试，名声特别大，各地办学。但我认为他有个大问题没搞明白。我说，知识和价值观不一样，知识是让人认知的，但是价值观是让人认同的。他说，不对，在西方社会，学校里什么都可以讨论。我说，讨论的目的还是最终走向认同，而不是最终走向否定。比如，做人要仁义，可以讨论，但是不能讨论到最后走向否定，变成做人要不仁不义。基本的价值观，必须认同。不认同，人没法在社会上立足。如果我讲座上公开说，我就不仁不义，你能把我怎么样，主办方马上把我轰下去。做好人还是做坏人，你能组织学生讨论这个问题吗？然后有一部分学生选择做坏人，而你也说可以？

人有人的底线，这叫基本价值观。基本价值观是普适的，时间上普适，空间上普适。孔子时代的好人到今天仍然是好人；今天的坏蛋到孔子的时代，照样是坏蛋，这是时间上的。空间上的呢？中国的好人到美国依然是好人；美国的坏蛋到中国照样是坏蛋。

所以，共同的基本价值观不能讨论，只能认同。做人要遵守基本的价值观，要讲道德、要讲仁义、要讲礼貌、要讲智慧、要讲诚信、要讲忠诚、要孝顺父母、要宽恕、要勇敢，变了吗？从古至今不变，古今中外不变。先贤通过元典给我们留下的道、德、仁、义、礼、智、信、忠、孝、诚、恕、勇等，看起来是概念，实际上指向的是基本价值观。有了这些价值观，我们就知道一生怎么做人、怎么做事。教育就是要让受教育者，让一代一代的民族的未来认同基本的人类价值观。

知识，让我们认知；而基本价值观，需要信，需要认同。因此，基本价值观问题不能讨论，只能让人认同。价值观多元时代有多元价值观，应允许自由讨论，但是不能混淆概念。譬如是否选择结婚、是否做丁克族，当然可以自由讨论多元选择，但人们常误把这些也当作基本价值观问题。这是具体的人作不同的人生价值选择问题。做一个好人这样的基本价值观是不能讨论、不能多元选择的。人有做人的底线，底线不能讨论。基本价值观就是做人的底线，良知就是做人的底线。底线只需要认同。

今天，我们的基础教育做得怎么样呢？从小学一直到高中，孩子们毕业了，作为一个中国人，你问他中国传统文化中的"道"是什么，"德"是什么，"仁、义、礼、智、信"是什么，有多少孩子能答上来？很少有完整的概念。这是不是我们从事教育的人的失职呢？高中一毕业，没办法了，因为孩子们考进大学，学某类专业去了。18岁了，成人了，不知道什么是人类的基本价值观。我们的基础教育是不是很失败？我们老师都在干什么？

　　我这样讲不是把责任推给老师。我有一点失望的是，每当我和老师们讨论这些问题时，不少人是不屑一顾的。你老讲这个有什么用啊，我们改变不了什么啊。我想问：如果不首先讨论这些问题，我们又如何推动改变呢？我想告诉大家，我们可以不接受别人推来的责任，但是，我们自己应该意识到，既然我们在从事教育事业，我们就不能将责任推给别人。我们每位老师，在力所能及的范围内，实际上还是有做一点事情的空间的。

信，仰

教育，不仅教授知识，更必须帮助人建立一个精神的世界与一个信仰的世界。

什么叫信仰？可以把两个字分开理解，一个是信，相信；一个是仰，仰望。

信是什么？相信一个不确定的东西，或者说非常确定地相信一个还没有被确定的东西，这便是信。未确定的为什么要信？因为已确定的事实是知识，不需要再去信。一加一就等于二，信不信它都等于二。知识，信或不信，它都在那儿，跟你无关。信者，一定不是已确定的事实，而是不确定才需要去信。人生需要去信一些东西。有这样的信，才能让自己的人生有一个依据。譬如，人为什么要做好人？人们能找到一个知识即事实的答案，一个科学答案吗？你说好人有好报，但我也可以举例说好人没好报；你说恶人有恶报，但我也可以举例说好人不长命，恶人活千年。对于有宗教信仰的人，他会这么回答：好人上了天堂，坏人下了地狱。是他证明了人为什么要做好人了吗？他也没法证明。死去的人既不会回来告诉你真有天堂，也不会回来告诉你真有地狱。这就是人在确定地去信不确定的东西。要不要做好人，无关事实，有关信仰。

那么，什么叫仰？是相信一个比你高的东西，相信一个引你向上提升的东西。它不叫信服，它叫信仰，要往上看。所以，信，是相信一个不确定的东西；但是这个不确定的东西，必须是让你向上走的。不是什么不确定的东西都能信。让人堕落的东西不能信。信一个不确定的但引领你往上走的，才叫信仰。

　　因此，前提有两个。第一，相信这个世界上有人比我们崇高。我们可以甘于做普通人，但是不要以为所有人都跟自己一样普通，一样过普通的日子，甚至过一些不大光明的日子。这个世界上，有孔子、有苏格拉底、有耶稣、有释迦牟尼。第二，人类是高贵的，但一定要记住一点：人类的高贵并不是体现在所有的个体身上，人性的伟大和光荣也不是体现在所有的个体的人性上；人性的伟大和光荣、人类的高贵，往往体现在某一些非常特殊的伟人身上，他们代表着人性的光辉、人类的高贵，而我们绝大多数的人要仰望这样的光辉，这就叫仰——信仰。

　　人活在现实世界里，但是，现实的世界只是"实然的"世界，而人追求的是"应然的"世界。人类世界和动物世界不一样，动物总是被动地适应环境，而人类会改变环境，让世界变得更美好。人类向往的这个更美好的世界，便是"应然的世界"。我们不仅生活在现实生活中，我们还生活在想象世界中，一个比今天的世界更美好的世界。人类一旦失去了对"应然世界"的向往，人类将会怎样？今天还有活下去的理由吗？那些心灵鸡汤喜欢不断告诫我们说"这就是现实""这就是生活"，忍着吧，你什么都改变不了，还有人比我们生活得更惨呢。说这话是什么意思呢？看到别人没有腿，于是叫我们不要抱怨没有鞋。这就是鸡汤洗脑。人生各有缺憾，但活下去不就是为了能有一个更好的人生吗？教育，不就是让人建立一个更好的自己吗？一个孩子降临，父母就是要让他的人生变得更美好。教育就是让人生变得更美好。没有对这个"应然世界"的想象，搞什么教育呢？

《论语》在告诉我们什么

有人问我，《论语》写了什么？我说，《论语》告诉我们三个理想：

第一，告诉我们什么样的社会是理想的社会；

第二，告诉我们什么样的政治是理想的政治；

第三，告诉我们什么样的人是理想的人。

一句话，《论语》是一部关于理想的书，一部帮助我们建立信仰的书，是给孩子人生一个依据，让他们未来能够进退有据的一本书。

你看，我们让小孩读这样的经典，他一下就站到了这么一个高度，他一开始的格局就大了起来。"四书"里有一本书叫《大学》，我们今天的小孩上学，从小学、初中、高中，然后考大学，实际上，真正的大学不是在哪一个阶段。真正的大学是贯穿人之一生的，从人之初开始，学着长大成"人"——那就叫大学。

这就是经典的价值。有了这个价值，我们就知道如何衡量社会，衡量政治，尤其是衡量自我。所以回到这句话：道、德、仁、义、礼、智、信、忠、孝、诚、恕、勇……每一个概念的背后，都蕴藏着深刻的思想；这些思想是对整个人类文明和人类道德使命的思考；这些思考变成文明的成果积淀下来；这些积淀最后就成了人类深层的价值观和价值基础，并且，形成了不同的民族文化特色。不同民族文化各有特色，核心的价值观是一致的，否则，人类无法共存。

教育，就是要将这样的价值观赋予我们的后代，让全社会在这样的一个价值基础上文明地运作。

元典的知识体系

对于个体的人来说，价值观的教育是培养他成为一个人、成为一个更好的自己；对于一个民族来说，需要通过价值观的培养、通过价值观的认同来增强一个民族的凝聚力。

中国传统文化元典作为基础教育的资源，其价值是无可比拟、无可取代的。主要体现在三个方面：

第一，知识体系；

第二，价值体系；

第三，文化体系。

任何一部文化元典都有这三个方面的体系。仅举《论语·学而》第一篇作说明。

第一，知识体系：《论语》总共二十篇一万六千字左右，第一篇《学而》，总共十六章，去掉标点符号，493 个字。一个小学二年级的学生，背五百字，注意力集中的话，只需两三个小时。这个太容易了。你看这五百字，他能获得哪些知识？《论语·学而》全文如下：

子曰："学而时习之，不亦说乎？有朋自远方来，不亦乐乎？人不知而不愠，不亦君子乎？"

有子曰："其为人也孝弟，而好犯上者，鲜矣；不好犯上而好作乱者，未之有也。君子务本，本立而道生。孝弟也者，其为仁之本与！"

子曰："巧言令色，鲜矣仁！"

曾子曰："吾日三省吾身：为人谋而不忠乎？与朋友交而不信乎？传不习乎？"

子曰："道千乘之国，敬事而信，节用而爱人，使民以时。"

子曰："弟子入则孝，出则弟，谨而信，泛爱众，而亲仁，行有余力，则以学文。"

子夏曰："贤贤易色；事父母，能竭其力；事君，能致其身；与朋友交，言而有信。虽曰未学，吾必谓之学矣。"

子曰："君子不重则不威，学则不固。主忠信，无友不如己者，过，则勿惮改。"

曾子曰："慎终追远，民德归厚矣。"

子禽问于子贡曰："夫子至于是邦也，必闻其政，求之与，抑与之与？"子贡曰："夫子温、良、恭、俭、让以得之。夫子之求之也，其诸异乎人之求之与？"

子曰："父在，观其志；父没，观其行；三年无改于父之道，可谓孝矣。"

有子曰："礼之用，和为贵。先王之道，斯为美。小大由之，有所不行。知和而和，不以礼节之，亦不可行也。"

有子曰："信近于义，言可复也。恭近于礼，远耻辱也。因不失其亲，亦可宗也。"

子曰："君子食无求饱，居无求安，敏于事而慎于言，就有道而正焉，可谓好学也已。"

子贡曰："贫而无谄，富而无骄，何如？"子曰："可也。未若贫而乐，富而好礼者也。"子贡曰："《诗》云：'如切如磋，如琢如磨'，其斯之谓与？"子曰："赐也，始可与言《诗》已矣，告诸往而知来者。"

子曰："不患人之不己知，患不知人也。"

其一，文化历史知识。里面有非常重要的历史人物：有子、曾子、子贡、子夏……里面有很重要的历史名称知识：什么是邦、什么是国、什么是君……里面涉及文化典籍《诗经》、文化概念"礼"，如果老师延伸一下教，还可以讲讲"周礼"，讲讲"三礼"，仁、信、孝、悌、忠、君子、小人、先王……里面还有人的称谓知识：孔子为什么不称孔丘而称子？有子叫有若，子贡姓端木名赐字子贡，他们的名和字之间有什么关系？都会学到。古人有名、有姓、有字、有号，还有谥，什么时候称名，什么时候称字？老师会讲，长辈和老师称呼学生和晚辈才能直呼其名，而平辈之间，都称字。这些文化历史知识都包含在这五百字里。

其二，语言知识。看看五百个字里，能收获的成语有多少：巧言令色；三省吾身；言而有信；慎终追远；以和为贵；食无求饱，居无求安；贫而无谄，富而无骄；贫而论道，富而好礼；如切如磋，如琢如磨……《论语》里的成语是最原始的出处、最原始的本意，不是成语字典里的教条。里面还有一辈子随时能用的、能应付各种生活场景的句子，比如"学而时习之"，比如"有朋自远方来"，比如"人不知而不愠"。品位是怎么来的？不就是这样来的嘛！还有既可以拿来劝别人，也可以拿来告诫自己的"过则无惮改"；可以告诫别人，也可以提醒自己做事快一点，说话慢一点的"敏于事而慎于言"……你看，只是《论语》的第一篇，仅仅五百个字，就能获得多少语言知识带来的积累啊。读《论语》一年的孩子，与其他孩子差距有多大，根本不用考试证明。一步一个台阶往山上走，走得有点吃力，才有提升。如果每一步走得很轻松，一定是在往山下走。教育也是一样的道理，往上走还是往下走，结果不一样，一个在山上，一个在山下。《论语》里几百个终生可以引用的成语、格言，不仅仅是语言知识，还是人生哲理、价值观。这种知识体系跟今天的教材相比，完全不可同日而语。

有位教大学语文的老师，有次考试让学生填下列成语的出处，结果有个学生在所有的空格上都写"见《成语词典》"。一个民族的母语啊，汉字都见《新华字典》，成语都见《成语词典》？我们认字、词，就靠字典、词典吗？

论《论语》的知识体系、知识含量，我们今天的语文教材怎么跟它比？

元典的价值体系

再看第二，价值体系。教会孩子作价值的判断，比第一个知识体系更重要。

《论语》第一篇《学而》五百个字学完，掌握知识体系的同时，学生已经不知不觉获得了评价世道的标准，评价好人的标准。比如做人的心胸：不患人之不己知，患不知人也；人不知而不愠。比如，人要孝要悌要忠于职守，人要三省己身：为人谋而不忠乎？与朋友交而不信乎？传不习乎？这就是修养，这就是做人的价值判断力。一个理想的人格，在五百字里，不知不觉之间，被熏陶出来了。

所以，《论语》能告诉我们，什么样的人是理想的人。

那好的政治呢，比如：敬事而信——认真对待国家大事，政府应该讲信义，不欺骗民众；节用而爱人——国家的财政要节省着用，不能乱花，不能让贪官贪去了；使民以时——让老百姓做大的工程，一定要不违农时，不能耽误他们的正常生产和生活……你看，这是《论语·学而》第一篇五百字里包含的。所以，《论语》告诉我们，什么样的政治是理想的政治。

《论语》还能告诉我们，什么样的社会是理想的社会？好的社会：礼之用，和为贵——这不是我们讲的和谐社会吗？

作为价值体系，都有了吧？这才第一篇五百多个字，《论语》二十篇一万多字呢，一篇篇读下去，越来越丰富。

元典的文化体系

第三，文化体系。

曾经有人说，要做一个好人为什么非要读《论语》，我读《圣经》不也可以吗？当然可以。如果仅仅是为了做一个好人，如果仅仅是为了获得评价社会和现实的价值尺度，真的不一定非要读中国的《论语》。但是，做人，一辈子总要读一本经典。问题在于，通过《圣经》而变成好人，你认同的是西方文化；通过读《论语》而变成好人，你认同的是中国文化。为什么今天孩子那么喜欢过洋人的节日？喜欢过洋节当然没有问题，但鄙视本民族节日就是一个问题了。为什么这样呢？因为我们的教育，没有让孩子们从小从文化经典里获得文化认同感。所以，教育还有一个特别重要的功能，就是必须使受教育者产生强烈的文化认同。因为只有一个国家、一个民族的教育能够让我们的子孙后代产生强烈的文化认同，这个民族才是有凝聚力的，有凝聚力的民族才是不可战胜的。你看乌克兰，多可怜，为什么有那么多的地方要分裂出去，一些乌克兰人认同俄罗斯不认同乌克兰，就是缺少文化认同。这种危险是致命的危险。现在香港已经回来了，澳门已经回来了，台湾还没回来，别着急，只要台湾人还认同中国文化，总有一天会回来，这一点我非常有信心。所以传统文化元典不仅给我们知识、给我们价值观，同时让我们认同自己的文化。有了这种文化上的认同，就不会再有"二心"了。

"文化认同"的价值在哪里？有四点：

第一，作为人的精神归属感。中国人总要有精神归属感。有人称海外华人移民的第二代、第三代叫"香蕉人"，意思是，皮肤是黄的，内心是白的。中国很多人移民到美国，第一代还好，到第二代、第三代，中文不会说了，有很好的物质生活，但是精神上总感觉没有归属感。别人未必认同他，他也未必认同别人。这种归属感好比房子装修，有一种风格让你待在里边很舒服，一直不厌倦。这种让你一直舒服、与你高度和谐的装修风格，背后一定有一种文化认同在里面。装修是用外在的东西安顿自己肉身，文化归属感是安顿自己的内心。没有文化归属感，人不论在哪里，都有点孤魂野鬼漂泊的感觉。我读中国书，我心中有孔子、有老子，我积极入世的时候想着孔子，我后退一步的时候想着老子、想着庄子。我生活中有琴、棋、书、画、禅、香、茶。文化有两种层次，一种形而上，"极高明"；一种形而下，"道中庸"。极高明者，孔、孟、老、庄，这是形而上的，是中国人的哲学；形而下的，琴、棋、书、画、禅、香、茶，这是中国人生活中的美。没有这些，生活中的美在哪里？现在，我们培养孩子大学毕业了，如果他出国了连文化的一点精神归属感都没有，这种教育怎么对得起国人啊，这叫误人子弟，真的是误人一生啊！

　　第二，作为民族的凝聚力。为什么我们之间能互相认同？为什么我现在讲的这些你有共鸣？如果是个美国人可能不大听得懂。因为我们都是中国人，我们的根本利益是一致的，我们都希望中国好。中国好了我们才能好，一荣俱荣，一损俱损。这叫同胞之情。凭啥我认你做同胞？是肤色吗？黄种人里，为什么我认你是同胞，不认别人呢？因为心中有符号。中国就是一个符号嘛。在这个大符号下还有很多文化符号。知道孔子，读过《论语》，我跟你说一句"人不知而不愠"，你立刻就明白是什么意思，这就是中国的文化符号。肤色可能一样，话语体系不同。中华民族，心中存一个共同的圣人，心中存一本共同的"圣经",就有了相互沟通的密码,这个密码就是文化认同。

第三,从全世界范畴来说,中国有自己的文化,有自己的文化风格、文化气质、文化做派,在世界民族之林里,就有了识别的符号。不同的民族有不同的气质。美国人有美国人的气质,阳光、开放、天真;德国人,严谨、理性,甚至有点刻板;英国人,有教养,绅士风度;法国人,浪漫,谈吐优雅;日本人认真、守秩序、敏感、有集体意识;韩国人呢?强悍、好胜、极度自尊。中国人的气质呢?

中国人原本拥有全世界最高贵的气质,"文质彬彬,然后君子"。这种气质不同于英国人。英国只在贵族阶层有贵族气质,而中国两千多年的教化,普通的老百姓都被教育得彬彬有礼。过去,即使在乡下,一个不认字的老农民,他都知道怎么招待客人,怎么给客人端水倒茶,怎么给客人敬烟。古代乡村的农民,即便他刚从水田里上来,脚上还沾着泥巴,见人都是打躬作揖,有贵族风范。英国哲学家罗素1921年到中国,那时候的中国经济多么落后啊,但罗素对中国人整体文明素质评价非常之高。这是一个欧洲人看1921年的中国人。

胡适14岁从老家安徽绩溪去上海,那时交通不发达,他沿着徽杭古道,走了七天七夜。那是1904年,当时中国的经济很落后吧,可胡适回忆说,那七天七夜,一路上他没有看到一个警察,没有受到任何侵扰,他觉得非常安全。孔子讲过一句话:"夷狄之有君,不如诸夏之亡也。"只要社会有一个文明的秩序在,哪怕国家乱了,人还是有规矩的,社会重建也不难。

我们的民族曾经是全世界最高贵、最有教养的民族。这就是我们民族的文化符号、识别性符号。有了这个符号,中华民族就有气质;有了这个符号,中华民族就能自立于世界民族之林。我们受人尊敬,我们是体面的。我们去任何一个国家旅游，再不会遇到人家"谢绝中国人入内"的尴尬，我们也不会再看见一大堆人百米冲刺、钻门爬窗抢购打折商品的丑态。

第四，作为世界文化的多样性，我们的民族可以做出自己独特的贡献。森林里不止开一朵花，森林里是万紫千红，世界民族也如此。我们一直讲中国56个民族，56朵花，现在世界上两百多个国家，民族就更多了。我们希望所有的国家、所有的民族都是不同形态、不同色彩的鲜花。而我们中国，有自己的姿态，有自己的色彩，有自己的芬芳。

老秀才功不可没

一个民族最后的力量，是文化的认同。

有人说民族有三个要素：领土、制度和文化。但是，领土可以变化，制度可以变化，只有文化一直绵延不绝。有个很好的例证，犹太民族。犹太民族不要说制度了，他们曾经连一寸土地都没有，但是他们只要一直坚定不移地保护自己的文化，他们就仍然是一个民族。

中华民族是一个更好的例证。全世界唯一一个历史没有间断，绵延几千年的民族，就是中华民族。"合久必分，分久必合"，《三国演义》这么写。"合久必分"是正常的，即便是一个家族到最后都要分家的。一个民族，利益的冲突、政治的分歧，都可以使其分，但是，分了以后能再合起来，一定有充分的前提。分是自然的力量，合一定是人文的力量。中国历史上，春秋战国后，分了那么多次，后来为什么能合起来？因为孔子从西周那里延续的那套文化大家都认同，就合起来了嘛。三国、魏晋以后的南北朝，分了，还要合；唐以后的五代十国，也是分，最终又都合起来了。香港被分出去一百多年，最终也合进来了。台湾现在不合，但是我们知道，合是恒久的力量，这个力量就是文化。

云南建水有一座孔庙。我在那里演讲时讲过一句话："在这样的边疆地区，一座孔庙抵得十万大军。"那里离越南很近，离北京很远，为什么那里历史上认同北京不认同越南？因为有文化的认同感。没有文化认同感，国家会最终走向分裂。中国为什么是世界上唯一的一个没有中断过历史的民族？因为有文化认同感。历史是否中断，看文化的认同有没有中断。中国历史上，蒙古人建立元朝，满族人建立清朝，但最终因为认同中华文化，文化没有中断。国家幅员如此辽阔，人口如此众多，地理环境、物产资源差距极大，为什么能够保持长久的统一？《三国演义》上说"分久必合，合久必分"，合久必分是源于利益冲突，是政治的分裂，但是分裂之后，为什么又总是能够合起来？这就是文化凝聚的力量。当云南的孩子打开《论语》，读"子曰：学而时习之"的时候，北京、四川、青海的孩子同样在读，最后，他们心中都有一个共同的老师：孔子，他们的人生，都有一个共同的价值观依据。《论语》是中国传统文化经典，是元典。元者何？始者也，经典中的"源代码"。

所以，我有个结论：在漫长的中国历史里面，维护民族统一的最核心的力量，不是掌握政权的朝廷，也不是手握武器的军队，而是两千多年来，在穷乡僻壤手执《论语》的"老秀才"。他们或在云南，或在新疆，或在青海，或在东北，手里拿着一本《论语》，在私塾里教弟子，教着、教着，就把弟子们的心教成了中国心，在孩子们的心中播下了文化认同的种子。因为，《论语》里有一颗中国心。当人人都有一颗中国心的时候，分再久，也分不掉了。

这些可能看起来很寒酸，可能衣衫都不整的老秀才们，就是中国古代的基础教育工作者。他们在私塾里教《论语》、教《孟子》、教"四书五经"，使中华民族文化在几千年的历史长河中得以延续。这是我们的教育曾经显示的力量，这是我们的教育曾经获得的光荣。这也是我们今天中国教育应该继续的使命。

教育是维护民族统一的最重要的力量。老秀才们的任务交给我们今天的教育工作者了。我认为，今天的教育工作者应该具备一个基本的认识，那就是：培养人的素质与民族文化认同感的必经之路，在于传统文化经典教育。

五问

什么是好教材？

好教材三要素

我们的同学小明

　　1957 年，德国思想家雅斯贝尔斯在著作《大哲学家》中，再次提及人类那个群星闪耀的"轴心时代"。他说，人类一直靠"轴心时代"产生的思考和创造的一切而生存。中国的孔子、古希腊的苏格拉底、佛教的释迦牟尼、基督教的耶稣，他们是人类"思想范式的创造者"，人类文明每一次新的飞跃，都需要在对他们的回顾中重新点燃火炬。今天我们讲"孔子的教育"也是这样，我们不是在对历史做感伤的回望，而是立足现实，希望能够从孔子那里重新点燃一支火炬。

　　孔子改革教育是从教材开始的。所以，最后我们还是要归于教材问题：究竟用什么做教材好呢？

　　《诗》《书》《易》《礼》《乐》《春秋》"大六艺"教材的使用，导致孔子私学教育理念的变化，从"小"变成了"大"，从知识和技术的教育，变成了人格和精神的建构。这是孔子从教材开始对教育进行的实质性改革。这点在前面已经讲过。

　　我们今天的教材怎么样呢？

　　整体来说，我对今天的教材，尤其是中小学语文教材，是很不满意的。你会说，你凭什么不满意？我们每一个人都有权利不满意，不一定要凭什么。要凭呢，就凭我对教育的理解，凭我对教育的理想。

很多教育专家对教育的理解、体会比我更深，我谈的是自己的看法。

先来看一个有趣的现象。如果在百度百科上查一个人的名字，会出现对他的介绍，大多数是实有其人的。可是，有一个人很有意思，他的名字叫"小明"：

小明，是人物的代称，多指男性儿童或少年，他不辞劳苦地出现在小学课本、各种应用题和作文中，是小学语文、英语、数学题海中当之无愧的头号男主角，甚至一度代表中国冲出亚洲，成为中国"最有影响力的名字"之一。小明这个名字天生有冷笑话的气质，因此小明一出来，笑话也来了，且他常常与小芳、小强、小红一起学习，并称学习界的"四大金刚"。

上述不是我的杜撰，是从百度上复制过来的。网友对小明有很多描述：

姓名：小明；性别：男；年龄：虽然1971年出生，但永远是小学生；生卒年月：1971—世界灭亡。

我们希望小明早一点小学毕业好不好？不要到世界灭亡了。

擅长：将墨水弄到作业上、走到学校门口发现本子忘带等等；特征：不考第一就考倒数第一；社会地位：与小芳、小强、小红并称"四大金刚"，称霸语、数界，被70～00后深恶痛绝，高中后因为怕人追杀，改名"李雷"，称霸英语界……

这都是网上的内容：

中文名：小明；外文名、别名：Xiao Ming；国籍：中国；民族：汉族；出生地：中国；职业：小学作文、数学题和笑话的主角，主要活跃在各种应用题和作文中……

还有一个内容是这样的：

谢天谢地，高中课本上终于没有小明了。为什么高中课本上终于没有小明了，哈哈，你以为这种只会一边给游泳池蓄水，又一边拔掉塞子放水，没事就把兔子和鸡关在一个笼子里，动不动就逆水而上划船，数字不会算，圆只画一半，整天拿墨水泼作业，骑自行车去小红家半路又回去，二次函数、三角函数一直算错的蠢货，你觉得他有可能考上高中吗？

很好笑，是不是？不过，读过中小学的都知道，里面的故事都有出处的啊！一边给泳池蓄水、一边又拔掉塞子放水，这是数学里常出的题，要你算放水的速度多少？加水的速度多少？把一个池子放空或加满需要多长时间？一个笼子里多少只兔子，多少只鸭子，要你算一共有多少条腿？这都是我们的数学题，都要小明来算。

为什么我们的教材会出现这样的题目？为什么我们热衷编排"小明"的故事？因为我们对教材里的一些现象忍无可忍却又无可奈何。比如小学教材里，有一些不知从哪里来的莫名其妙的东西，"小明要上学了，在路上看到一只蝴蝶，他就抓蝴蝶去了，小刚告诉小明别抓蝴蝶了，上学去吧，于是小明和小刚高高兴兴上学去了"，还要求背诵并默写课文。背它干什么呢？

一次，我在山西给中小学老师讲座，翻看小学语文教材时，发现里面有一篇课文，讲的是"猴子尾巴长，兔子尾巴短，松鼠的尾巴像把伞"，课文后面还要求背诵并默写。我问老师，学生背诵它有什么意义吗？这能够成为知识的积累吗？再翻开一篇课文，里头说，"西瓜大，芝麻小"，我笑了，这还用拿到教材里教吗？这样的课文严重缺乏文化含量，不具备记忆和储存的价值。老师花那么多时间、精力来教，孩子花那么多时间、精力来学，除了认识七零八碎的字，一点知识"积累"的价值都没有。我们在浪费孩子的生命。

记得南怀瑾先生说："小学读的书，到了中学没有多少用了；中学的书，到了大学没多少用了；大学的书，留学又没有多少用处了，不晓得读的什么东西。"我再进一步，今天的教材，不是说小学到中学就没用了，是小学一年级到二年级就没用了，这个学期读的，期末考完就没用了。它只在考试时有一点用，完全不具备知识积累的价值。

在孩子记忆力最好的时候，在最需要打基础的阶段，我们本该给他们最有价值的东西。

学习的起点原理

我为什么觉得语文教材应该有更高的文化含量？我总结过学习的四个基本原理：

第一个，起点原理。现在小学教材为什么编成了这样？源于对起点的认知。一年级小学生，打开教材第一册，这就是起点。现在的教材编写者将孩子的认知能力、心智发育和接受能力定位在一个"零点"上，所有的孩子都从这个零点开始。我的观点是，学习的起点不应该是一个固定的点，而应该是一个线段、一个区段。固定一个点，则必须从这一个点开始，而一个线段、一个区段，可以从这个线段、区段的任何一个点开始。那么，最好的起点，不是从最低点开始，而应该从最高点开始。所以在这个区段里面，区点越高，起点就越高。孩子的智力和接受力、理解力，是一个域，而不是一个点，有一个相当大的空间。现行的小学教材过低地估计孩子的学习能力，把起点定在区段中最低的点上。如此，不仅浪费学生时间，教师水平也得不到提高，天天教"猴子尾巴长兔子尾巴短"，教十年，老师能提高水平吗？以前老秀才为什么受人尊敬，他天天子曰子曰，普通老百姓不懂，现在，你天天"猴子尾巴长兔子尾巴短"，动辄"小公鸡咕咕叫"，谁都懂，凭什么让人尊敬你？所以教材文化含量低，也使老师迅速平庸化。好老师与差老师一样教，无法显示自身水平的差异。但一本《论语》，交给一个好老师跟交给一个差老师，效果肯定不一样；"猴子尾巴长兔子尾巴短"，什么老师教，效果都一样。假设老师从下学期开始教《论语》，第一次教可能有点吃力。但现在的中小学语文老师，至少大学中文系毕业，教《论语》有教材、有注释、有翻译，一开始不要求作过多阐释，主要是给学生作基本的解释，"学而时习之，不亦说乎"，不断地去学习是快乐的；"有朋自远方来，不亦乐乎"，朋友来了很快乐，不难。教三轮下来，老师对《论语》就很熟悉了，全会背了，你的水平难道会没有提升？十年教下来，老师全部是《论语》专家啊！我曾经说，做专家是最容易的，长期做一件事情，反复做一件事情，做到最后就是专家了。设想一下，两个小学，一个老师用现行的教材，一个老师用《论语》做教材，都教十年，他们的水平还会一样吗？他们可能是大学的同班同学，十年以后的差别，我不说大家也会自明。

现在的问题是，在学校里，张老师、王老师、刘老师，他们要体现教学成果，就得更多地给学生布置作业，考试高分跟教师自身的水平有多高关系不大。如果用《论语》这样的教材呢，不同的老师教出来的效果可能就完全不一样。我跟老师们交流常常说，为什么今天的中小学老师越来越适应于这样的应试教育？为什么改变今天的应试教育有这么大的阻力，甚至连改变考试题型都反对？因为很多人一旦适应这种应试教育，就会发现，无论是应试中考还是应试高考，一个老师完全不读书就可以把学生教得"很不错"。为什么？因为教材本身不具备多重理解和深挖的空间。大家只要花死工夫就是了。

这是我总结的第一个，起点原理。

学习的堆垒原理

第二个，堆垒原理。什么意思？通俗点说，建筑原理。我的观点是——越是始者，越是基础；越是基础，越要质量。小学阶段的学习就是始者，这个阶段的学习内容，文化含量的高低，关系着后来整座大厦的质量。今天的教育恰恰弄反了。在小学开始阶段，在孩子记忆力最强、记忆效果最佳的时间段，在塑造孩子个性、人格最有效的时间段，在他们为未来夯实基础的时间段，我们让他们学的、背的却是几乎没有文化含量的课文，除了认识几个字以外，基本上不具备任何积累的价值，完全可以在记忆中把它删除。古人基础教育，从"四书"开始，就是因为这里面有极高、极纯的文化含量。为什么我做浦江学堂教《论语》，一定要从小学二、三年级开始？为什么不从初中开始？因为，到初中再去教，那个阶段孩子开始处在叛逆期，一个基本特征是自以为是，心理学上叫逆反。那个时候你教他，他不信，他老以为自己是对的。要克服他的逆反心理，让他背《论语》，很难。但是，小学二、三年级的孩子有一个特别可爱的特点，老师们肯定也都注意到了，就是他们特别愿意相信老师、相信家长，家长说好就说好，老师说好就说好，就像童年的味蕾不够发达，品尝味道的能力比较差，你说好吃他就吃，如果家长无意中说出一句这个菜不好吃，他就不吃了。这是这个年龄段孩子的特点，所以在小学二、三年级教《论语》是最好的。你每次跟他说，同学们，我们看看谁背得最好？看看谁背得最快？他就全部跟着你来了，像小树苗一样，齐刷刷的，很容易就把他育直了。

2001 年暑假，我在青海办了第一个《论语》班，给小学"二升三"的小孩讲《论语》。一上课，我跟他们说："这是古代最伟大的人讲的话，是你们爷爷的爷爷们读的书。"小孩一听，都"哇"的一声，很兴奋。所以他们读这个书，特别有成就感。班上有个女孩，坐在我的右手第一排，个子很高，学习上确实有点障碍。全班三十多个人，只有她一直背不出来。我怕她学得吃力，和颜悦色地跟她说，下回不用来了，你上别的班吧。她放声大哭，怎么也哄不好了。我问她为什么哭，她不说话，最后我问，你是不是还想来？她一下子就不哭了，眼泪挂在脸上说："是，我想来。"可是她背不出来啊！背不出来也想来。为什么？她觉得其他同学都在学，单单不让她学，觉得被抛弃了，觉得没价值了。你看，小孩特别相信老师说的话，你说这个好，他们就跟着你来了。现在研究孩子的教育心理，常常片面地强调孩子在这个年龄段的认知水平低，但是忘记了一点，教育心理学上最重要的一点：孩子，是喜欢穿大人鞋的。搞教育不懂心理学肯定不行。

学习的爬坡原理

第三个，爬坡原理。

学习如同爬坡，在孩子学习能力能够承受的范围内，坡度越大，上升越快。学习，一定要有难度，一定要有坡度。教育要让学生的认知能力不断提升，要让学生的心智不断趋于成熟。所以，最理想的教材应该是能迅速填充学生的智力空间、撑大学生的智力空间。知识的展开要像逐级上升的台阶，使学生在学习上有适度的吃力感。当学生克服了吃力感，才会有成就感。成就感来自对困难的克服。现行的中小学教材在这方面做得不够理想，尤其是低年级教材，往往从第一课到最后一课，生词量有增加，文字篇幅有略微加长，但只是量上的变化，受教育者知识积累很少，没有认知能力上的提升，在心智与认知水平上，几乎没有台阶可上。

学习的 80 分原理

先提两个问题：第一个问题，针对特定的教材内容，让学生考 100 分好还是 80 分好？我的答案是考 80 分好。不是说学生考 100 分就不好，是说作为教育工作者，对教育目标的设置是 80 分还是 100 分好？这个很关键。我觉得是 80 分好。第二个问题，编教材的人依据两种不同的理念编两种教材，一本教材定位于让学生考 100 分，另一本教材定位于让学生考 80 分，哪本更好？我的答案仍然是，定位于 80 分的那本教材好。为什么？

有经验的老师肯定知道，100 个字要求学生会读会写，要求考 100 分，必须花大量的时间反复抄写生字，最好的结果也就是得 100 分。现在，我们换一种思路，换一种教材，篇幅大一些，200 个字，要求学生会读会写，但只要求考 80 分，花同样的时间抄写，写了错别字不会挨罚，结果呢，我们计算一下：他如果得 80 分，意味着他掌握了 160 个字，得 70 分，掌握 140 个字，得 60 分，掌握 120 个字，即使他得 50 分不及格，他也掌握了 100 个字，效果和考 100 分是不是一样的？但整个过程会轻松得多。为什么现在的小学生被搞得那么痛苦，一个字不会写，老师罚他写 50 遍、100 遍，就是因为定位为考 100 分，到最后把孩子折腾得要死，老师也累得要死，家长也疲惫不堪，这是我们现在的教材决定的，是这样的教学目标决定的。有经验的老师也肯定知道，让一个考 50 分的成绩提高到 80 分，让一个已经达到 80 分的提高到 100 分，哪个容易？提高到 80 分容易。由 50 分提到 60 分就更容易了。由 50 分提到 60 分，他认了多少个字啊？120 个字，比考 100 分的还超了 20%，所以，完全不应该要求学生考满分，而是应该增加教材的容量，尤其是增加一些高文化含量的内容。现行的教材难以变动，老师们也没办法，学校应该考虑自行增加课外阅读量，特别是传统文化元典，同时降低对学生考试的分数的要求。看起来学生分数是考得低了，但是实际上，学生的学习所得增加了。

所以，完全不应该要求学生考满分，而应该考虑加大教材的容量。

我不明白为什么今天很多人在说现在教材内容太多了，教不完。为什么教不完？因为你要求他考 100 分。为了让他考 100 分，在文化含量特别寡淡的课文里反复做练习，做到最后老师做恶心了，学生也做恶心了。

教材容量多了还是少了

有一年我去深圳参加小学教师的示范课大会。那天来的老师特别多，组织方竟然召集了三千多个老师，在体育场里请几位小学名师做示范课。有一位讲"夸父逐日"，还有一位讲骆宾王7岁时的作品《咏鹅》："鹅，鹅，鹅，曲项向天歌。白毛浮绿水，红掌拨清波。"四句，18个字，小学二年级教材里的。这位老师讲了50分钟。非常生动，非常精彩，下面掌声不断。老师是非常优秀的老师，但是我为他可惜。

那天我有事要提前走，所以只听了三堂课，组织方安排我先做个演讲。我说："三位老师的课讲得真是好，好到令人恐怖的程度，这样的课一般老师根本备不出来，也因此不具备推广性。这是一个问题。"我说："还有一个问题是，我们的语文课堂是不是一定要这样精彩？示范课到最后是表演性质了，老师不仅需要有语言表达能力，老师还要有表演能力，比小品还要生动，老师毕竟不是演员，更不是小品演员，所以没法推广。老师讲得非常精彩，但最关键的是，老师要永远记住一点——讲什么，比怎么讲更重要；教什么，比怎么教更重要。"

比如这18个字，讲了整整50分钟，一首唐朝7岁小孩写的诗，让一千多年后的孩子花50分钟来听，有必要吗？这是儿歌啊，即使进入小学课本，讲5分钟就足够了，因为里面没有多少值得积累的价值，白浪费了他45分钟的生命。"鹅，鹅，鹅，曲项向天歌"里有多少值得挖掘的价值？学生背下来、抄下来，对他的精神世界，无论是情感世界还是认知能力，能有多大的提升？所以有人总说教材内容太多了，再减一点。再减，骆宾王这首18个字的诗要讲100分钟了。现在这样的示范课很多。很多老师也明白，一篇非常简单的课文，要他花一节课甚至两节课时间讲，讲到最后，像嚼一块泡泡糖，广告词是"根本停不下来"。一块泡泡糖嚼到最后就是恶心的感觉。现在，教育管理部门给老师安排很多的专业培训、教研活动，都是在教你怎么教。白开水教材怎么教也是白开水！

所以，我们的教材容量不是要减少，恰恰相反，要增加，增加营养。增加后，不要求学生考 100 分，只要求他考 80 分，甚至 70 分也可以。以现在的小学教材为例，一年级的语文教材，一共一千来字，两千字不到。一个学期，如果小学三年级时，不再是两千字，而变成两万字，让他大量阅读，在阅读的过程中，每个学生都有自己独特的收获，效果会好得多。老师带着读一读，但是千万不要分析、不要过度阐释，并且，考试不要求 100 分。所以，加大教材的容量，改变一下考试标准，我认为是可以考虑实践的。如果现行教材难以改动，学校应考虑自行增加课外阅读量。同时，降低对学生考试分数的要求。我知道现在不少好学校、好老师都在增加课外阅读量上下不少工夫，这是非常让人高兴的事。

2013 年，我借助社会力量，开始办公益浦江学堂，让小孩子从小学二年级开始到这儿来读传统经典，读到六年级就结束了，五年读完七本书，《大学》《中庸》《论语》《孟子》"四书"，再加《道德经》、《庄子》（内七篇）和《坛经》，儒释道元典都包含在里面了。为什么到六年级读完？我跟家长们说："我给你们留下时间了，孩子六年级到中考还有三年时间，还来不及吗？"有家长说："来不及，我家从一年级就开始准备了。"我不客气地说："一个孩子，你给他三年时间准备中考都来不及，你也不必太费心了，孩子也就这样了。"

对付今天的中考，我们的老师都特别有经验，知道题型，知道答题的很多技巧。有这样的老师带领准备中考，如果一个学期不够，一年也足够了。题型不是问题，技巧不是问题，关键是学生有没有好的基础，有没有好的认知能力。认知能力差，既没有办法理解抽象的数理问题，也没有办法理解文科的问题。到了高考的时候，作文怎么写？连题目都看不懂。一个心智充分发育的人，一个认知能力得到充分提升的人，他的学习能力、理解能力都会超乎同龄人。区区考试，根本不需要太操心。

如果在小学阶段学生的认知能力就提升了，后来准备中考，那太容易了。中考完了到高考还有三年，完全来得及。100 米赛跑，一开始就要拼命，但是跑 10 000 米，一开始就拼命的人，最后一定失败。跑 10 000 米，一定是让别人跑在前面自己跟着。我们国家长跑队就是这样组团参加比赛，让二流选手领跑，让一流选手在后面跟着，一开始跑第一的人是为了拖垮别的国家的选手，跑到最后，是后面跟跑的人冲刺。

好教材第一要素

既然今天的教材不尽如人意，那么，什么才是好的基础教育教材？或者说，什么样的作品才能入选基础教育教材？

我认为，必须具备以下三个条件：

第一，好的教材，要能体现中华民族的核心价值观。

我前面讲，中国的教育与西方的教育相比，有一个不同的特点，就是建立在没有全民宗教信仰的基础上的，所以，价值观与信仰的教育必须由世俗教育来完成。首先，教材一定要能体现民族核心价值观。

曾经有位老师对我说："什么民族核心价值观，太空洞了。"我说，也许经过了几十年对传统文化的贬低、抛弃，现在很多人确实找不到民族核心价值观，感到迷茫、虚无。但是，我们中华民族如果没有核心价值观，不可能有延续两千多年的文明。既然一个民族有如此深长的文化传统，有如此鲜明的文化特色，有如此明确的民族精神气质，一定有其核心价值观在，这是其一。其二，一个民族的核心价值观，一定不是高高在上关在象牙塔里，由一帮高层次的人理解的那些概念，一定是普普通通的百姓都能明白的。就像我在广东那次，与一帮小孩子的三个问答：

"知道孔子吗？"

"知道。"

"读过《论语》吗？"

"没有。"

"长大了要做君子还是小人？"

"做君子，不做小人。"

君子文化就是我们的核心价值观之一。怎么会空洞呢？我们的民族核心价值观什么时候空洞过？从孔子以后就没有空洞过。什么叫君子？很简单，就那么几个概念：仁、义、礼、智、信……礼义廉耻，忠孝节义，就是我们民族的一个核心价值观。由于几十年缺少这方面的教育，在今天的普通百姓中，不大有人讲这些了。但是，在百年前，你到乡下去问一个没有读过书的人，他都会告诉你做人要仁义道德，忠孝节义。不认字的人都知道。所以，民族核心价值观，第一，从来不空洞；第二，从来都是深入人心，耳熟能详，人人都明白的。今天呢，一个做中学老师的，竟然说什么民族核心价值观很空洞。一个民族的核心价值观，老师都说不清楚，孩子能有吗？一个民族能有未来吗？西方人知道他们的核心价值观是民主、自由、博爱。我们的民族核心价值观就空洞、说不清？这是一位老师个人的问题，也正是我们教育的问题，是我们的教材必须解决的问题。为什么会有人觉得民族核心价值观空洞说不清？因为我们今天的教材没有体现。

所以，基础教育的教材，首先一点，必须体现我们民族的核心价值观。目的是什么？建立道德信仰、培养民族精神、培养民族气质、传承民族文化。

好教材第二要素

第二，好的教材，必须是经典的汉语。

为什么我对中小学语文教材不大满意，因为教材的文字太一般了。有没有语文老师统计过，小学一年级到六年级，十二册课本（上海是十册），上面的作者有几位是一流的经典作家？基本上没有经典作家，甚至很多文章根本没有作者，"猴子尾巴长，兔子尾巴短，松鼠尾巴像把伞"的作者是谁？不知道。

为什么必须学语文？因为即使将来不当作家，孩子至少应该知道什么是好的文字，知道什么是好的语言。为什么今天大多数孩子判断不出文字、语言的好坏？为什么很多人不知道琼瑶语言和《红楼梦》语言的高下呢？二三流的流行文字他们很喜欢，经典作家的文字不喜欢，因为口味不一样、格调不一样，品位搞坏了。从来没有读过经典的文字，不知道经典的文字好在哪里，不用说写了，连欣赏能力都没有。"取法乎上，仅得其中"，如果是"取法乎下"，那就只能"等而下之"了。你看古人选教材，从《文选》到《古文观止》，这是什么标准？让今天孩子去读《小学生作文选》，这又是什么标准啊！

所以学语文，一定要读最好的经典文字、经典语言。

翻译作品不宜做语文教材

《收获》杂志编辑叶开，编了一本书《这才是中国最好的语文书》。我的评价是，他对今天中小学教材的批判是对的，但是他开出的药方有待商榷。他选入的都是翻译作品，没有中国传统经典。那我要问，即使是托尔斯泰的作品，从文字角度来说，当从俄文译成中文时，文字已经不是托尔斯泰的了，而是翻译者的。今天翻译人才奇缺，缺的不是懂外文的人，缺的是既懂外文又懂中文的人，一流俄文译成中文后，可能变成了三流四流。虽然作者注明是托尔斯泰，但其实是用三流四流的中文来体现一流的托尔斯泰，而小学生读的可是中文啊！所以叶开的药方不治病，翻译作品不适合做语文教材。要解决问题，必须从本土作家中找一流的经典作家，一流经典作家的作品才是经典语文，读经典语文才知道与非经典语文的差距有多大。如果大家不信，我给你一个最简单的办法，就是找一位跟鲁迅同时代的作家，比如大家熟悉的冰心，你们都喜欢冰心，觉得她的小诗《小橘灯》不错，你们去找她那时写的小说，然后跟鲁迅的小说放在一起读，你就知道差距有多大。

所以，学生一定要读最经典的语文，读完了才能分辨什么是好文字。汉语非常典雅、非常高贵、非常美，可是因为教育水平的降低，导致汉语水平的降低，导致汉语品格的降低。人们普遍不知道什么是典雅，不知道什么是高贵，也无法鉴赏汉语的美。汉语是我们的母语，结果一个民族的语言鉴赏力这么低，不知道什么叫好、什么叫坏，加上市场因素，什么文字吸引读者，作者就怎么写，卖得也多。越读烂文字，品位就越坏。

所以，语文教材应该有这个底线，选最经典的一流作家的文字。只有读最经典的汉语，才能培养纯正、良好的语感，培养语言的艺术鉴别力和创造力，学生将来写文章，才会运用典雅的语言、高贵的语言。不然要语文教材做什么呢？

这样反过来看我们现在的中小学教材，就明白差在哪里了。

好教材第三要素

第三，好的教材，我认为还要满足一个条件：总量适中。好教材，一必须能体现中华民族的核心价值观，二必须是经典的汉语；三必须总量适中，这是对前面两个条件的约束。

体现民族的核心价值观，又是最经典的文字，中国历史上这样的作品太多了，所以要筛选出一部分来保证总量适中。为什么呢？因为要保证在较短的时间内，用较少的成本，让接受基本教育的人就能获得相应的教育，从而获得相应的素质。比如，我们的义务教育九年结束，那么，能不能在九年中让上述两个目标达成呢？如果能达成，国家就算尽到基本义务了。如果将义务教育扩充到高中毕业，也就十二年。

我特别希望在这九年、十二年的时间里，在中国的基础教育阶段，能实现我刚刚讲的两个目标，即：第一，了解并认同民族核心价值观；第二，学习最经典的语文并且具备基本的文字鉴赏能力。

因为这段时间内，语文课时是有限的，所以第三，编入教材的文字一定要精选，不能漫无边际，所以总量必须适中。

四本最好的基础教材

为什么古人读书从"四书"开始呢？不算开蒙念念《千字文》之类的书，古代孩子进私塾后，一开始读的就是这四本书：《论语》《大学》《中庸》《孟子》。因为这四本书正好符合这三个条件：第一，体现民族核心价值观；第二，是最经典的语文；第三，总量又适中。

它们的总量才多少？《大学》1 751 个字；《中庸》3 568 个字；《论语》的字数有不同的说法，欧阳修先生说是 11 705 个字，网上有人统计说是 15 900 个字，我的《〈论语〉导读》一个字一个字统计，最终得出结论，是 15 929 个字；《孟子》34 685 个字。粗略算起来，"四书"总共 55 900 个字左右。这个量是不是很适中呢！

欧阳修曾经讲过的一个修身立身的方法，他说：

立身以立学为先，立学以读书为本。（《欧阳文忠公文集》）

读什么书呢？一定是读经典。据元无名氏编《居家必用事类全集》所记，有一则"欧阳文忠公读书法"，欧阳修给我们算了一笔账：

今取《孝经》《论语》《孟子》六经，以字计之：《孝经》一千九百三字，《论语》万有一千七百五字，《孟子》三万四千六百八十五字，《周易》二万四千一百七字，《尚书》二万五千七百字，《诗经》三万九千二百三十四字，《礼记》九万九千一十字，《周礼》四万五千八百六字，《春秋左氏传》一十九万六千八百四十五字。

加起来在 47 万 8 千字左右。算完这笔账，欧阳修说：

止以中材为率。

中材，指中等智商的人。做教育应以中等智商的人为标准，不能以最好的，也不能以最差的。

若日诵三百字，不过四年半可毕。

每天背 300 个字，四年半，47 万字就可以背完。

或资钝，减中人之半，亦止九年可毕。

如果学习能力稍微差一点，在中等之下，减一半，一天背 150 个字，九年可以背完。

欧阳修简直太有预见性了！他竟然知道我们现在的义务教育是九年。

如果照欧阳修的算法，假如我们语文教育就这样教，义务教育结束的时候，最差的孩子用九年，中等的小孩用四年，就可以背完中国传统中最经典的内容。

当然，你会说，那时读书，一天背 300 个字，是因为只读那些书，今天还要学数理化其他课程。不错，其实我们今天也不需要读那么多，比如《左传》《尚书》《周易》，可以成人后再读，在学校里作为教材的，减掉三分之二行不行？减掉五分之四行不行？40 多万字，就算减掉十分之九，剩下十分之一，50 000 字——正好是"四书"的量。我们可以想象一下，假如孩子们到六年级或是初中毕业的时候，能把"四书"都读过、背过了，那是什么样的一种成就感啊！觉得很难吗？其实一点不难。《论语》16 000 字嘛，按照今天小孩的背诵能力，按照欧阳修说的每日 300 字打个一折，每天坚持背 30 个字没问题吧？每天背 30 个字，一年半背完了。如果每天背 40 个字，一年背完了。你可以想象，当一个孩子能背诵全本"四书"，他的认知能力、心智发育是在什么水准上吗？可是看看现在的小学六年，上了那么多语文课，孩子的认知、心智在什么水平上？这么简简单单的事实，全社会视而不见。

　　以此反观古代作为基础教育核心教材的"四书"，不得不承认，古人比我们明白，"四书"正好符合好的基础教材需要具备的三个条件：

　　能体现核心价值观；

　　是最典范的汉语，语言漂亮、整齐、典雅、高贵、体面、正派；

　　总量适中。

　　所以，拿什么来教，比怎么教更重要。

多用嘴巴、粉笔、黑板上课

在怎么教这一点上，今天的语文教育界是有明白人的。

2012 年 12 月 17 日的《中国青年报》有一篇报道，题目是《语文教育应该拒绝精彩》，由语文出版社主办的、全国十四省市三十二校小学语文联合教学研讨观摩活动，在福建泉州举行，与会全体代表联合发表了一份宣言，呼吁全国语文教师少用或不用 PPT、录音录像以及各种道具，只用嘴巴、粉笔和黑板上课，让语文教学回归"语"和"文"。

这是 2012 年的事。2006 年我在南京某中学给语文老师讲课，校长就在旁边。我说："校长，不怕得罪你，我不知道你们学校怎么要求的，我坚决反对语文老师上课用 PPT。"当时校长有点尴尬，说："我们有几位老师马上要参加全国比赛，比赛都要求用 PPT 的。"我回母校安徽师大，为一个全国中学语文老师培训班讲课，讲座教室在五楼，我从一楼上到五楼，发现所有的老师都在用 PPT 上课。我做系主任时，年轻老师进系里来，我会跟他们这样讲：在大学里，讲文学也好，讲语言也好，年轻老师千万不要用 PPT。为什么？因为一个年轻老师如果习惯了用 PPT，三年以后你可能成为一个合格的老师，但是，你注定终身不会成为一个杰出的老师。

技术帮助人，技术也会约束人。"语文教育应该拒绝'精彩'，语文课堂应该是静静的，学生们静心读书、独立思考、提出问题、踊跃发言，而不是追求所谓的精彩。语文课堂的良好状态是：书声琅琅、议论纷纷。""教师不要把学生当作道具，把课堂当作舞台，要为学生服务。"这是《当代教育家》杂志 2013 年第 1 期上的一段文字，说得好。

难 与 不 难

经常有人问我，你说孩子的学习，爬坡要有难度，堆垒要有质量，起点还要高，你说要把传统文化元典纳入基础教育语文教材，这是不是太难了？孩子有兴趣吗？

第一个疑问，是不是太难了？关于这一点，总有人问，我真的不想再多说。没做过的，总觉得难，做过的也觉得难，就可笑了。今天反对小学生读传统经典的一个理由，就是太难了，认为最多读一点简单的古典诗歌，比如"鹅，鹅，鹅"，比如"锄禾日当午，汗滴禾下土"，比如"床前明月光，疑是地上霜"，但《论语》《孟子》是不可能读得懂的。为什么老师会有这样的看法？因为他们自己就没有系统地读过，更没有教过。其实很简单一个道理，古代小孩 7 岁就开始读《论语》，唐宋明清时 7 岁的小孩都能读懂，为什么我们今天的小孩读不懂？比他们笨？宋代司马光 6 岁开蒙，父亲为他选的开蒙书竟然不是易懂的《论语》，而是最难懂的《尚书》。我相信，我们今天的孩子比那时的孩子聪明得多，起码不比他们笨吧。

曾经有位大学副教授跟我说，古代的孩子读得懂，是因为他们讲的就是文言文。我问他是做什么的？他说是做古汉语研究的。我说，你做古汉语研究，谁告诉你唐代孩子讲着先秦的话？谁告诉你明代孩子讲着唐代的话？看过《红楼梦》《三言两拍》《水浒传》《西游记》吗？那叫白话文。白话文跟文言文完全不一样。不要以为古代的小孩讲的是文言文，错了。《论语》是两千五百多年前孔子时代的语言，跟汉代不一样，跟后来的魏晋南北朝，跟隋唐五代，跟宋朝、明朝，也不一样，但那些时代的孩子读得懂，今天的孩子读不懂？这是很简单的历史事实。

难还是不难，自己做一遍不就知道了吗？我 2001 年开始在青海给小学二年级学生教《论语》，后来到上海，在 2006 年又教了两个班，两届。一个班 30 个孩子，从《论语》第一篇"学而时习之，不亦说乎"开始到最后一篇，没有一个孩子读不懂。教完以后再来一轮，又一批 30 个孩子，又是从第一篇开始到最后，孩子最喜欢的课。2013 年创办浦江学堂，第一个班是在上海浦东图书馆做的，馆长支持，我们做得特别好。小孩们最喜欢的课外学习就是这个课。有一次，在闵行的那个班，老师要请事假，跟小孩们宣布："告诉大家一个好消息，下一周我们停课一次。"小孩说："停课一次啊，这哪是好消息，我们最喜欢上这个课啦。"

所以，不是什么难度的问题，是做不做的问题。"学而时习之，不亦说乎"，小孩们很容易懂，学习很快乐。"有朋自远方来，不亦乐乎"，朋友来了很快乐，很好理解。恰恰是古典诗词，小孩们还真的不好理解。所以古人教孩子，绝不先教他们读诗词。为什么？因为和其他经典不同，诗词表现的是情感、情绪，孩子的情感和认知还没有发育好。比如宋词，那种很细微的感情，尤其是男女间的感情，小学生合适吗？能读懂吗？"夕阳无限好，只是近黄昏"，背起来很简单，孩子能体验到这样的感情吗？"床前明月光，疑是地上霜。举头望明月，低头思故乡"，小孩子从小没离开过家，能理解吗？真不好理解。读诗词，不仅需要认知能力，需要人生阅历，还需要发育得稍微完备一点的情感世界，而这些恰恰是孩子们往后才有的。机械的记忆会让他们很快忘光了。即使仅仅是为了学文言文，也不能从诗词开始。诗词是艺术语言，不是真正的文言文，不是规范的古汉语。

大人不必蹲下来

第二个疑问，有兴趣吗？

很多人觉得小学生学文言文起点太高了，现在的小学教材之所以这么编，是按照小孩的兴趣来的。为了增加这样的兴趣，连正常的话都不说，对此，我批评这是"不说人话"。说什么话呢？说"畜生"的话，动不动小狗狗、小猫猫、小兔兔，孩子那么长大了，还小狗狗、小猫猫、小兔兔，你不觉得在侮辱他的智商和精神世界吗？这样的所谓增加兴趣的教材，教到最后，不但没有提升孩子的心智，相反，在严重阻碍孩子的心智发育。所谓从兴趣出发，恰恰是我们教材"弱智"的问题所在。

我有个学生在小学当老师，带三年级班，每天花一节课，用一年多时间把《论语》全部教完了，很厉害。刚开始时，她让我去学校鼓励一下孩子，顺便和老师座谈。座谈会上有位看上去快五十岁的老师一直在旁边冷笑。座谈会结束，他跟我交流说："教你说的这些，学生不感兴趣的。"

这么想的人现在很多，包括老师，包括家长，喜欢拿孩子的兴趣作为拒绝改变的理由，说教《论语》是不错，但是小孩们不感兴趣。那么我想问，现有的哪一门课是按照学生的兴趣来设置的？所有的课程之所以设置出来，一定是两个目的，第一，学生未来生活的需要；第二，学生心智发育的需要。

如果教育要按照学生的兴趣来设置课程，我们可以不要设置语言，不要设置数学，不要设置物理，不要设置化学，也不要设置历史，孩子最感兴趣的是游戏机，只要设置学校门口的游戏机房就行了，最好的课程是《王者荣耀》。当老师的能这么想问题吗？孩子不感兴趣，不感兴趣你就不教吗？他对数学不感兴趣呢，你教不教？课程和培养目标跟学习者的兴趣无关。你可以尽量地利用学生的兴趣，但是如果学生没有兴趣怎么办？老师的一个义务，就是培养学生的正当兴趣，而不是一味顺从孩子的兴趣。什么叫正当的兴趣？第一，对他未来发展有利；第二，对国家、对社会有利。比如小孩喜欢玩游戏、打麻将，这种就不能叫正当的兴趣，正当的兴趣应该是对科学感兴趣、对语言感兴趣、对数学感兴趣、对物理感兴趣、对化学感兴趣……这些才是正当的兴趣。做老师要培养孩子的这些兴趣。一个好的语文老师，教着教着，有很多学生爱上了语文、爱上了写作，甚至将来成为作家；一个好的数学老师，教着教着，有很多学生爱上数学，将来就研究数学了，这才是好老师。兴趣是培养的，怎么能按照本性来呢？

人可以顺应自然去做事，但是，不能顺应本性去做人。顺应本性去做人，可能就是恶人了。有时候，做人就是要克制一下自己的不良嗜好和欲望，然后培养出正当的兴趣和爱好。这就是《大学》里讲的要"明明德"，而不是"明恶德"。什么叫"明德"？明德就是好的德行、光明的德行、正当的兴趣。"明明德"就是把人的正当的兴趣培养出来。所以一个老师，被动地理解学生的兴趣，然后照他的兴趣去做，这是大错了。

儿童文学作家曹文轩有篇文章《读者是谁》，发表在《作家通讯》2013 年第 3 期，他说的话我很赞成："他们（按：指孩子）的选择，可以成为我们根本不必质疑的标准吗？因为他们喜欢，所以好，所以优秀，这个逻辑关系可以成立吗？"

现在很多人就是这么认为的啊！小孩子喜欢就是好的，编教材也是。为什么拿曹文轩的话来说呢？因为你说我是大学教授，我说话你可能不信，但曹文轩可是著名儿童文学作家呢！下面还是他的话，说得对：

可是有谁能确切地告诉我们儿童的天性究竟是什么？古代并没有儿童文学，但儿童们并没有因为没有儿童文学而导致精神和肉体发育不良。写《红楼梦》的曹雪芹没有读过安徒生，但无论从人格还是从心理方面看，都是健康的、健全的。鲁迅时代，已经有了儿童文学，他甚至还翻译了儿童文学，他与俄国盲人童话作家爱罗先珂之间的关系还是文学史上的一段佳话。但鲁迅的童年只有一些童谣相伴。然而，这一缺失并没有影响他成为一个伟人。从这些事实来看，儿童文学与儿童之关系的建立，其必然性就让人生疑了：儿童是否就必须读这样的儿童文学呢？儿童喜欢的、儿童必须要读的文学是否就是这样一种文学呢？这种文学是建构起来的还是天然的？但不管怎么说，后来有了一种叫"儿童文学"的文学，并使成千上万的——几乎是全部的儿童都成了它的读者。

我小学三年级开始读《三国演义》，破破烂烂，还是繁体字的。那时哪有儿童文学，报纸一翻开就是"阶级斗争一抓就灵"，我小时候没读过儿童文学，没觉得精神发育不正常。

一些儿童文学作家在承认了儿童自有儿童的天性、他们是还未长高的人之后，提出了"蹲下来写作"的概念。可是大量被公认为一流的儿童文学作家则对这种姿态不屑一顾、嗤之以鼻。E. B. 怀特说：

"任何专门蹲下来为孩子写作的人，都是在浪费时间……任何东西，孩子都可以拿来玩。如果他们正处在一个能够抓住他们注意力的语境中，他们会喜欢那些让他们费劲的文字的。"蹲下，没有必要；儿童甚至厌恶蹲下来与他们说话的人，他们更喜欢仰视比他们高大的大人的面孔。

我们没必要迷信小孩一定要读儿童作品。我从来不相信这一点，相反，这是一个误区。

小孩喜欢穿大人鞋

曹文轩提到的埃尔文·布鲁克斯·怀特，是美国著名作家，他一手奠定了影响深远的《纽约客》文风，他给孩子们写过三本书，《斯图尔特鼠小弟》又叫《精灵鼠小弟》，估计小孩们都读过，还有《夏洛的网》和《吹小号的天鹅》。他获得过美国国家文学奖章，被选为美国文学艺术学院 50 名永久院士……他说："任何专门蹲下来为孩子写作的人，都是在浪费时间。"我们今天的教育，就是"蹲下来"给孩子们编教材和讲课文。很多老师喜欢用嗲嗲的语气上课："小朋友，我们今天讲一个小兔兔的故事……"这不合适！

我办浦江学堂，我跟那些给小学二年级孩子讲《论语》的老师讲，不准用所谓的儿童语言给学生讲课，你就用成人语言给他讲。他一开始听不懂没关系，几个星期以后就听懂了，就适应了，就理解了，一旦听懂、适应、理解了，水平就上去了。

怀特还这样说："任何东西，孩子都可以拿来玩。如果他们正处在一个能够抓住他们注意力的语境中，他们会喜欢那些让他们费劲的文字的。"我不知道在座的有没有注意到生活里的一个现象，小孩特别喜欢穿大人的鞋。这是儿童一种心理，他们更喜欢仰视比他们高大的大人的面孔，他们羡慕、向往大人的世界，如果你教给他大人的东西，他们特别有成就感。这种学习心理，不做教育的人不懂。可悲的是，很多一直做教育的人也不懂，懂了也不知道利用。曹文轩说：

儿童确实有儿童的天性。但经验同时也告诉我们：他们的天性之一就是他们是可培养、可塑造的。无须怀疑，应该有一种叫"儿童文学"的文学，但这种叫"儿童文学"的文学应该是一种培养他们高雅趣味、高贵品质的文学，而不是一味顺从他们天性的文学。

这就是我前面说的，人可以顺应自然去做事，但是不能顺应本性去做人。有时候，做人就是要克制一下自己的兴趣和欲望，小孩也一样。曹文轩接着说：

当下中国的儿童文学，大面积的文字只是停留在对儿童天性的呼应和顺从上，这些书也许无害，但是却不能提升他们的精神和灵魂，简单而轻松的快乐取代了一切具有深度的感受和思考。

这不就是在说我们今天的语文教材吗?!

大家可能还有一个疑问："你说我们的教材简单幼稚，可是为什么孩子还不会做那些题目？为什么有的孩子考试不会考？"不会做题不是孩子的问题，而是答案往往太古怪。就考试而言，很难的题目老师可以让学生轻松及格，很容易的题目也可以让学生摸不着头脑，你信不信？

举个例子：有多少人能记住孔子去世的年份？但我能让大家都做对答案。我试卷这么出：孔子是哪一年去世的？下面你选：A. 2014 年；B. 2013 年；C. 2012 年；D. 公元前 479 年。怎么样？都会做吧？而我们的小学考题是这么出的：猴子尾巴长，兔子尾巴短，松鼠尾巴像把伞——这说明了什么道理？孩子答：不同的动物有不同的尾巴，说明万物各有特点。错没错？没错。但它的标准答案是：不同的尾巴有不同的功能。

孩子可能不服，可能郁闷，但老师就判他错了。如果孩子答：不同的尾巴有不同的功能。它的标准答案可能又是：不同的尾巴有相同的功能。孩子可能不服，可能郁闷，但老师又判他错了。当考试变成猜谜的时候，猜得对不对，与你对教材的理解以及教材的深度就没有关系了。所以，今天的孩子考那么简单的课文还考不好，因为他们猜不中你的标准答案，而不是因为教材有深度。我们教材所选的文章一点深度都没有，到了完全可以不读的程度。今天的学生考不好是因为理解能力有问题吗？不是。猜不中你的标准答案而已。正如曹文轩所说：

这种阅读，其过程是片刻的、短暂的，没有延伸与扩大。这些书给予的，会在那个阅读者正在阅读的那段时间里全部结束，书合上之后，就像火熄灭掉一般，一切归于黯然。这种阅读，这种教材，在孩子的精神世界里，不会留下任何有价值和有影响力的东西。

他下面这段话也说得好：

书是有等级的。尽管都是书，而实际上书与书有天壤之别。对于成长中的孩子而言，除去那些有害的不可阅读的书而外，即使都是有益的书，也还是有区分的：一种是用来打精神底子的，一种是用于打完精神底子再读的。

什么是打精神底子的书？帮助孩子确定基本价值观以及高雅情调与趣味的书。书是有血统的，有血统高贵的书，有血统不怎么高贵的书。文化元典如"四书"，就是有高贵血统的书，是打精神底子的书。

它们是最纯正、最高级的母语，它们与人类的基本价值观有关，与一个人的格调、品位有关，也与一个民族的格调、品位有关——如果一个人、一个民族想成为高雅的人、文明的民族，不与这样的文字结缘是不可能的。

法国高中毕业会考试卷

对不同的认知能力、心智成熟度，我们来作一个比较。

法国高中毕业会考相当于我们的高考。我们的高考要求写一篇作文，他们的会考也要求写作文，称之为"哲学作文"，因为哲学是法国高中生的必修课。会考通过后，可以直接申请法国的大学。会考第一天就考"哲学作文"，类似我们高考第一天考语文作文。

2007 年法国中学生毕业会考，文科作文题，三选一：

1. 若有所悟是否就是对于思想桎梏的解脱？
2. 艺术品是否与其他物品一样属于现实？
3. 解释亚里士多德在《尼各马科伦理学》中有关"责任"的论述。

如果没有相当的哲学原著的阅读量，是无法区分这些概念的内涵和外延的，更不用说在考试中论述它了。考题说明，学生们至少在中学阶段读过古希腊大哲学家亚里士多德的这本伦理学著作。亚里士多德几乎对哲学的每个分支学科都做出过贡献，比如逻辑学、神学、伦理学、心理学、政治学、教育学、诗学、雅典法律。

经济学科作文题是，三选一：

1. 欲望是否可以在现实中得到满足？
2. 脑力劳动与体力劳动的比较有什么意义？
3. 解释休谟在《道德原则研究》中有关"正义"的论述。

这是 18 岁的孩子要作的文章。《道德原则研究》是英国 18 世纪大哲学家休谟的代表作，研究道德赞美和道德谴责赖以存在的一般原则，他是西方哲学历史中最重要的人物之一。

商科作文选择题：

1. 人们是否可以摆脱成见？

2. 我们可以从劳动中获取什么？

3. 解释尼采在《人性的，太人性的》中有关"德行"的论述。

尼采是 19 世纪德国哲学家、思想家，被认为是西方现代哲学的开创者。《人性的，太人性的》是尼采众多代表作的一本，探讨的是世界与人生、与人性的基本问题。

不论文科、理科还是经济学科考生，以上三类考题中，第三个题目总是涉及大哲学家原著，从古代到近现代，涉及西方哲学、伦理学话题的讨论。可以想象，法国中学生已经在阅读不少高深的哲学原著了。而前面的两道题，也需要学生对哲学、伦理学概念有基本理解和自己的思考。

继续通过考卷来看法国高中生在读什么书。

2009 年，理科作文选择题：

1. 期盼得到不可能的事情是否荒谬？

2. 是否存在任何科学都无法解释的问题？

3. 评点法国哲学家亚历西斯·德·托克维尔《论美国的民主》中有关鼓励民众参与民主的一段文字："因此，给民众以管理琐事的机会，比让他们参与管理国家大事更能激发民众对公共事务的关心。"

第三个题目，如果学生没有读过托克维尔的这本社会学著作，根本无法对它作自己的评论。因为你不知道托克维尔表达这个观点的背景是什么。身处欧洲，一个法国学生，在通过托克维尔 1840 年出版的名作，了解美国社会、政治制度和民情，并要表达自己的看法。

我们的中学生，除了读语文教材，读零七八碎的课外书，读过多少哲学经典？

再看经济学科的：

1. 从交换中我们能得到什么？

2. 技术进步是否改变人类？

3. 英国哲学家约翰·洛克在《人类理智论》中，有关人的道德不是与生俱来的一段文字："我承认，在违法分子的社区内部，他们自己会遵守正义和平等的规则；但是循规蹈矩并不是他们的天性，只是因为他们的社区内需要实行必要的规矩。"请予评述。

约翰·洛克这句话在说黑社会也有规矩，与庄子讲的"盗亦有道"不谋而合。哪年我们在全国高考试卷中，也能看到有这样一道题出现呢——请评述庄子的"盗亦有道"。能看到，我就看到我们教育的希望了。

下面是文科的：

1. 语言是否会背离思维？（或：语言是否可以忠实地反映思维？）

看到这题目，我在想，一个高中生，要具备什么样的思考能力，具备什么样的成熟心智，才能完成这个题目？

2. 历史的客观性是否意味着历史学家的公正性？

这题目真精彩！这些题目真让人跃跃欲试，真有挑战性。聪明的孩子会觉得这个题目有发挥的空间，他会很来劲。你看这里面，包含有几个概念：第一，历史；第二，历史学家；第三，客观性；第四，公正性。每个概念都有它的内涵和外延。它们之间有哪些联系？有哪些重叠？有哪些交叉？真有趣啊！这叫智力游戏。被标准答案洗过脑的学生做得出来吗？什么叫洗脑？什么叫启蒙？洗脑是让人失去思维能力，顺着洗脑者的思路来；启蒙是让人自己去思考，得出自己的结论。所以洗脑是洗去人的智慧，启蒙是激发人的智慧。

3. 评点叔本华在《作为意志和表象的世界》一书中的一段有关匮乏和欲望满足的论述："欲望，也就是匮乏，是所有快感的前提条件……所以，所谓心满意足不过是相对于痛苦而言的某种需求的满足。"

《作为意志和表象的世界》是德国哲学家叔本华思想的顶点之作，内容涉及从认识论到本体论，到艺术论，再到伦理学的演变过程。

2019 年法国高中毕业会考，文科作文选择题：

1. 有可能逃脱时间吗？

2. 解释一件艺术品有什么用？

3. 对德国思想家、哲学家黑格尔的著作《法哲学原理》的一段节选进行思考并作出解读。

理科作文选择题：

1. 文化多元阻碍了人类团结吗？

2. 承认义务就是放弃自由吗？

3. 对奥地利哲学家弗洛伊德的《幻象之未来》的一段节选进行思考并作出解读。

经济学科作文选择题：

1. 道德是最好的政策吗？

2. 工作是否分化了人类？

3. 对德国哲学家莱布尼茨的著作《关于笛卡儿原则的一部分的评论》的一段节选进行思考并作出解读。

不一一列举。我不是在说西方哲学经典，我们的老师、学生都要读，我是想问，我们民族自己的文化经典，我们的老师和学生完整地读过几本？

美国 SAT 试卷

再来看看美国的 SAT，这是世界各地的学生，包括美国本土高中生进入美国大学必须参加的统一考试。卷子可能不一样，亚洲有亚洲的卷子，美国本土有本土的卷子，但是这个考试是都要参加的。2011 年的试题，三选一：

仔细思考以下片段中提出的问题，并选择其中一个议题写一篇文章，阐述你的观点，通过推理和例证支持你的观点，例证取自你的阅读、学习、亲身经历或是对周围的观察。

1. 人们认为每项成就，也就是我们所说的每一个进步，都会将他们引向问题的最终解决，并帮助人们更了解自己和周遭的世界，但是在现实中每一个新答案的产生都会引发新的问题，每一个新的发现都会展露出更深层更复杂的状况，每一个成就都通向更深层的问题和更重的责任、更复杂的状况以及全新的挑战。

是啊，我们总觉得解决了一个问题，下面就简单了，好像抽丝剥茧，剥到最后就剥出来了，但是呢，有时候恰恰相反，解决了一个问题以后，剥下一片花瓣，你会发现，越剥到里面越是复杂，所以试卷给出的题目是：

是否每项成就都带来新的挑战？

答题需要有判断，要有推理，要有论据，要有论证。

2. 无论在生活中的哪个层面，忠诚都是人们鼓励和赞赏的一项美德。因此我们向我们的家庭、团队、学校和我们的国家献出忠诚。但很多时候忠诚是盲目的，借着不自觉地与一个群体认同，将其价值观当作自己的价值观，我们就不必对自己的思想和行为负责了。

然后给出的题目是：

认同某个群体的价值观是否会让人们不必对自己的思想和行为负责？

多好的题目啊，多有深度的题目啊！

所以，比较一下，就知道我们的教育与之相比差距有多大，就知道我们的学生的心智和认知能力与之相比差距有多大。你还会再奇怪我为什么这样着急吗？

说到献出忠诚的盲目，说到个人对群体的认同，我想起有一位北京大学教授朋友转述的一件事：有位年轻妈妈批评他，您都当教授了，怎么还这么偏激。那位教授问她，你刚生了个女儿吧？是的。教授说，假如有人伤害你女儿，你会怎么样？年轻妈妈说，谁伤害我女儿我跟他拼命！教授说，你看，你也会偏激的。如果那个三聚氰胺奶粉伤害的是你女儿，雾霾伤害的是你女儿呢？年轻妈妈想了一个晚上，给教授打了个电话，说，老师，我不但理解了你的偏激，我以后也要跟你一样关心这些。有时候，偏激是痛苦的反应。为什么常有人骂鲁迅偏激？因为鲁迅比我们更敏感，比我们更有良知，比我们对人更有关怀。所以我有一个观点，面对中国的现状，越有良知的人，越会有"心理变态"的倾向。明朝的思想家李贽，就有"心理变态"的倾向。鲁迅也有这样的倾向。但是我们不能把他们看成病人，恰恰相反，他们比我们心理更健康。

回到美国 SAT 试卷的第三个选择题上来：

3. 无论哪个群组都会要求其成员保持一致性。组员必须在诸如决策如何制定、谁担任领袖、组员可以享受多少自由这样的关键问题上保持一致。然而，当群组鼓励组员之间的不一致和不同意见时，决策制定的质量反而会更高。尽管有时候这样会带来一些混乱和冲突，但不同意见的存在，能避免权力较大的强势群体犯错。

后面给出的题目是：

鼓励不一致和不同意见的群组是否会比鼓励一致性的群组运作得更好？

这不仅是哲学问题，而且是社会学问题、政治学问题。再看美国 2012 年 SAT 的作文题：

相对比已经做的事，我们在对待一个人的时候，是不是更应该根据他们能做的事来进行判断呢？

是啊，比如一个人做了官，没有贪污，我们觉得他很不错。但是换一种思路，他除了不贪污，他应该有的政绩呢？如果只是根据他已经做的事不贪污来作判断，是不是对他"能做的事"的要求就降低了呢？

这类考题，全是思考大问题的。每年题目太多，不再例举。做这样的题目，学生需要什么？首先，需要一个合乎逻辑的思维能力，否则可能连考题中概念的内涵、外延都分不清；其次，需要读很多的书，而且是层次很高的书，读过相关思想家的著作；再次，心智与认知能力一定要在一个相当的层次上，才能探讨这样的问题。因为这些问题不是具体的、技术性的小问题，不是知识性的问题，而是哲学问题、是社会学问题、是政治学问题、是伦理学问题，归根结底，是价值判断力问题。

我们的高考试卷

对比中国的高考作文题目。2010 年高考作文题：

北京卷：仰望星空和脚踏实地
重庆卷：难题

这还真是个难题。

天津卷：我生活的世界

是啊，你生活的世界真的要反思了。

湖南卷：早

莫名其妙。

广东卷：与你为邻

四海为邻。想一想，我们和法国、美国也为邻的啊！我们 18 岁的孩子和他们 18 岁的孩子在同一个时代，同一个星球上为邻，我们怎么办啊！我们还能找回那失去的童年吗——

江西卷：找回童年

2011 年高考作文题：

安徽卷：时间在流逝

是啊，小心啊，时间在流逝。

全国卷：期待成长
江苏卷：拒绝平庸
广东卷：回到原点
上海卷：一切都会过去 PK 一切都不会过去

"期待成长"，照这个样子，我估计长不大。"拒绝平庸"，倒一定会平庸。"回到原点"，从零起步。"一切都会过去"，没错，我们都会死，人人最后都会死，问题是活得不一样啊，达到的境界不一样啊！

有一位老师跟我说，他女儿很聪明，就是不好好读书。问她为什么不好好读书？她回答说：爸爸，学习好，也是要死的。这真是天才的回答。怎么都要死的，所以死不是问题，怎么活才是问题。实际上，这是孔子跟子路说过的话："未知生，焉知死。"

湖南卷：某歌手的第一句话"大家好，我来了"变成了"谢谢大家，你们来啦"，以此为例，写一篇作文。

无聊不无聊啊！每年高考结束，总有人让我评价评价，我说怎么评呢？在电视上说它不好，多少人生气？说它好，我多生气？我都五十多岁了，再不想说假话了，也不怕得罪人了。

2012 年高考作文题，继续看：

新课标卷：船主和漆工的故事

全国卷：甩掉多余的顾虑

辽宁卷：大隐隐于"乐"

江苏卷：忧与爱

湖北卷：科技的利与弊

山东卷：孙中山箴言自拟题目

北京卷：火车巡逻员老计的故事

四川卷：手握一滴水

上海卷：心灵闪过的微光

安徽卷：梯子不用时请横着放

浙江卷：坐在路边鼓掌的人

除了《科技的利与弊》稍微好一点外，其他真是乏善可陈。学生写作，也常常是瞎编一个矫情的故事加上空洞的一点感想再加上华丽的辞藻，就能得高分。为什么有些人的所谓演讲那么受欢迎？因为那些演讲拿来转成文字，就是最好的中国高考作文，讲一两个故事、罗列华丽的辞藻、用一大堆排比句，最后来一个很矫情的升华。这种文风，怎么可能深入事物的本质、真正去探讨和研究问题？怎么可能真正形成学生自己的独立思考？更不可能去表达自己的独立思考。为什么中国"心灵鸡汤"的文章会有那么大的市场呢？是我们的高考一届一届培养出来的。所以，没办法，如果高二你在看王小波的《沉默的大多数》，那很好，但是我要提醒你，到了高三，你要读一读"心灵鸡汤"了，因为那样高考作文才能得高分。我儿子高二时，我就这么对他说的。出这样的"鸡汤试卷"，中学老师太轻车熟路了。甚至学生只要背一篇作文，就能应付五十个上下的作文题目。

2020 年高考作文试卷出来，感觉有点欣慰，有了很大改进。比如上海卷题：

世上许多重要的转折是在意想不到时发生的，这是否意味着人对事物发展进程无能为力？请写一篇文章，谈谈你对这个问题的认识和思考。

比如全国 I 卷题：

春秋时期，齐国的公子纠与公子小白争夺君位，管仲和鲍叔分别辅佐他们。管仲带兵阻击小白，用箭射中他的衣带钩，小白装死逃脱。后来小白即位为君，史称齐桓公。鲍叔对桓公说，要想成就霸王之业，非管仲不可。于是桓公重用管仲，鲍叔甘居其下，终成一代霸业。后人称颂齐桓公九合诸侯、一匡天下，为"春秋五霸"之首。孔子说："桓公九合诸侯，不以兵车，管仲之力也。"司马迁说："天下不多（称赞）管仲之贤而多鲍叔能知人也。"

班级计划举行读书会，围绕上述材料展开讨论。齐桓公、管仲和鲍叔三人，你对哪个感触最深？请结合你的感受和思考写一篇发言稿。

上海题最好，全国卷次之。但是，大多数还是那种主题导向极其明确单一的鸡汤文。

　　一个民族，长期在这样的文风之下，永远也不能够真正认识到自己和自己周遭的世界。一个民族的文风，是一个民族思维能力的表现。所以，不要将教育理解为学生高考得一个好成绩，看成小学教育为了升一个好初中，初中教育为了升一个好高中，高中教育为了升一个好大学。教育，是关系到一个民族、一个国家的未来的。

一叹再无大师

我们再与中国古代作一个比较。

大师的摇篮在哪里？

鲁迅，少年时代在家塾学习"经传"。大家都知道，鲁迅在《从百草园到三味书屋》里写到一个细节，孩子们都跑到园子里玩，寿镜吾老先生就很生气：

> 在书房里便大叫起来："人都到哪里去了！"便一个一个陆续走回去；一同回去，也不行的。他有一条戒尺，但是不常用，也有罚跪的规则，但也不常用，普通总不过瞪几眼，大声道："读书！"

就两个字，"读书"！于是孩子们放开喉咙，一阵读，人声鼎沸。读的什么？鲁迅写道：

> 大家放开喉咙读一阵书，真是人声鼎沸。有念"仁远乎哉我欲仁斯仁至矣"的，有念"笑人齿缺曰狗窦大开"的，有念"上九潜龙勿用"的，有念"厥土下上上错厥贡苞茅橘柚"的……先生自己也念书。

第一句出自《论语》，第二句出自《幼学琼林》，第三句出自《易经》，第四句出自《尚书》，小孩有大有小，各读各的。第二句、第四句，鲁迅故意把同音字凑在了一起。你看，古代私塾，不教孩子先读什么"床前明月光"的，直接从《论语》《尚书》之类开始了，这么难念，吓死人呢。但是，大师就是这样成长的。

私塾教育的好处在可以无限制、低成本的复制。中国古代乡村有自我教育的功能，一个乡村里面，只要有一个老秀才，只要有一间破房子或者一个祠堂，或者富贵人家提供一间房子，老秀才就可以带上十几个、二十几个学生读书了。中国古代乡村教育的成本非常低，几乎不需要国家的资助，国家只管考试。

寿镜吾老先生手下教出了三个人，鲁迅、鲁迅的两个弟弟。鲁迅叫周树人，两个弟弟叫周作人、周建人。就那么一个老先生，要论授课技巧，到今天的小学去，一定被校长赶走，被家长骂"死"了。他没有教育方法，又不会用PPT，又不备课，就是一句"读书"！那谁不会啊？所以我说，拿什么来教，比怎么教更重要。

古代的乡村教育往往是大师的摇篮。近代也如此：胡适，在安徽绩溪，5岁启蒙，受过九年私塾教育；陈独秀，从小在安徽安庆跟祖父陈章旭读"四书五经"；郭沫若，幼年在四川家塾读书；巴金，自幼在四川家中延师读书；钱锺书，出生于诗书世家，自幼在江苏无锡受传统经史方面的教育；钱穆，也是江苏无锡人，9岁入私塾……19世纪末20世纪初的这批大师级人物，几乎各行各业都有，很多留学国外，学贯中西。而在早年，他们无一例外从小受传统文化经典启蒙教育。有了文化的底子，然后才发展专业，是他们的共同特征。

江、浙、皖、蜀这样的地方，多少大学者，几人不是像他们那样在乡村接受了基础教育？也根本没有什么教学法。三味书屋的寿镜吾老先生，他的教学方法不过是瞪着眼睛大声说："读书！"读什么？读经典。而我们今天，中小学语文有那么多的教学法，不外乎是：

一、读白开水一样的无聊课文；

二、做反反复复的无聊练习。

大师在哪里？原来有。现在，被我们"无聊"掉了。

二叹再无大师

今天"大师"太多了，王林是"大师"、李一是"大师"、刘一秒是"大师"，"大师"都成骂人话了。《南方日报》采访问我，中国现在有没有大师？我说没有，钱锺书先生去世以后没有大师了，只有专家。以后什么时候能出现大师？现有的教育制度如果不改变，永远不可能再出大师。为什么？因为教材。孩子到 18 岁了，还没有读过几本真正有价值的书，怎么来得及成长为大师呢！成长过了那个阶段，就没有机会了。进化论说人是由猴子变来的，可是现在的猴子还能变成人吗？过了那个时间窗口了。一棵树本来可以长成参天大树，但在小树苗的最初几年，没有水没有肥，今天羊去啃一口，明天牛去刨一下，连啃带刨四五年，它永远不会成为参天大树了。再问，什么时候可以再出大师？我说，基础教材不改变，不可能再出大师了。

大师是"大学"培养出来的。我们今天的教育不再是"大学"。什么是"大学"，《大学》这样解释：

> 大学之道，在明明德，在亲民，在止于至善。知止而后有定，定而后能静，静而后能安，安而后能虑，虑而后能得。物有本末，事有终始，知所先后，则近道矣。

我们今天从基础教育到大学教育，有没有这样的"明明德""亲民"的内容呢？有没有"止于至善"的追求？有没有"止、定、静、安、虑、得"的训练？如果没有，我们如何"近道"？

大师之所以是大师，之所以超越同侪，是他超越了"技"而近乎

"道"。专家不是大师，专家中的顶尖专家仍然不是大师，大师与专家的区别不是量，而是质。质，就是"道"。读过《庄子》中庖丁解牛的故事吗？里面的族庖是普通人；良庖是专家；而庖丁，才是解牛界的大师。当文惠君惊叹于庖丁的"技"的时候，他正色告诉文惠君："臣之所好者，道也，进乎技矣。"一旦到"道"的层面，便不再是某一方面的专家，他的境界一定具有超越性。所以，当庖丁与文惠君说了一番解牛之道后，文惠君感叹道："善哉，吾闻庖丁之言，得养生焉。"

解牛之道竟然相通养生之道。什么叫大师？大师是通达之人：他有顶尖专业水平，但是，他超越了专业，他通识人间万象。他不仅能在自己的专业领域里判断事实，更在广阔的人生中判断价值。

今天的教育，说得可怜一点，是在奉行一种我称之为"打工仔教育"的理念。大学里的"专业"不是根据不同知识领域和世界的不同界面来划分，而是根据社会的就业领域和相应的技能界面来划分。人文教育全面萎缩，大学中文系、哲学系大量减员，一流的考生都去了商科或理工科。而我们的科学教育也不再教育学生去解决问题、探究真理，而是去适应日益技术化了的社会，以便将来在这个大的技术体系里分一杯羹。在这个技术至上、工具论甚器尘上的教育理念里，如何有希望看到大师的出现？

再来回顾《学记》中对一个人的教育的具体规划：

比年入学，中年考校。一年视离经辨志，三年视敬业乐群，五年视博习亲师，七年视论学取友，谓之小成。九年知类通达，强立而不反，谓之大成。夫然后足以化民易俗，近者说服，而远者怀之，此大学之道也。

每年新生入学，隔年考核一次。第一次考查断句与文句理解，第二次考查学业与同学相处，第三次考查知识广博与敬爱师长，第四次考查学问见解与择友，合格了是"小成"。学到第九年，能知类通达（分类与类推，掌握规律法则，举一反三，融会贯通），能树立坚定的道德信仰，不再反复，于是"大成"。

看到"知类通达"有没有感触？专业越分越细，学生和学者的学术视野越来越狭窄，如何通达？没有通达视野，又如何确定自己专业的定位，做到真正的"知类"？

学者之大，学习者真正值得自豪的，是让自己拔萃于同类的那种素质。所以，孔子讲"君子不器"。"专业"并局限于"专业"，即是"器"。君子当然有专业，也能从事于专业，正如庖丁之能解牛，但是，君子又一定能够超越专业，有超越专业之"道"。

我们今天的教育只有"器"的教育。把人培养成技术员，培养成专家，培养成科技人才，没问题。但是，培养不出大师。好的教材是教育成功的根本保证。今天基础教育阶段的教材一味强调所谓"贴近孩子"的低幼化理念，已经严重缺乏文化含量。

出大师的时代过去了。1917 年在北京大学，曾经有一群这样的教授：梁漱溟，25 岁；刘半农，27 岁；胡适，27 岁；刘文典，27 岁；林损，27 岁；周作人，33 岁；陈独秀，39 岁；朱希祖，39 岁；徐悲鸿，23 岁；校长蔡元培最大，50 岁。

这些人，二三十岁的时候就已经是教授了，搁现在，许多人还是啃老一族吧。今天有没有可能？不可能了。为什么？因为他们小时候在读经典，我们小时候在读"猴子尾巴长，兔子尾巴短"，在读"西瓜大，芝麻小"，今天，还用再多说大师问题吗？你说我们拿什么跟他们比呢?

书画大师谢稚柳 12 岁时写的诗:

野塘花落妙生情，闻有狂歌咳唾成。
清水沧浪缨可濯，凄凉千载楚骚声。

12 岁! 不是说这诗写得多么好，但是，他每一句都有典雅的典故。12 岁读了这么多书，并且用典用得如此贴切。

再看一个更小的，国学大师黄侃 9 岁时写给在四川做官的父亲的:

父作盐梅令，家存淡泊风。
调和天下计，杼轴任其空。

诗也写得一般，黄侃到最后也不是诗人，是个学问家，但是你看每一句都有文化，每一句都有价值观。盐梅是典故，淡泊是文化，调和天下那是宰相，杼轴任其空，也有典故。才 9 岁写的呀!

是的，我们现在的教育不再以培养大师为目标了。但是，一个国家的基础教育彻底阻断了大师出现的可能，这种教育是可怕的。一个民族，不可能人人都是大师，但是，一个民族不能没有大师。

现在的基础教育不以培养大师为目标。

但是，如果基础教育就彻底断绝了大师出现的可能性，这种教育是可怕的。因为这种教育会使一个民族成为"侏儒之群"。

现在的基础教育不以培养精英为旨归。

但是，如果基础教育不能为精英的成长奠定文化基础，这种教育是可悲的。因为这种教育会使一个民族成为"奴隶之邦"。

现在的基础教育不以杰出的个人为培养目标。

但是，如果在基础教育阶段就掐灭了受教育者的成就杰出的理想，这样的教育是残忍的。因为它使一个民族沦为"平庸之辈"。

现在的基础教育不以培养道德人格为全部。

但是，如果教育没有了道德人格的培养，在基础教育阶段就培训出急功近利的功利人格，这样的教育是"下流"的。因为它使一个民族成为"小人之薮"。

第 2 编

说来话长・六论

关于青少年读经教育的七个观点

一

中国的基础教育是有其特殊性的。

西方的国民教育，除了"学堂"，还有"教堂"，也就是说，西方人的世俗教育是建立在有宗教教育的基础之上的。与之比较，中国的教育整体而言，是基于没有宗教教育的基础上的，宗教没有成为我们中华民族精神信仰的保障体系，我们信仰体系的载体和传播手段，是经学而不是神学，是学堂而不是教堂；我们尊奉的是圣贤，而不是神灵，这是我们文化上的一个重要特点，是我们自己的文化传统，是我们自己的文化特色和文化实现路径。

在传统中国，我们没有教堂，但有"三堂"：乡村有学堂，宗族有祠堂，家庭有中堂。学堂里读圣贤，祠堂里祭祖宗，中堂悬挂五个大字：天地君亲师。这三堂撑起了中国人的精神世界和信仰体系：祖述尧舜，宪章文武，敬天法祖，慕圣希贤。于是，中国人有敬畏、有谦卑、有约束、有追慕，有自己的崇拜对象，有自己的精神皈依和来生的归往，头顶有星空，心中有道德，眼前有方向，脚下有路径。

今天，乡村生活不再是传统的模式，宗族的祠堂式微，家庭中的中堂也多被代之以客厅电视。而传统学堂中的读经教育，也代之以学校的科学知识及其分类为主的各类课程，其中的语文课和历史课，也不再是经典的阅读，语文不读《论语》《孟子》，历史不读《史记》《汉书》。历史变成大事记，变成冰冷的历史结论，变成标准答案，再无感性和性情，我们已经体味不到历史的温度，感受不到历史人物的心跳。而语文教材所选课文更是水平参差不一，大多是短小肤浅的各类时文，即使选入一些古代文章片段，主要也是为了所谓文言文的学习而不是经典的传授。更糟糕的是：那个叫作《语文》的教材，不再是"书"，而是碎片化的文章选粹：基础教育 12 年，我们的孩子用他们一生中最佳的学习时光，用生命去厮磨 24 本《语文》教材，却很少读过一本完整的传统文化经典。孩子们的认知没有了高度，心智没有了成熟，即便是知识，也是碎片化的。这样的学生，也许不失聪明狡黠，甚至城府手腕，却欠缺智慧德性，淳朴涵养。

虽然在理论上，人们普遍认同语文是工具性和人文性的统一，但是，在实际操作中，作为工具性的听说读写的训练与考核，实际上是现在语文教育的基本内容。即使提倡"人文性"，也更多地理解为人文知识的记诵而非文化人格的构建。而且，即便如此，作为知识记诵的人文性内容，在教材中也非常稀薄。因其无统系，单辞碎义、陵杂无序、琐屑丛脞，无法为受教育者提供基本的人类文明的熏陶，支撑起一个民族的精神和信仰世界。

"三堂"中，祠堂和中堂的废毁有其不可抗拒的命运，要其恢复也万无可能。但，学堂之中，教材之内，剔除传统文化经典，实行之初，大欠考虑，是对教育功能理解不全以及对中西方教育不同立足点认识不到所致；而今日若图恢复，亡羊补牢，在教材之中加入传统文化经典，甚至直接以文化经典的学习代替语文课程，首先需要变革观念。如果势在必行，即便很难，也要知难而上，以图攻坚克难，行一步即有一步之功，做一日即有一日之积。岂可日日推诿，旷日持久，以至积重难返，鱼烂河决？

二

教育有两个使命：传承并发展人类文化和传授并发展人类科技。传承并发展人类文化是教育的第一使命，"以文化人""化成天下"，这是教育最原始、最本质的使命。无论是教育源流时期的孔子的教育，还是苏格拉底的教育；无论是传统中国的科举教育、书院教育，还是西方早期的神学院、现代大学，其基本使命都是文化传承并"以文化人"。

使人"文化"才是人的教育，而"文化"，就是"文明其精神"。"文明其精神"才是教育的本质使命。今日的中国大学，以"专业"构建并以此作为教育的立足点，教人技术和专业，这只是教人"手艺"——手上功夫而已。手艺不能说不重要，现代教育也不可以不教"手艺"，但绝不可以以此为核心，更不可以以此为全部。孟子说："从其大体为大人，从其小体为小人。"何为大体？人之为人的精神心灵是也，这是人之本体。何为小体？人之四肢五官是也，这是人之功能。功能当然重要，但本体岂可遽忘？孟子又说："今有无名之指屈而不信（伸），非疾痛害事也，如有能信之者，则不远秦楚之路，为指之不若人也。指不若人，则知恶之；心不若人，则不知恶，此之谓不知类也。"孟子还说："学问之道无他，求其放心而已矣。"（《孟子·告子上》）人之为人之本体，在于"心"，"无恻隐之心，非人也；无羞恶之心，非人也；无辞让之心，非人也；无是非之心，非人也。"（《孟子·公孙丑上》）教育若只有"手艺"无关"心灵"，人将不人，这是教育吗？

三

教育、文化和文明，这三者是什么样的关系？教育经由文化而达成文明。教育的目标是文明，是人的文明，是政治（制度）的文明，是社会的文明。教育只是一种手段，教育通过文化经典的传承，"以文化人"。"文化"这个词最初是一个动词，就是用人类的共同价值观来教化人，使人"文化"，也就是文明化，并最终"化成天下"，整个社会按照一种文明的方式来运作。

所以，这三者里，最关键的是：文化。因为它贯通"教育"和"文明"。

作为名词的"文化"，其最重要的载体是文化经典及其包含的文化知识和价值观论述。文化经典是教育最重要、最适用、成本最低而效用最高的教育资源。它们是"人文教育"的最重要形式和保障。

人文教育必须立足而不限于传统文化经典的传授。

无文化经典的传授，就没有真正意义的人文教育。

从人的角度言，没有人文教育，就不是人的教育。

不是人的教育，就必将教出高学历的野蛮人。"手艺"或许高超，人格其实卑下。

从民族的角度言，没有本民族文化经典的传授，就没有民族文化传承。

没有民族文化传承，就不可能有认同民族文化的子孙后代。

没有认同本民族文化的子孙后代，民族就涣散为乌合之众，侏儒之群，不可能国祚永继。

如果我们不否定这一点，那种反对青少年读经的观点就毫无立足之地。

四

中国传统文化经典，作为教育资源无可比拟、也无可替代的价值在于它们是三种体系：知识体系、价值体系和文化体系。

比如《论语》，从知识体系角度讲，它包含着丰富的文化历史知识和语言语汇的积累（这些语汇包括常用格言里还包含着的深刻的人生智慧）。

从价值体系角度讲，《论语》一书，不外乎讲"三好"：好人（人生）、好政治、好社会。《论语》是一部关于理想的书。它告诉我们什么是理想的社会，什么是理想的政治，什么是理想的人。一言以蔽之，《论语》告诉我们什么是理想的、值得我们去过的人生。

从文化体系角度讲，任何经典，都属于一种文化体系。《论语》就属于中华文化体系，而《圣经》则属于西方文化体系。

文化体系会让人有文化认同，而文化认同的重要性是：

从个人角度讲，有文化认同才使人有精神归属感。

从民族角度讲，有文化认同才能形成民族凝聚力。

一个人的最后安身立命之处就是精神归属感。

一个民族的最后力量就是因文化认同而来的凝聚力。

中国人生活的"中国"，不仅是地域、空间、领土的"物理的中国"，还是天地、祖先和圣贤组成的"伦理的中国"。前者是身体家园，后者是精神家园。有前者，我们可以活着；有后者，我们才能体面而有尊严地生活。

并且，有后者，才能维系前者。有对后者的自信和珍爱，才能使我们对前者生死以之。真正的爱国者，其实爱的是一国之文化，一国之文明，一国之生活方式，一国之价值伦理。这也是顾炎武"天下兴亡，匹夫有责"的立论逻辑所在。

中华民族是全世界唯一一个历史绵延至今的民族。其间分分合合，"合久必分，分久必合"。"合久必分"是由于利益的冲突、政治的分歧，很正常，不需要什么理由。但是分了以后要再合起来，一定要有充分的理由。分的力量是自然的力量，合的力量一定是人文的力量。中华民族经过多次的"分"，但是，我们也拥有"合"这个恒久的力量，这个力量就是以孔子为核心的中国传统文化，就是我们祖祖辈辈代代相传的对这个文化的认同。

在中国漫长的历史中，维护民族统一的最核心的力量不是掌握政权的朝廷，也不是手握武器的军队，而是那些在穷乡僻壤手执竹简或者线装《论语》的"老秀才"，才是一个国家一直凝聚在一起、一个民族一直维护统一的最为重要的力量。他们在穷乡僻壤给孩子们教《论语》时，就在孩子们的心中播下了文化认同的种子。这是教育曾经显示的力量，这是教育曾经获得的光荣，这也是今天中国教育的使命。

最大的国防，就是教育。

五

《新京报》在 2016 年 8 月 29 日发表了一篇影响很大的文章《读经少年圣贤梦碎：反体制教育的残酷试验》，对读经教育污名化很严重。

但是，这篇文章提到的读经少年郑惟生发表声明："不同意此文章的表述，部分内容不属实，存在有意'断章取义'，只截取负面信息，借此博人眼球、肆意炒作的问题，并且文章中对传统文化教育所持基本否定的观点，亦是我所坚决反对的。"

其实，即使在这篇文章中，这个被描述为梦碎的少年，其思考问题的高度及其所反映出来的心智和对人生的认知能力，已经超越了一般在"体制内"读书的同龄人，已经反映出读经对他的积极影响。

更本质的问题在于，无论是就一般读书还是作为教育资源，《新京报》这篇反对读经的文章，能否回答以下三个问题：

一、不读经典，读什么？

二、不读本民族经典，读什么？

三、世界上哪个国家和民族的教育拒绝读本民族或本国的文化经典？

所以，我的意见是：就青少年读经而言，王财贵先生的读经运动的确存在一些问题，但这是方法问题；而《新京报》这篇文章反映出的则是方向问题。方法问题可以讨论，也可以改进。但方向出了问题，那就需要改弦易辙了。

王财贵的方法问题主要在于，从教育的角度言，在现代社会和国家里，一种教育模式必须注意以下四个方面：

第一，不可脱离国家义务教育体系。这不仅事关孩子的未来人生选择，还事关国家义务教育法。

第二，不可无其他学科的学习。现代人面对的是现代世界，现代世界有现代世界的知识体系、技术体系、职业体系，脱离了这样的体系，一个人无法适应和融入现代社会。

第三，不可脱离家庭环境。家庭在孩子成长过程中的不可或缺，已经是一个教育的基本常识。

第四，不可没有与同时代人相同相似的人生经历。相同相似的学习经历，使得孩子将来有相同的人生经历和共同的话语对象、话语方式；甚至，话语本身也需要相同：相同的教育会给大家相同的话语体系，只有理解并熟练使用这样的体系，对话才是通畅而融洽的。举一个简单的例子：当我说某人局局然辩解如同"祥林嫂"时，共同读过鲁迅的人会心领神会。而一个自绝于一般人读书经历的人，则可能一头雾水。话语体系把他隔绝了。

我也反对提倡无须理解的诵读。其实，就读经本身而言，不加讲解的机械记诵，没有进入学习者的情感和认知，对一个人精神的塑造也将受到极大的局限。而且，即使从记忆的角度上讲，机械的记忆也是低效率甚至无效的记忆。

但问题是，作为一个教育专家，王财贵先生对以上五个问题他难道没有意识和警惕？

我觉得不大可能。最大的可能是，他很无奈：现行教育体系缺少经典学习，也拒绝他的建议和示范，无法实现教育的最核心的、最原始的功能。于是，他只能另立一套孤悬的体系，自己去做。在废除读经几十年以后，要找出一个能教小学生疏通经典的中小学教师也很不容易，于是，他只能要求不求甚解的"诵读"。

所以，我们要做的是要去思考：我们如何改进我们的教育，使之能够承担和实现教育的核心功能，而不是对先行者求全责备，对不堪的现状委曲求全。

六

基于中国这样的文化传统和文化实现路径，基础教育阶段的语文教材应该全国统一编写，这是实现文化认同的必然要求，也是中国教育的基本使命之一。

而语文教材的编写，必须体现以下三个要求：

第一，必须体现民族核心价值观，以此培养民族精神、民族气质，传承民族文化，建立道德信仰。

第二，必须是最经典的汉语文字，以此培养纯正、良好的语感，培养语言艺术的鉴别力和创造力。

第三，总量适中，能在义务教育的 9 年之内，最多在基础教育的 12 年之内，让受基础教育者打下根基，获得相应的素质，获得国民所需的基本文明素质和文化教养。

七

这个"基本文明素质和文化教养"并非为精英人士所有，而应该是全体国民的教育"标配"。何况，我们还要在基础教育阶段，为其中一些人成长为未来的大师打下坚实的基础。

在上海浦东图书馆做"孔子的教育"系列讲座的最后，我有这样一段话：

现代基础教育不以培养大师为目标，但是，如果基础教育彻底断绝了大师出现的可能性，这种教育是可怕的。因为这种教育会使一个民族成为侏儒之群。

现代基础教育不以培养精英为旨归，但是，如果基础教育不能为精英的成长奠定文化基础，这种教育是可悲的。因为这种教育会使一个民族成为奴隶之邦。

现代基础教育不以杰出个人为培养目标，但是，假如在基础教育阶段就掐灭了受教育者"成就杰出"的理想，这样的教育是残忍的，因为它会使一个民族沦为平庸之辈。

现代基础教育不以培养道德人格为全部，但是，假如教育没有了道德人格培养，在基础教育阶段就培训出急功近利的功利人格，这样的教育是下流的，因为它会使一个民族成为小人之薮。

教育，是为了"造福"，为受教育者，为全人类。

教育，决不可"造孽"，古人讲"误人子弟"，就是"造孽"。

（原刊于 2017 年第 5 期光明日报社《教育家》杂志 ）

别培养高学历的野蛮人

常有人说我的演讲很有激情，可是当我听过尚老师、许院长他们的演讲后，我觉得自己被"秒杀"了。

尚老师、许院长他们的激情，来自对文化的热爱。文化确实是一个能够激发我们感情的崇高东西，它和知识是不一样的。一个有文化的人，你会发现他的生命力是非常旺盛的。他不是冷冰冰的，而是富有激情、情怀，对这个世界充满了爱和诗意的眼光。

可是今天，我们从中小学到大学的教育，更多的是在教知识、技术、专业，唯独缺少文化。我们培养了很多精致的利己主义者，很多高学历的野蛮人，他们是冷冰冰的。

有句很有名的话：知识就是力量。中国人耳熟能详，而且对它很是认同。从历史上看，1840 年以后，中国面对西方的科学技术，不堪一击，于是得出一个结论：落后就要挨打。这个落后，就是指科学技术的落后。从现实上看，如果今天我们不能用知识很好地答出一份标准化试卷，可能就读不了好大学、好专业，找不到好工作，以更好地满足自己物质的欲望。

无论从历史经验还是现实压力，我们都知道知识太重要了。但是我今天要对大家讲的是，尽管知识确实重要，但知识也有局限性。

首先，知识是无限的。什么叫知识？知识是对这个世界所有事实的认知。既然世界是无限的，那么知识也是无限的，可悲剧的是人生是有限的。庄子就说过："吾生也有涯，而知也无涯；以有涯随无涯，殆矣。"世界是无限的，我们的生命是有限的，用有限的生命去追求无限世界所包含的无限知识，那我们的人生就会废掉。

有不少人用琐碎的知识，把自己的人生切割成了碎片。

德国哲学家尼采写过一篇文章叫《我为什么这么聪明》。他的结论就一句话：我之所以这么聪明，是因为我从来不在不必要的事情上浪费精力。

有一次我坐出租车，司机正在收听一档知识竞赛节目。节目中，主持人放了五个音乐片段，每个片段几秒钟，随后提问：这五个音乐片段，有两个片段属于同一首歌，你们谁知道？一个小伙子抢答说他知道，并且回答正确。

紧接着第二个问题是：其中有两首歌出自同一张音乐专辑，你知道吗？这时我紧张了，我怕他知道。他不知道，说明他还是正常人，如果他知道，他这一辈子可能就废了。但是没想到他真知道。这时我让司机把收音机关掉。司机吓一跳，问为什么？我说："它在侮辱我们的智商，并且在误导我们生命的流向。"

这就叫无用的知识，生活中有太多这样无用的知识。比如，很多人关心某个明星喜欢的颜色是什么、星座是什么、结了几次婚，又离了几次婚。当一个人把精力花在这些地方时，他可能获得了知识，并且在饭桌上能与人聊天，但他会变得特别琐碎。

我曾写过一篇文章，题目是《警惕知识》。主要观点就是，我们的生命本来就不可能占有无限的知识。更可悲的是，无聊的知识会让人生变得无聊，琐碎的知识会让人格变得琐碎，甚至猥琐。

荀子曾提出过对知识的鉴别。他说有些知识是无聊的、无用的、无趣的。对这样的知识，荀子有一个判断，叫"不知，无害为君子；知之，无损为小人"。你知道了这样的知识，并不能够因此成为君子，你不知道这个知识也不会因此成为小人。有的知识对你的人生，一分都没加，又何必耗费精力和时间呢？

但是在生活中，确实有不少人专心致志、兴高采烈、兴趣盎然地用琐碎的知识，把自己的人生切割成碎片。

实际上，在知识之外，有一种更重要的东西。

如果要算知识的总量，我相信今天很多人的知识总量都超过孔子。比如出计算机、物理、英语（课程）、数学之类的题目，孔子肯定答不过你们。

但我们就比孔子的境界高吗？这就要思考另一个问题了：决定孔子境界的，不是知识的总量，而是另外一种东西。孔子自己早就说过："吾有知乎哉？无知也。"我有知识吗？不，没有。苏格拉底也曾经说："我比别人多知道的那一点，就是我知道自己是无知的。"

他们说这些不是谦虚，只不过说出了一种真相。面对世界的无限，我们短暂生命里的知识可以忽略不计。所以，我们应该允许自己的无知，也应该宽容别人的无知。

你看我不顺眼，给我出一道数学题。我为了防备下一次再有人给我出数学题，于是我天天学数学，学了十年以后，《解放日报》文化讲坛大概已经到 6800 期了，我终于有勇气上台演讲，突然又有人说："鲍老师，我这有一套物理题。"你不会这样干，对不对？因为你们会宽容我的无知，我们也会宽容他人的无知。

但是有种情况是不能宽容的，那是什么呢？没有良知。

没有知识可以被宽容，没有良知不可以被宽容。我们遇到标准化的试卷，回答不好没有问题，但是涉及良知判断、是非判断、善恶美丑判断，如果出了问题，那就是大问题。

今天中国社会的一个问题，就是缺乏判断力。中国教育的一个问题，就是缺乏文化素养。比如，为了抵制日货，很多年轻人走到大街上砸同胞的车，甚至伤害同胞的身体。他们带着一腔热血，以为在爱国，但实际上却是在"碍国"。

为什么一个带着良好爱国热情的人，会去做妨碍国家、损伤中国人形象的事？他们缺少的是什么呢？良知！

知识就是力量，但我要告诉大家，良知才是方向。我们常常说落后就要挨打，我还要告诉大家，野蛮也会招打。

（ 2015 年《解放日报》 第 68 届文化讲坛上的演说词，

与前文有重复的部分作了删减处理 ）

我为什么赞同将《论语》纳入高考

2018 年 1 月 16 日，教育部发布了高中课程方案，其中语文新课标的变动最引人瞩目：中国传统文化在内容、分量上加入更多，而要求也变得更高，原标准"诵读篇目的建议"改为"古诗文背诵推荐篇目"，推荐篇目数量也从 14 篇（首）增加到 72 篇（首）。不久，2018 年高考北京卷《考试说明》公布：《论语》将纳入经典阅读考查范围。中国传统文化要怎么学？这成了摆在所有中国孩子面前的一个问题。

本文系鲍鹏山教授接受"爸爸真棒"公众号采访实录。针对记者提出的"要不要读经典？"鲍鹏山用三个反问，终结了质疑：

一、无论个人读书还是国民教育，不读经典，读什么？

二、作为国家教育战略，不读本民族经典，读什么？

三、世界上哪个国家和民族的国民教育拒绝读本民族或本国的文化经典？

鲍鹏山认为，真正的问题，实际上是："什么是经典？应该怎么读？"

语文教育最大问题，是碎片化和肤浅

实际上北京高考卷考《论语》相关的内容，这几年一直都有的。不过如果这一轮政策是指向让学生整本阅读《论语》，那的确是件好事。

为什么强调整本书阅读？因为这是现在中国语文教育的最大问题。

我们现在使用的语文教材或语文课本的形式，本身是一个错误的方式，无论是中国古代还是现代西方，都没有过这样的方式：选出几十篇文章，编出一个大杂烩——我们把它称之为杂志式的教材——课文本身都是片段式的。

这些文章通常还都很肤浅，尤其是低年级课文，很多鸡汤式的"知音体""读者体"，像什么《斑羚飞渡》之类，经不起稍微一点理性推敲的文字，中间有几篇《论语》的章节、《红楼梦》的节选、《水浒传》的节选，都是碎片化的，根本不是真正的经典阅读。

孩子从小没有接触经典，就没有一个好坏的标准，鉴赏趣味会低下。不读《红楼梦》，会觉得琼瑶的爱情小说是最好的；不读《三国演义》《水浒传》，不读鲁迅、培根、托尔斯泰的作品，会把郭敬明的小说当成是最好的，把林清玄、刘墉的作品当成经典；不读唐诗、宋词、莎士比亚，会把汪国真当成最好的诗人。有时候我在公开场合说某些诗歌、散文、小说不够好，会遭到很多人的反对。因为他们从小建立起来的阅读品位就是这样，从语文教育中就已经被固定下来了。

当人们没有读过真正的传世经典，就会热衷读微信中的鸡汤文章。用"杂志式的教材"教孩子语文，这件事在任何时代、任何国家都是绝无仅有的。

中国古代的孩子上学，正式读书就是从《论语》开始，一本书读完，再去读下一本，比如《孟子》。《三字经》也是后来才出现的，比如唐代的小孩，是没有《三字经》这种所谓的蒙学读本的，就是从《论语》开始读。

再看国外，老师也不是拿着"杂志"教文学课的，都要求学生整本去读莎士比亚的著作、读《荷马史诗》。

中国教材的歧路是从民国开始的。今天我们都说民国教材好，那也是比今天的教材内容好一些，比较朴实有人性，没有《斑羚飞渡》

之类假大空的东西。但从读整本书，到碎片化读书，就是从民国教材那里来的。这才是中国语文教育中真正的大问题。

如果将《论语》列入高考，我希望这次是一个导向，引导学生去读一些真正的经典，而不是肤浅的东西。

一个民族的文化经典应该由国家考试来引导

《论语》这样的经典该不该读，我觉得不是问题；要不要由高考指挥棒来推动学生去读？我觉得也不是一个值得质疑的问题。

放眼任何一个国家，传统文化经典的传承都体现在国家意志，体现在国民教育体系中。

比如柏拉图、苏格拉底、莎士比亚……的作品为什么一直有人在读，真是一代又一代学生对这些经典有兴趣吗？或者都是老师的兴趣、个人的兴趣吗？

如果只是出于个人的兴趣，这些作品不会成为一种普及性读物，不会成为一个民族下一代中大多数人的共同认知。如果让更多孩子去凭自己的兴趣，他们宁愿去读《哈利·波特》。比如，当大多数人都不读《论语》，哪怕我读《论语》，我也不会去谈孔子，因为我跟人交流得让别人听得懂。如此这般，民族的历史文化可能就这样消失了。

历史是什么？历史不光是曾经发生过的事情，更是我们应该记住的事情。没有记住的东西不会成为历史，只会成为空白。只有记住的并在日常生活中不断被提起、被谈论、被引述，成为对话的公共语境，被当作思想资源和思考出发点的，才能成为对今天有价值的历史。

《哈利·波特》未来也很有可能会被证明是经典，但在这样的被选择中，柏拉图、莎士比亚可能就会成为被遗忘的东西。同样，下一代也会有下一代的喜好，《哈利·波特》也会被下一代遗忘。

你发现了什么？如果阅读都凭着兴趣来，人类文化会怎样？

第一，不会被传承；

第二，不会被积累；

第三，不会被发展和提升，而是一直原地推倒重建，而重建的东西往往是浅薄的、肤浅的、浮躁的。

这就是现在正在我们国家发生的事情。大家都觉得《论语》这样的传统文化应该让人凭兴趣去读，列入高考好像就成了负担，这样一来，大多数人就不会去读了。没有国家考试引导，老师不仅不会教这部分内容，甚至老师自己也不读的。

所以一个国家的文化经典要传承下去，必须要有一种适当的、权威的方式来作引领。

经典是一个民族共同的文化的根，你不能只让一部分人了解，因为如果没有共同认同的话，根本没办法对话，所以教育不仅在教你知识，教育还在教你公共知识，以期实现价值上的共同认知和认同。

人工智能时代为什么还要读《论语》

我经常碰到有人这样问：现在已经是人工智能时代了，已经是基因时代了，为什么还要去读《论语》这样一本几千年以前的书？

这根本是两个概念、两种逻辑，一种是科学技术，一种是文化，谁说读《论语》能够解决冰箱制冷这样的问题?!《论语》解决的是一个人脑子里的问题、精神上的问题，是公共知识的问题，是各种文化得以对话的公共语境。

什么是"公共知识"？

我讲一件事。有一次台湾来了几个人，我们在一起讨论。我现场做了一个小测试：我说，一个人受到一些伤害，然后见人就跟人诉苦，我们就会说这个人很像祥林嫂。大家听懂了我说的是什么意思吧？大陆的人都说听懂了，但来自台湾的人都说听不懂。

这就是公共性，"祥林嫂"这个意象在大陆文化圈有公共性，在台湾没有公共性。

没有公共性就是缺少共同性。缺少共同性会导致：

第一，个人会成为孤岛；

第二，族群会出现分裂。

所以，多年前我就呼吁：至少语文教材必须全国统编，其中最重要的目的，就是解决知识的公共性问题。

如果我们连知识的公共性都没有了，我们的民族凝聚力和文化生存基础又从哪里来？

我们再说《论语》本身的价值。

一、《论语》不能"取其精华、去其糟粕"地读。为什么只有我们国家在说《论语》是过时的，要"取其精华、去其糟粕"，而别的国家在读柏拉图、苏格拉底、莎士比亚的作品，读《圣经》的时候不分所谓"精华"与"糟粕"？

因为经典根本不能这么去看。

什么是精华？什么是糟粕？谁来判定？《论语》最精妙的地方，在于它是思辨的、开放的，当我们读《论语》，这部分可能对张三有启发，那部分可能对李四有启发，有可能此时有启发，有可能未来有启发……没有人能判定哪些部分一定是"落后的"。

现在随便一个什么学者动不动就讲扬弃，甚至随便一个没读过几本书的网友都可以动不动就指责前贤。从风气上讲，这叫浮躁；从品行上讲，这叫傲慢，而这种傲慢，出自自己浅薄无知带来的自大和无畏。

二、《论语》不是工具，它传达的是"让人成为人"的价值观。读书这件事，我们不能简单看有什么用。读书不能简单地问能解决什么问题，《论语》不是一把螺丝刀、一把起子，不能用工具论去判定读它的意义。像这样的文化元典，主要给我们两个东西：

一是价值观；二是公共的价值观认同。

价值观，使人成其为人；价值观认同，则使社会可以建立起具有共同认可的制度，保护价值观。人类为什么是人类？人类和动物的差别在于，人有是非观，知道有些事可以做，有些事不可以做。

人具有做某些事的能力，是本能或技能；

人知道什么事不可以做，是文化、是良知。

如果没有文化，人类没有办法组成社会，也不可能形成制度。

为什么经典值得传承，因为无论中西，无论孔子，还是苏格拉底、释迦牟尼，他们都在思考同样的问题：人如何才能像人一样有尊严地活着。

文化的功能就是"为天地立心，为生民立命"，这个"命"，不是"生命"，是"性命"。何为"性命"？顾名思义，从字形上就可以看出来：有心灵、有灵魂的生命。

赋予我们生命以灵魂和心灵的就是文化。而文化的存在形态里，最典型的形式就是文化经典。

所以我们今天让小孩读《论语》，你不能拿它和科学等量齐观。科学是让你知道能做什么，文化是告诉你不能做什么，两者相互制约。

国外教育中，把通识教育看得那么重要，为什么？

通识教育就是"科学+人文教育"，懂科学，还得通过人文教育建立价值观，逐渐提升判断力。当这个世界风云变幻，发生任何事情的时候，我们能够独立地判断是非，而不是人云亦云，或是哗众取宠。

所以对于"人工智能时代，我们为什么还要读《论语》"这样的问题，我是没办法跟他对话的。这就是我们教育出问题的结果。我们的教育教出了一大批没有逻辑能力、不辨问题层次，不懂得分类的人，所以，他的问题不在于不会思考、不会解决问题，他的问题在于他根本不能分辨问题所在。

读经典也是建立共同的价值认知的基础。你认同孔子，我认同孔子；你认同苏格拉底，我也认同苏格拉底，这样大家就可以对话、可以相处了。如果我讲仁爱，你不讲，你的价值观跟我不一样，我们就没法沟通了。

所以对于个人来说，经典有助于他们形成价值观，对于社会来说，经典是给大家一个共同认知，可以使大家在同一个价值观下建立制度，得到保障。

这就是文化认同。

社会发展到今天，每个人都有自己的生活空间，哪怕专业差一点、不懂得技术，大概率还是能生活得好的，但如果各有各的价值观，那社会恐怕就很可怕。

追求成功要有健康的心理支撑

现在的父母都希望孩子学习"不过时"的东西，比如科技，但科技恰恰是被迭代淘汰的。

从另一方面来看，每一门知识和技术，在今天这个分工精细的时代，一部分人会就可以了。但是，基本文化经典以及其中包含的基本价值观，却是每个人都需要认知并认同的。

我们不需要一个家庭钟点工懂得某类专业知识和技术，但我们需要所有人，包括钟点工，有基本的为人处世的准则，需要我们认知并认同仁义礼智信的价值观。

这就是为什么在西方的教育里，他们没有功能性的"语文"这门课，而是开阅读和写作这门课，他们对读书的要求比对数学的要求高得多。

他们的思路跟我是一样的：某些专门的知识，只是专门职业的人才需要；而普适的价值观是所有国民都需要的。国家提供的教育必须立足于此。文化能给人内心建立一种"托底式"的精神支柱。

现在的社会人人追求成功。追求成功我很赞成的，但同时还应该有健康的心理支撑。因为不可能每个人都能追求到成功，人生有很多人力不能企及的事情，有很多偶然因素决定人最后不是那么成功。那怎么办？这个时候，就需要有一种东西支撑你人生的意义。

比如，儒家和道家都告诫我们要安贫乐道，这就是让人有很稳定的心理支撑，让我们知道，世俗的"成功"值得追求，但并非我们人生的必须。人生的必须，是合乎道德和合乎人性的生活本身。

不赞成孩子从古诗开始学经典

从《论语》再说到古诗文背诵。古诗文背诵没有问题，但如果说经典启蒙从古诗词开始、从唐诗开始，我觉得是错了。

经典有多种不同的层次，只有不多的部分属于"元典"，这是一切文化之"源"，其他都是"流"。对中华文化而言，文化元典基本上集中在先秦，比如《论语》，《论语》之前的《诗经》《春秋》《礼记》和《易经》，以及《孟子》《老子》《庄子》等诸子著作，这些都是元典。而唐诗宋词等，如同江河之流。

　　经典是根基，是树的主干。从主干上长出枝节，便是诗词歌赋、琴棋书画。正确的传统文化启蒙，建议从这个次序上去读，这不仅是从重要性上来说，也是从孩子的认知发展规律上来说的。底子打好了，然后开始读诗。

　　古代孩子都是从元典读起，读到十四五岁开始读诗，或者天生聪慧的，12 岁开始读诗，这是有道理的。

　　诗歌最动人的地方是情感，而孩子到十几岁情志萌发，这时候读诗是读得通的。在此之前，小孩子是读不懂诗歌的。

　　在《唐诗三百首》里面，只有"鹅鹅鹅"是小孩子直接能明白的。其他比如小孩子背得烂熟的《静夜思》，"举头望明月，低头思故乡"——孩子能明白这首诗描述的抬头看月的动作和场景，但这首诗的感情——什么是故乡，你觉得能给小孩子说明白吗？更何况诗里那种客居他乡的孤独感，这都是小孩子不能体会的。

　　再比如《千家诗》，也是家长常拿来作启蒙的读本之一。《千家诗》里最容易理解的诗，可能就是范成大的《四时田园杂兴·其三十一》：

　　昼出耘田夜绩麻，村庄儿女各当家。
　　童孙未解供耕织，也傍桑阴学种瓜。

　　这是一首最有生活场景的诗，耕田种瓜，对儿童来说相对简单，但里面的情绪容易理解吗？不容易。这种田园之乐，是一个人经历了仕宦生涯、经历了长期社会生活之后，转回头才能感受到的快乐。

实际上，诗歌往往是借用生活中的场景和事物，来表达一种深远的哲学意味和美学意境，理解诗歌需要生活阅历甚至人事沧桑，这是几岁的孩子没有的。

但是，你跟孩子讲道理是没问题的，给他讲《论语》，他实际上他能懂。《论语》第一章"学而时习之"，你跟他说，人要好好学习——这没什么不能懂的。甚至孩子不全懂也不要紧，这是行为指导，让孩子能先用价值指导行为，外化成行为。然后到高年级或中学之后，建议孩子再去读诗。学诗最大的益处是培养孩子的共情能力，多读诗可以拓展他们的情感体验，形成同情之心。

有古文根基的孩子写作能力不会差

读经典是建立孩子的价值观，传承文化的根基；读诗可以拓宽孩子的情感。那背诵古文的意义在哪里？

我们看此次教育部增加的古文篇目，有先秦名家的文章，也有唐宋八大家的名篇。这些都是儒家文化中的传世文章，从学统上来说，是一脉相承的。除此之外，让学生背诵这些文章，对他们写作能力的提升是很有帮助的。

我经常和出版社编辑打交道，编辑们普遍觉得，有三个专业的学者，写作能力是最好的，文字水平是最棒的，我们统称为"三古"：中国古代文学专业，中国古代哲学专业，中国古代历史专业。当然，其他专业的老师文字水平也可能很好，但仔细去追究，就能发现一条共同点：绝大多数文字水平高的，古文阅读方面的积淀都很深厚。

说到文章好，有三重境界：

第一重，是文从字顺，逻辑没问题、表达没问题、语法没问题；

第二重，是语言有节奏感和张力，语言的节奏符合写作者的感情，相得益彰，这是一种有才气的文章；

第三重，则是文辞上的典雅，这种典雅由何而来？是靠读书，尤其是读古汉语中的典范文章积淀出来的。

一个人在写作上天生有才气，达到第二重境界，这样的例子是常有的，随着他年纪增长，这种才气是会消失的；但典雅的文辞、风格，因为由读书的浸润而来，是怎么也不会消失的。一个人 20 岁时，能写出典雅的文字，到 80 岁时，也可以写出同样的感觉。

汉语是一门有悠久历史的语言。我说过：汉语是这个世界上最有文化的语言，它的文法、语法、句法，包括语汇，都是长期积累下来的，包含深广的文化内涵。现代汉语，是扎根于古代汉语的。

元典学习的专业选择和顺序

青少年为什么要读经典？这是特别大的一个问题。读经典是人类自有教育以来的常规做法。中国的教育从孔子开始就是读经典。孔子教给学生两个东西，一个叫"小六艺"，一个叫"大六艺"。"小六艺"即是"礼、乐、射、御、书、数"，学礼仪和音乐，学射箭、驾车、书法、算术，都是将来谋职用得着的工作技能的培训。

"小六艺"是谋职技能，"大六艺"是文化传承。文化教育是孔子教育中更加重要的内容。文化教育就是读书，读《诗经》《尚书》《周易》《礼》《乐》《春秋》，即后来所谓的"大六艺"。孔子拿来作教材的就是文化传承的经典，就是要求一本书要完整地读。中国的传统教育都是这样的，从读经典开始。

现在，我们的教育确实要承担一个责任，让孩子们能够升学，顺着教育的台阶一级级地从小学到初中、到高中、到大学。但是教育还应该有一个重要的功能，给孩子们建立一个信仰的世界，架构一个精神空间。这是特别重要的。

价值观教育，是教育特别重要的功能。我们读经典的初衷不是获得知识，而是掌握价值判断的标准。是非、善恶、美丑的标准从哪里来？经典就是建立这套体系的标准。

我们常说读书人"为天地立心，为生民立命"，这个所谓的"心"就是是非之心、恻隐之心。天地自然，本无"心"，人类中的圣人一出，天地之间就有了这颗心，有了是非善恶的标准。中国人的价值观是什么？仁义礼智信。中国人的价值标准是什么？礼义廉耻，忠孝节义。读经典就是让我们明白价值判断的标准是什么，这也就是为什么要读经典的答案。

现在的孩子学习得太辛苦了，跟家长们的过分焦虑有关，什么都想要孩子学。做任何事情要有节奏感，有节奏感才能走得远。双休日和寒暑假就应该让孩子充分休息。重要的东西太多了，把孩子累死也无法完成所有重要的学习。

一个人一辈子在这个世界上必须学什么？我们从事教育的人一定要明白，教育不是教人们重要的东西，而是教人们必要的东西。重要的东西太多了，所有的教育都是在有限的时间里完成的，所以家长们要学会放弃，学会做减法。所谓重要的东西，往往是不重要的；只有必要的东西，才是重要的。

我们老师和家长有一个重大的观念上的误解，认为孩子会的技能越多，素质越高；懂的知识越多，素质越高。但是，素质不是技能的叠加，素质也不是知识的总和。因为素质不是技艺，是判断力。判断力有两个要素：一是判断的标准；二是判断能力。标准，是从经典中来的；能力，是在读经典的过程中不断养成的。《论语》讲了三个问题，理想的国家是什么样的，理想的社会是什么样的，理想的人是什么样的。读《论语》的过程，就是跟着孔子做价值判断的练习题，练习题做完了，自然就知道怎么判断了。

至于怎么读经典，我就讲三个词：元典、完整、系统。

第一个，是元典。元典可以写成元旦的"元"，也可以是原来的"原"，两个字都有一个共同的解释，就是源头。原典是人类文明的源头，公元前 600 到公元前 300 年出现的著作就是人类文明的原典。经典的数量有很多，唐诗宋词、《红楼梦》等四大名著都是经典，但我们一辈子不可能读完所有的经典。而原典不一样，中国文化最核心的七本书《论语》《孟子》《大学》《中庸》《道德经》《庄子》《六祖坛经》，涵盖了中国文化主流的儒释道三家，这就是中国的原典，数量并不多，人的一生是有可能完整通读的。

第二个，是完整性，一定要读完整的书。我经常说，从教育学的角度，从学习的角度来讲，碎片化的知识没有意义，不成体系的知识没有价值。我们手机里的内容就是碎片化的，无法构成一个系统的知识框架。因此，读书一定要将一本书从头到尾地读完整。

第三个，是系统性，《论语》《孟子》《大学》《中庸》《道德经》《庄子》《六祖坛经》是成一个系统的，是一个文化体系。如果孩子把这七本书读完了，一个完整的文化体系就会从小在他的心中建立起来。很多人读的书数量不少，但始终没有形成自己独立的见解、见识，就是因为他们都不知道按照体系来读书。

所以，教材的选择特别重要，是非常专业的事。最核心的这七本书就是专业的选择。此外，不仅要有一个系统，还要有一个教学顺序。这个顺序的教法即：先《论语》，后《孟子》，再《大学》《中庸》《道德经》《庄子》《六祖坛经》。如果顺序错了，效果也大打折扣。

注重原典性、完整性、系统性，同时按照一定的顺序来进行，这几点加起来就叫专业性。青少年为什么要读经典？如何读经典？希望我今天给到大家一个较为专业的回答。

（2018 年 4 月 3 日在修齐讲堂的发言节录）

读传统儒家经典的现代性问题

　　我们 20 世纪 60 年代生人，读《论语》实际上都读得比较晚了。我曾经在北京碰到一位很有名的教授，八十多岁了吧，学问很好，我跟他说："教授，是不是我这一代人都读得很晚，我都到大学毕业，我自己当老师了，我才把《论语》认真读完。"这位八十多岁的老先生说："小鲍，那你比我好啊，我都到三十多岁了才读完。"

　　这样的一种阅读，是在我们到了一定年龄、理性完全成熟了、世故一些了，尤其已经经过学术训练，也就是所谓的"科学训练"以后，再去读《论语》。又加上 20 世纪初和 20 世纪中期的两场运动——新文化运动和"批林批孔"运动，导致我们一开始读《论语》的时候，总是不自觉地带着一种怀疑的、挑刺的眼光。我在大学当老师，因为自己要去给学生讲《论语》，我才认真地从头到尾地读。读的时候老是想，哎呀，应该更多地带着怀疑的、批评的态度去读。没有将它作为一种信仰、作为一部值得尊重的经典去读。这样的读法，实际上是有局限的。

　　但是即使这样，我觉得到了最后，还是读出来对《论语》、对孔子一种无限真诚的、甚至带有一种宗教般的感情。

　　记得多年以前，有一位学者讲过一句很有名的话，传播很广，叫"去圣乃得真孔子"，意思是要把孔子身上的圣人光环去掉，还原成一个普通人，然后才能够理解真正的孔子。言下之意，孔子也是一个普通人。我不同意这个观点，我认为"去圣乃得真孔子"是小人之言，如果是君子，会说"体圣乃得真孔子"。

　　这个"体"，就是郭齐勇老师、张新民教授都讲到的，是体悟、体证、体贴。如果我们不去体贴、体证孔子，然后体悟孔子，我们真的可能很难达到理想的一种境界。

如果仅仅从学术的角度去理解孔子，那真的是把孔子贬低了。有一点我和刘强教授的观点是完全一致的，就是我在给学生讲课的时候，我也一再说："我们看孔子，书上教材上的介绍，还有辞典上的介绍，一讲到孔子，就是什么哲学家、思想家、政治家，用这些所谓的家来评价孔子，实际上都是对孔子严重的贬低。我觉得孔子就是一位圣人，是一位民族的圣人，是人类的一位先知。"

从这个角度去理解，意味着我们读《论语》也好，读孔子也好，应该更多地作为一种圣贤之学，而不是仅仅作为一种哲学，甚至作为一种科学。

我们应该从信仰的角度去进入、去体味、去体贴，而不是从学问的角度，进行所谓的研究、辨析。我觉得如果我们读《论语》、读孔子，一直没有读出这种感情，那可能就证明我们还没有读进去。

研究中国古代的学问，不仅是材料，也不仅是训诂方法，如果里面没有思辨、没有逻辑的话，可能也得不出真正的结论来。不要以为有了实证的方法，思辨就不重要了。

有很多的史实确确实实可以通过考古来呈现，但是，史实和事实之间的逻辑关系是要通过思辨才能够发现的。刘强教授解读《论语》，我觉得思辨性就非常强。我举两个例子吧。第一个例子是：

季文子三思而后行，子闻之曰："再，斯可矣。"（《论语·公冶长》）

　　这是《论语》里至今众说纷纭的一个问题，刘强首先讲到了郑玄的观点。郑玄说，季文子实际上已经很少有过错了，所以他不需要思考三次，两次就可以了。接着，刘强提到了程颐的观点，程颐认为，想得多了反而会产生疑惑。这就是后来钱穆先生讲到的，"多思转多私"。最后，他又提到李炳南的观点，认为除了季文子以外，其他的人还是需要三思而后行的。我觉得刘强把这三种观点都列出来，让我们可以看到，郑玄、程颐、李炳南这三个人观点有高度与深度的区别。

　　在这个基础上，刘强开始自己的思辨过程。比如他首先讲"三思"的核心，从"知易行难，行最重要"这一点入手，接下来发挥钱穆的观点，说，通常情况下，一思，是良知发露，见义勇为，可谓君子；再思，是临事而惧，好谋而成，可谓谋士；三思，是算计厉害，裹足不前，此时已沦为小人矣。

　　所以你看，一思是良知发露，二思是好谋而成，这都是很好的，所以再思即可。后面算计厉害，裹足不前时，已经成为小人了。这样的解读，对我们读《论语》有一些启发。

　　第二个例子是：

　　子曰："宁武子，邦有道则知，邦无道则愚，其知可及也，其愚不可及也。"（《论语·公冶长》）

　　刘强在《论语新识》中把《论语·卫灵公》里的这段文字，放在一起对看：

　　子曰："直哉史鱼！邦有道如矢；邦无道如矢。君子哉蘧伯玉！邦有道则仕；邦无道则可卷而怀之。"

他作辨析说，一方面，我们需要理解孔子对宁武子的肯定，而并非一味赞同史鱼之"直"，他是在为乱世中人的基本的生命资源和价值，保留一道生门。而另一方面，我们又须知这样的"养愚"，并非一味的怯懦和圆滑，庄子说："吾闻之吾师，有机械者必有机事，有机事者必有机心。"

庄子不赞成机心，孔子亦然。我觉得通过这样的一些辨析，就可以让我们在读书的结论上，不会走向一个极端，会有更多的层面。刘强以前私下里跟我说过这样的几句话，所以我读到此处，真是会心一笑。他是这样说的："乱世无道，枪打出头鸟，适当的明哲保身，不仅是一种智慧，也是一种权利。那种动辄振臂一挥，用正义、道德、自由，甚至革命之名，绑架大多数人放弃生命的人，常常是最为可疑的野心家、阴谋家。故孔子力行中道，不偏不倚，无道养愚，来作为权宜之计，合乎道义，无可厚非。"我觉得从这个角度来理解宁武子，包括蘧伯玉，真的是非常的好。

我在学校里，给老师们也讲到过"蘧伯玉卷而怀之"，我更多是从不同流合污，不一定非得正面冲击这个角度去理解的。

从某种意义上讲，人生在世，可能有三种境界：第一种叫同流合污；第二种叫正道直行；第三种叫明哲保身。

同流合污当然不可取，那在底线之下；那么第二种，正道直行，这当然非常之好，但有可能造成玉石俱焚的结果；那么最高的境界，就是明哲保身。但是，这种明哲保身是要有一定条件的，并不是说我们任何时候都把生命放在第一位。

刘强在后面接着引用了美国波士顿犹太人屠杀纪念碑上，德国新教牧师马丁·尼莫拉那一段非常有名的话，然后，他还有一段非常好的议论。他说，明哲保身价值的有效性也是有限度的。如果死亡仅仅危及自身，我自可选择趋利避害，但是如果死亡如瘟疫一般席卷而来，甚至危及人类全体生命，则必须挺身而出，此即孟子所谓"死亦我所恶，所恶有甚于死者，故患有所不辟也"。我觉得他这一段的议论，可以说非常具有现代性，而且应该也是从现代的我们自身的生活中体会出来的。

我们从传统经典里寻找什么？这涉及读《论语》的现代性问题。

读传统儒家经典，学习两千多年前孔子的儒家思想，不是为了抱残守缺，更不是为了用所谓的中国文化来抵御外来文化，不是为了关上大门。

如何让传统文化具有现代性，能够给我们的现代生活提供价值、提供思路，让传统的文化、传统的经典和现代生活之间，有一辆直通车，知道我们今天的生活中所需要的哪些价值，能够从传统经典里生发出来，我觉得，这可能是学者们最重要的一个责任和义务。

针对很多学习传统文化反对鲁迅甚至仇视鲁迅的人，我曾经讲过一句话。我说，鲁迅的伟大在于让传统文化有了现代性，至少他提醒我们，要从现代性的角度去看传统文化。

现在对中国传统文化，有一类人持否定态度，认为中国要走向现代化，只能从西方文化嫁接。他们的文化期待是，从西方文化走向现代。

另一类人觉得，我们的文化传统这么好，为什么还要学西方。他们的文化期待是，从传统文化走向古代。这类人不多，但渐渐有影响力，值得警惕。他们身上有一种腐朽的味道，他们眼里的国家仍然是"帝国"，政治还是"帝政"，法律还是"王法"，虽然他们知道有"宪法"这个东西，却完全不知道它对于现代政治的意义，身在中华人民共和国却毫无现代共和国的理念。中国要现代化，这类人是阻力。

第三类人认为，可以从中国传统文化走向现代化。他们的文化期待是，从中国的传统文化走向现代。

我觉得这三类里，第一类，走不通；第二类，不能走；第三类，才是中国走向未来的正确道路。事实上，中国传统文化与中国现代化一点都不矛盾，几乎可以说是一辆直通车——逻辑直达。孔子、孟子、老子、庄子、墨子，甚至韩非子的思想里，都包含着非常显著的现代性。比如：孔子儒家的民本思想；道高于势思想；礼（规则、权利和责任）对权力的约束思想；庄子的个体自由思想；墨子的尚贤思想；韩非子的依赖制度不依赖道德思想等，都与现代社会理念毫无违拗。赋予中国历史、中国文化以现代性，建起一座中国历史、中国文化直通现代世界的桥梁，这是当代中国知识分子的首要职责和担当。让传统文化经典能够在今天焕发生命，也是我们的教育必须要完成的一个命题、必须要翻越的一座高山。

鲁迅先生的意义，说他对传统文化的批判也好，弘扬也好，总之他提醒我们，如果传统文化没有现代价值，如果我们不能从传统文化中发现、阐释、弘扬出现代价值，那我们凭什么要传统文化能被今天的人接受？

我记得鲁迅先生讲过一句话，他说，要我们保存国粹，那必须是国粹能够保存我们。我觉得鲁迅的这句话，实际上至少在提示我们，如果真的要让我们现代的中国人，能够对中国的传统文化抱有温情，那必须是我们要能够从传统文化、传统经典里面去寻找到温暖。

那么，如何从传统文化中找到温暖，如何把《论语》解读成一部对现代人来说，仍然能够从中真的体会到终极关怀的一种温暖，这可能是我们今天所有读《论语》和阐释《论语》的学者们，要面对的一个问题。

（在刘强新书《论语新识》研讨会上的发言，有补充）

浦江学堂如何理解教育

公益浦江学堂由鲍鹏山教授创立于 2013 年。至 2020 年，已发展至全国 100 多个班级，遍及上海、北京、安徽、江苏、广州、湖北、江西等省市，3 500 多名学生在学。本文系鲍鹏山教授 2016 年 3 月 5 日在全球未来论坛的线上演讲。收入时有增补。

大家好！感谢全球未来论坛的邀请，感谢大家有耐心来听我讲一讲我对教育问题的理解。

下面，我从七个方面，简单介绍我们浦江学堂教育的一些理念、内涵和做法。

浦江学堂不是做国学教育，而是在做教育

2013 年，我在上海创办了浦江学堂。第一个班在上海浦东图书馆。浦东图书馆是一个很特别的图书馆，从级别上讲，它是一个区级图书馆，可是影响力在全国是很靠前的，每天进馆读书的人数超过了一万人。今年大年初二，人数还超过八千人。最多时，读者入馆人数一天达一万七千多人。这个数字说明什么呢？说明它可能是全国区级图书馆里入馆人数排名第一的。很多的区级图书馆，包括上海、北京、广州这样一线城市的区级图书馆，每天进去读书的少则几百人，多则也就千把人吧。浦东图书馆有这样的影响力，非常了不起。我们浦江学堂的第一个班，就办在这样的图书馆。

到 2015 年，是第三年。浦江学堂的命名，有点像辈分，以办班先后顺序按照八个字排，"克明峻德，知行合一"。第一个班用了第一个

"克"字，因为在浦东图书馆办的，他们也取了一个字叫"图"，所以第一个班叫"克图班"，第二个班叫"明图班"，第三个班叫"峻图班"，今年再招第四届，就叫"德图班"。北京朝阳区图书馆是在2015年开办的，所以这个班叫"德金班"，"金"字来自他们的"金台书院"。现在在上海，除了在浦东图书馆，浦江学堂在上海图书馆、在上海其他区，都开办了班级。2015年以后，逐渐在全国各地，比如在北京，在安徽芜湖，在江苏常熟，都开了班。

现在很多人说，浦江学堂是在做"国学教育"，在这里，我首先作一个纠正，浦江学堂不是在做"国学教育"，浦江学堂是在做教育。

之所以有人将浦江学堂看成做国学教育的，是因为他们觉得我们拿来用作教材的，拿来教学生的，都是一些国学经典。但是，在我看来，这跟"国学教育"关系不大。我们做的，是教育本身，我们只是将这些国学经典作为做教育的最重要的资源而已。我们做的，是人的教育，而国学经典，正是做人的教育的最重要的资源。

所以，我们的浦江学堂不是在做单项的技能或知识的培训。为什么我要专门说明这一点呢？因为有很多人一讲到国学教育，就以为浦江学堂是在做传统的、国学的单项技能或知识培训。我们不是，我们是用这些传统经典来提升孩子的认知能力，来促进他们的心智发育。所以，浦江学堂和今天很多单项培训，比如钢琴、英语、作文技巧等，是完全不一样的。简单地说，我们做的是"人"的培育，追求的是教育最核心的价值，四个字：安身立命。这是我们的教育理念，也是我们的教育理想。

浦江学堂定位的精英教育指什么

首先，我要说明的是，浦江学堂教育的目标，或者说浦江学堂教育的定位，是精英教育。有人一看到精英教育四个字，就觉得是不是一个非常高大上的东西？或者说是一个脱离普通大众的东西？这样理解是错误的。我们今天的大学的高等教育，已经进入了大众教育的阶段。但是，我觉得对大众教育的理解，今天存在着很大的分歧。

分歧主要体现在两个不同的认知上：

其一，一种认为，既然是大众教育，那应该是层次比较低一点的、更靠近大众的认知能力和他们生活需求的。

其二，一种认为，大众教育，是将之前对精英教育的教育目标、教育内容和教育宗旨，普及到大众教育中。

我比较认可后一种。如果将大众教育理解为高等教育拉低水平，向大众靠齐，其结果，会降低整个国家、整个民族的高等教育的水准，不利于国家未来的发展，不利于国家在世界文明程度和科学技术创新层面上的竞争。更重要的是，会降低我们教育的标准，从某种意义上讲，也就变相地降低了国民教育水平。所以，我理解的大众教育，应该是我们今天有必要、有义务，也有能力、有条件将之前社会精英阶层享受的教育，推广到普通大众。即不是降低标准，而是扩大范围。

建立在这样理解的基础上，我对浦江学堂的定位是精英教育。就是说，我希望通过浦江学堂的教育，给孩子将来在社会上做一个对社会有正面影响力的精英人物，创造或者预备必要的素质。

我认为，教育大概可以分成这样四个层次：

第一，是技术体系，这是为了"谋生"的教育；

第二，上升一个层次，叫知识体系，这是"谋知"的教育；

再上升一个层次，第三，是价值体系教育，即传统所讲的"谋道"；

第四，最高一个层次，是信仰体系教育，可以称之为"谋心"。

在四个不同的层次教育里，我觉得在今天的中国，中小学的教育基本在第二个层面上，也就是知识体系，"谋知"教育。这是为了中考和高考做准备的，这是现在中小学基础教育的现状。

那么，大学教育怎么样？大学教育在此基础上，不但没有提升，比如提升到价值体系或者信仰体系，恰恰相反，教育层次反而下降了，变成了技术体系的教育。现在的大学基本上都是专业教育。专业教育就是技术教育。专业教育和技术教育的目标就是谋生，让学生将来能够找一份好工作。这样的教育当然有它的价值、有它的合理性、有它的必要性，这是我们不能否认的。但是，如果教育只是停留在技术教育的层面上，那么，这样的教育是残缺不全的，甚至把人贬低到了动物的境界。因为动物也是需要某些生存的技能来谋生的。教育的两个最高的境界，价值体系和信仰体系的教育，在今天中国的基础教育、大学教育里，实际上是被严重地疏忽了。

我讲浦江学堂从事的是精英教育，这样一个定位，实际上就是对我们今天中国教育的一个批评、一个否定。我希望我们民族的教育的层次能够更高一点，希望不仅有"谋生"的教育、有"谋知"的教育，更希望我们的教育能够提升到"谋道"的教育和"谋心"的教育。

浦江学堂如何理解公益

浦江学堂教育的形式是公益的。简单地说，浦江学堂对进来学习的孩子和家长，是不收学费的。我们的费用来自社会各界的捐助，比如图书馆系统相应的公益经费的使用，还有一些机构、企业、个人的公益捐助。可能很多中国人会觉得，中国的企业家缺少做慈善做公益的意愿，我认为，这可能不是企业家的问题，而是社会可能没有给他提供一个好的形式。实际上，好的形式很简单，只需要做到两点：第一，这种慈善、公益是有价值的；第二，这种慈善、公益是值得信赖的。那么，我们浦江学堂实际上是在满足他们的这两点。

首先，有价值。价值在于能给孩子进行系统的传统文化教育。当然，你也可以觉得它没有价值。没有价值自然就不会来捐助。觉得有价值的人实际上很多，这样的人能够捐助，我觉得我们已经足够了。

其次，可信赖。比如捐助人每周都可以定期地到他的班上来看一看，看到一个班的孩子在这里接受非常专业的传统文化经典教育。他捐助的资金，每一笔都可以看到花在什么地方。我们除了授课老师的课时费、班主任老师的辛苦费、教师的培训费以外，只有非常微薄的一点管理费用，其他的人几乎是义务劳动，包括平时的义工、志愿者。

我在这里想特别说明一下，公益和慈善有很大的区别。慈善是针对特定的群体，比如弱势群体，并且是不求回报的，是单向的、施受的关系。而公益是针对所有人，所有获得公益服务的人，也得付出他们的爱心、时间与精力给予回馈，所以，公益不是一个单向的施受关系，而是双向的施受关系。我们希望浦江学堂能够在这样的公益观念下，实现这样的理想的公益形式，人人从中学会奉献自己、关怀他人。比如，我们浦江学堂给孩子和家长提供了免费的、非常专业的、系统的、完整的传统文化经典的教育，家长们就要学会用他们的方式来服务于班级、服务于浦江学堂，并且回报社会。家长们要志愿参与浦江学堂各班的管理事务，比如每天诵读、群里轮值做考勤记录、组织班级各种活动，帮助解决浦江学堂碰到的一些非常具体的问题。

浦江学堂为什么有"四个不可"

第三个方面需要给大家说的是，我们浦江学堂与体制教育的关系。这个我有必要特别加以说明。因为现在社会上有很多社会教育机构，他们采取的办法是让孩子们脱离现行教育体制去学习传统文化。我们不赞成这样的做法。我们浦江学堂做的只是对现行体制教育的一个补充，我们做加法，不做减法。

这样做，主要有两个原因：

第一，我们认为不能减去任何体制教育里现有的功能；

第二，我们认为不能让孩子去对抗学校，对抗他们学校里的老师。

教育真的是一个非常、非常复杂的问题。有专业的理解的人，以及对教育抱有敬畏的、对孩子的未来抱有非常谨慎态度的人，都不会非常草率地按自己的意愿、自己的理解，武断地去决定一种形式，来剥夺孩子在其他方面受教育的权利。

基于这样的认识，浦江学堂对孩子的要求，有"四个不可"：

第一，无学籍不可；

第二，无家庭生活不可；

第三，无其他学科的学习不可；

第四，无与同时代人相同的经历不可。

下面，我简单地一一加以说明。

第一个不可——无学籍不可。今天很多人都会觉得现行体制教育存在很多问题，比如教材价值不高。这一点我也很赞成，我在很多场合都批评现在的中小学语文教材，存在非常严重的一个问题，就是价值不高。但是，体制教育拥有另外一个价值，这个价值几乎是绝对的，因为它是通过垄断的方式去实现的。那是什么呢？就是学籍。没有学籍，孩子就没有办法升学，在中国的体制教育里就没有上升的渠道。比如没有小学学籍，你就不能升初中；没有初中学籍，你就不能升高中；没有高中学籍，你就不能升大学。可能有很多的家长、机构觉得孩子升不升大学没关系，将来让孩子上国外的大学。但是，要知道，这是我们一时的想象、一时的打算，我们没有办法预测孩子的未来会碰到什么情况，没有办法预测孩子未来自己的志愿，没有办法预测我们的家庭在未来会出现什么样的状况。所以，我觉得这样的一种预设是草率的、是武断的、是不负责任的。一个真正为孩子考虑未来的父母，一个真正懂教育的人，一个真正爱孩子的人，一个真正对孩子负责任的教育机构，是不可以武断地让孩子脱离学籍的。

第二个不可——无家庭生活不可。为什么没有家庭生活不可？因为孩子的成长需要有一个家庭的环境。这种对家庭的依赖、认可，对家庭生活中所体现出来的人生幸福的意义和价值，以及孩子们从家庭生活中感受的生活温馨，对他的心理安全，对他未来生活模式的选择，以及这种选择对未来社会的稳定，包括整个国家的稳定，都具有无与伦比的意义。所以，我们觉得孩子成长的过程离不开家庭。现在社会上有一些教育机构，把孩子封闭起来，住在一个封闭的环境，离开家庭去学习。我觉得这种做法是比较冒险的。

第三，无其他学科的学习不可——今天很多社会教育机构把孩子封闭到一个地方，除了让他们读经之外，其他学科的学习被降到了可有可无的位置，甚至干脆就取消了。我觉得这是非常不合适的。因为今天这个社会，不仅需要哲学的、人文的教育。今天社会的任何一项劳动，已经是非常复杂的链条组合，不再是简单的体力劳动，缺少其他学科专业的基本训练，孩子们将来在社会上就很难具备从事某一种职业的能力。

第四，无与同时代人相同的经历不可——因为一个人将来要在社会上生活，必须找到朋友，必须找到志同道合的、能够互相倾诉、相互支持的人。但是，如果我们把孩子放到一个封闭的环境里面，让他与同时代人学习的大环境与经历完全不一样，那么就有可能导致他在未来的生活里，缺少与同时代绝大多数人共同的生活经历，这是很可怕的事情。这些孩子将来可能会因为缺少共同的话语，缺少共同的童年生活的回忆，导致将来他们在同年龄人面前，出现一种失语的状态。

所以，我说教育是一项非常非常专业、非常非常复杂的事业。真的，我们不可以草率，不可以凭自己的一己之见、某一方面的一个认知，就草率地决定教育该怎么做。这一点，不仅对我们搞教育的人来说如此，对家长也是一样。

我曾经讲过，以前，我们家长的问题是不懂教育；今天，我们家长的问题是自以为很懂教育。这两者谁更可怕？实际上，今天的家长比以前的家长更可怕。以前的家长不懂教育，他自己知道自己不懂教育，他反而选择相信老师，相信专业人员。我们今天的很多家长，他自以为很懂教育，实际上，他所懂的也只不过是一知半解，或者，不过是一个似是而非的概念，或者，他只是看到了事物的某一个方面，而这一个方面如果放到整体来看，可能真的没那么重要，或者说应该综合其他很多因素去考虑，但是，我们的家长未必能明白这一点。往往是他了解了一点，于是会执着于这一点，并且把这一点无限夸大。

浦江学堂教育的 3+2+N 是什么

下面，我谈浦江学堂教育内容的 3+2+N 模式。

3+2+N，是 3 年加 2 年再加 N 年。为什么要作这么一个分别？因为前 3 年，是让孩子读完"四书"，《论语》《孟子》《大学》《中庸》。每逢双休日上半天课，加上暑假可能加的十来天课，每年大约授课 45 个半天，大概这样的课时安排。在老师比较通达的讲解的基础上，让孩子把这四本书背下来。"四书"总共 55 900 个字左右。这三年的面授课时加上孩子回家后每天温习的时间，这个量是比较适中的。

前三年教"四书"，是为"养正"，目的在养其品性之正，思想之无邪，是非之明确，《孟子》所谓养浩然正气是也。

三年读完"四书"，接下来的两年是教孩子读《道德经》，然后是《庄子》（内七篇），再加一本《坛经》。这两年，是为"培大"，培养大格局、大眼界，蕴含包容之胸襟气度，《周易》，所谓"厚德载物"是也。同样，是在老师基本讲解的基础上，要背诵。

首先立根本，"养正"让孩子们先明辨是非、懂规则；之后再"培大"，懂宽容。这既是受教育者认知的次序决定的，也是教育目标和成长发育的次序决定的，先"正"后"大"。

我们不赞成简单的所谓诵读。现在社会上有些机构做单一的诵读训练，老师不讲解，理由是孩子背下来自己就会理解。这实际上是有问题的。我觉得在没有一定理解基础上的背诵，实际上没有带领他进入认知和情感的领域，即使背了也很快会忘掉。所以，我们的老师上课一定要讲，而且是一篇篇一句句讲解。

这样，在一共五年的时间里面，实际孩子们读完了七本书，《论语》《孟子》《大学》《中庸》《道德经》《坛经》《庄子》（内七篇）。七本书，五年下来，从小学二年级开始，到上初中前，全部教完。我们认为，一个中国人在这个年龄阶段读完了这七本书、背下来了、有一定的理解，作为一个基本的、核心层面的中国传统文化元典的学习，打的文化底子，应该够了。孩子什么时候开始，什么时候完成，我们也有比较成熟的考虑，比如什么时候是最好的记忆力窗口，最容易听进老师的话，不影响孩子和家长的升学安排，等等，我们都有考虑。

3+2之后，为什么+N？加N的意思是说五年以后，很多孩子从基本的文化修养的角度来说，他们已经够了，但是会有一些孩子，可能会在这个基础上把自己未来的人生的方向确定为从事文化研究和传承上，那么，他就需要更进一步、更专业、更深入的学习指导。这个时候，我们会给他挑选一些老师实行一对一的教学。这种专业的指导，第一，它不再是一个班级的教学；第二，它的年限也是不确定的，所以，我们称之为N。

浦江学堂为什么用七本书做教材

浦江学堂为什么选择这七本书？我下面要讲一下我们教育的特色。

除了公益性，浦江学堂强调的，还有三个性：

一是系统性；

一是整体性；

一是专业性。

先说专业性。为什么是这七本书而不是别的？因为这七本书代表了中国文化最核心的儒释道三家，以及儒释道三家里最核心的著作。

那么，为什么是3+2这样的次序，即先读"四书"，再读《道德经》《庄子》（内七篇）和《坛经》？以及为什么在"四书"里，是先读《论语》，再读《孟子》，再读《大学》，再读《中庸》呢？这些我们都是有自己的考虑的。

有人问我为什么不读《三字经》和《弟子规》？我的回答很简单：《三字经》《弟子规》从来不是中国传统文化的经典，这是其一。

其二，《三字经》《弟子规》作为一种规范性的文字，它以一种逻辑学上的全称判断的形式出现，不利于学生有独立自主的思考。

其三，《三字经》《弟子规》这样一种全称判断的文字形式，带有非常强烈的专制的意味。我们希望现在的孩子对传统文化有"基于理解基础上的同情"，和"基于同情基础上的理解"，但是，我们不希望他们盲从。

第四，还有最简单的一个理由，《弟子规》和《三字经》，从家长们实用的角度来说，它不能解决文言文的问题，它们不是文言文，它们只是顺口溜。

第五，还有更重要的一点，《弟子规》《三字经》，它们根本不是经典。读完这样的书，根本不会让孩子在将来引以为自豪，当孩子们长大成人之后，他要写文章，他要说话，引用"四书"、引用《老子》、引用《庄子》、引用《坛经》，这是非常权威的经典。如果他引用《弟子规》和《三字经》，只能让人觉得他层次很低。所以，今天社会上很多机构、学校、团体都把《弟子规》《三字经》作为经典教材大肆地宣扬，我觉得这是一个不好的或者说不够专业的选择，缺少专业水准的考虑。

再说整体性。浦江学堂选择做教材的这七本书，实际上都是在强调整体性的学习，比如"四书"、《道德经》和《坛经》，浦江学堂都要求全篇的、整本书的学习和背诵。《论语》整部 16 000 字左右，孩子都是一章一章全部读完之后再去读下一本书《孟子》，《孟子》也是这么读。《庄子》比较长，我们选择了"内七篇"，这"内七篇"也是要求学生整体性地来学习和背诵的。

最后说系统性。我始终认为零碎的、碎片化的知识是没有意义的，不构成体系的知识是没有价值的。所以，学习和教育应该首先考虑它的系统性问题。比如说，我们选择的这七本书包含对中国文化影响最大的、最核心的儒释道三家的著作，代表了中国传统文化的精髓，对这些书的阅读可以初步帮助孩子建构一个文化框架。像建一座房子，先把天花板、地板和四面墙六个板块搭起来。这就是读经典的系统性。

从哲学上讲，我们继承传统文化的时候，要"去其糟粕，取其精华"这是正确的，但是从科学的角度来讲，这是行不通的。什么是糟粕？什么是精华？这个判定不是一成不变的，而是随着历史的发展不断变化的。比如，30 年前我们认为是"糟粕"的东西，现在可能变成了"精华"，而今天被认为是"精华"的东西，过几年又成了"糟粕"。所以，文化经典就在那里，你"取"或"不取"，它都在那里，不论是"继承"还是"抛弃"，它也在那里。继承还是抛弃，是个自然的过程，所以，读经典就是要读经典的完整性、系统性。同样一句话，对不同的人意义不同，当你觉得它有用的时候自然就会吸收，无用的时候自然就"无视"它了。

浦江学堂用什么来保障专业教学

最后，我讲一下浦江学堂的质量保障。

浦江学堂拥有三个重要的质量保障体系：

第一，浦江学堂有自己的很好的一个教育理念，我在上面讲过了。

第二，我们有自己的从宏观到中观、到微观的教学模式。宏观的教育的宗旨，我们有我们自己的一个认知；中观的，我们应该确定什么样的教学内容和教学目标，比如教材的选用；微观的，比如在课堂里，我们有一套自己的独特的、具体的教学方法和管理方法。

第三，是我们的专业授课老师。浦江学堂的授课老师选拔自各地高校"三古"专业，中国古代文学、中国哲学、中国古代历史专业的博士、研究者或教学者。具备相关专业的学位要求后，再加上浦江学堂的培训。也就是说，浦江学堂的教学质量由自己的理念来保证、由自己的模式来保证、由专业教师来保证。

这样的质量保障三体系里，我的看法是：个人一定搞不过体系；体系依赖于模式；而模式，一定出于一种理念。所以，我觉得三个体系的关系是这样的：理念下面是模式；模式下面是体系；体系下面才是个人。实际上，我们的教育质量并不是靠个体老师来保障的。当然，老师非常重要，但是老师上面有体系，体系上面有模式，模式上面有理念。

传统文化不是来拯救世界的，而只是用来确立自己的

最后我想说的是，做传统文化普及教育，包括我们做浦江学堂的过程中，见过圈子内的很多人，我觉得一方面，我为他们的一种理想所感动，为他们的一种热情所激励。很多做传统文化传播的人，他们很有理想、很有激情，真的很感动我，也很激励我。

但是，有的时候，我觉得他们做得有点偏执、有点狂热、不够平和、不够理性、不够包容。比如，一讲到中国的传统文化，就觉得将

来要拯救世界。我觉得，传统文化不是来拯救世界的，传统文化只是用来确立自己的。

每个民族都有每个民族自己的文化，每个文化都有它自身的优点。而且，我觉得还有一点，就是说世界发展到今天这样一个时代了，它就应该有这个时代大家所认同的共同价值。所以，我们不能说哪些价值是西方的，哪些是东方的。我觉得作东方、西方的区分，还不如作现代和古代的区分。比如货郎担、小卖部和百货商场、超市，你觉得它是东方和西方的区别吗？不是。它是什么区别呢？它是现代的销售模式和古代的、过去了的销售模式的区别。它根本不是东西方文化的差异，它是现代的商业模式和传统的商业模式之间的差别。所以，我不认为人类的命运有东、西方之分，我只是觉得人类的政治和社会只有现代和传统之分，只有落后和进步之分。

因此，我对于我们浦江学堂老师的要求是这样的几句话，我也希望能够在这里表达出来跟大家作一个交代：

我们在做浦江学堂，我们在做教育，我们在用中国传统文化经典来做教育，但是，我们不是一个民族主义者；我们专业而不偏执；我们担当但不狂热；我们热爱而又平和；我们信仰而又理性；我们坚守而又包容。

好的，感谢大家给这样一个机会，能让我在这里介绍浦江学堂。感谢大家为我花费的时间，希望这个时间没有被白白浪费。

后　记

　　2014 年，受浦东图书馆馆长张伟先生之邀，我做了题为《孔子的教育》的系列讲座，连续六讲。其主题，乃是通过回望孔子所开创的人类最初的教育，对照和检点今天的教育现实。张伟馆长是中学校长出身，曾获"全国十佳校长"称号，对中国的教育尤其是基础教育，有着深切的实践体会和深刻的理论洞见，接受他这样的教育专家的邀请讲教育，他还每次都在台下听——我戏称是"监听"——我压力很大。但他总是给我鼓励和支持，再加上这样的话题有很多教育工作者、老师、家长关心，听众很热情，我的讲座才得以顺利完成。公共文化服务部顾晓芬主任、陶敏、季瑾、陆晨晓等每一次组织安排我的讲座，都精心精致，无一丝差错，让我备感温暖。我的学生张萍根据录音，帮我把文字都听打了出来，因为涉及很多专业术语、人名和古典，完成此项工作需要极高的专业素养和极大的耐心，但她最终还是出色地完成了。2015 年，复旦大学出版社曾根据张萍整理出来的文字出版《教育六问》。

　　在这本书重新修订编辑之时，我首先得到了中国青年出版社"吴晓梅工作室"的大力支持，他们帮我确定了修订目标和方案，在跟我沟通这本书的定位时，他们希望这本书不再局限于某个讲座的文本分享，而是能系统地呈现我的教育观，我对教育问题的思考过程，以及多年来通过公益浦江学堂的教育实践收获的东西。本书的第 1 编"长话短说·五问",就是在《教育六问》的基础上,由吴晓梅工作室重新编订全部章节,润色文字,查漏补遗,核对引文,并且将我在全国其他地方做的教育讲座的重要内容都糅合了进去,使观点更加明白和圆融,而每一段落的语句表达上也做了更加准确和周到的打磨。同时,保留了现场感和口语表达的松快。

本书的第 2 编"说来话长·六论",选录了我发表在不同媒体上谈教育的六篇文章,与第一编形成互相印证和说明的关系。考虑到表述的连贯性和逻辑性,对少量例证的文字与第一编有重复的地方,予以保留。

这本书由东方出版中心作最后的编辑审定。东方出版中心惠我良多,21 年前,我的第一部著作《寂寞圣哲》就是由他们编辑出版,并且至今长销。这本书交由他们出版,我有时光流逝而岁月美好之感。

可以说,这是一部全新的著作了。书是全新的,书名也颇费脑筋。我们想过很多书名,都不满意。某一日早上微信,我和吴晓梅编审几乎同一时刻,想到了这个书名《好的教育》。我说,我是受鲁迅先生《好的故事》的启发;她说,她是受意大利作家亚米契斯《爱的教育》的启发。

好吧,就叫《好的教育》。窃以为"好的教育",比"爱的教育"的内涵、外延都更开阔,也契合我这本书的基本思想:回望曾经教育的好处,期盼我们能有一个好的教育!好的教育,才能让受教育者的一生是个"好的故事"!

鲍鹏山

2021 年 8 月 13 日　浦东偏安斋